中國語音韻學

李在敦 著

學古房

서 문

우리나라는 지정학적으로 중국과 인접해 있는 까닭으로 중국의 각 방면에 대한 연구의 역사가 길며, 중국의 음운에 대한 연구의 역사도 예외가 아니라 할 수 있다. 삼국시대의 이두를 비롯하여 향찰 등의 사용도 당시 중국의 한자음에 대한 연구가 없었으면 불가능했을 것이고, 심지어 조선시대 만들어진 훈민정음도 학자들이 당시 중국어의 음운에 대하여 심도 있게 연구한 결과 산생된 산물이라는 것이 바로 우리나라에서의 중국 음운학에 대한 연구의 역사가 유구하다는 것을 잘 대변해 주고 있다. 그러나 일제 강점기 이후 수십년 동안 이 분야의 연구는 거의 '絕學'에 가까울 정도로 위기를 맞았으나, 지난 세기 말부터 다시 이에 대한 연구가 활발해진 것은 큰 다행이라 아니할 수 없다.

이러한 흐름 속에 각 대학에서도 이 분야의 강의가 많이 개설되었다. 그러나 필자가 음운학 강의를 하면서 느낀 점은 이 과목을 수강하는 학생들이 너무나 어려워한다는 것이었다. 문학 강의를 주로 듣던 학생들에게는 이 내용이 생소하기도 하려니와 이 과목을 공부하면서 참고할 자료가 별로 없었던 것이 가장 큰 원인이 아니었던가 생각된다. 이 분야를 따로 정리하여 논의한 교재가 우리나라에는 쉬이 보이지 않아 이 분야를 가르치는 데 뿐만 아니라 배우는 데 모두 큰 불편을 겪었던 것은 사실이다. 이 책은 그러한 불편을 덜어주기 위해 대학에서 사용할 수 있는 음운학 강의뿐 아니라 학생들이 혼자서 공부하는 데에도 참고할 수 있도록 쓰여진 것이다. 따라서 내용 면에서는 음운학에 관한 용어 해설, 기본개념, 기본재료 등 기본적인 사항에 대한 설명과 음운학의 연구방법 및 고대로부터 현대에 이르기까지 중국어의 역사적인 변천 등 필수적으로 알아야 하는 부분만을 다루어 독자들로 하여금 쉽게 이해할 수 있도록 하였다. 그리고 음운학과 관련한 자료들의 사진들을 가능한 한 많이 실어 자료들을 개략적으로 이해하는데 도움을 주고자 하였다. 그렇지만 정확하고 쉽게 이해하기 위해서는 이 책과 더불어 여기에서 언급된 중요 韻書나 韻圖 등 원래의 자료를 참고하면서 읽을 필요가 있을 것이다.

이 책은 내용을 전개해 가는 과정에 있어서 여러 가지 문제점을 안고 있을지 모른다. 그것은 앞서 얘기하였듯이 기본적인 면을 중시하여 서술하였기 때문일 수도 있고, 한편으론 필자의 능력이 부족하기 때문일 수도 있다. 그러나 한편으로는 이 책이 앞으로 中國音韻學의 연구에 다소나마 도움이 되고, 또 이 분야에 관심을 갖는 同學들이 조금이라도 많아졌으면 하는 기대를 해본다. 아울러 독자들의 많은 叱正을 받아들여 앞으로 더 좋은 책이 될 수 있도록 노력할 것을 약속한다.

마지막으로 이 원고를 컴퓨터에 입력하는 일과 자료 정리 및 교정 작업에 많은 시간을 내어 끝까지 도와 준 이주영, 문영희, 이영아 동학에게 감사를 드리며, 어려운 상황 속에서도 순수 학문의 중요성을 인식하여 이 책의 출판을 기꺼이 허락하여 주신 학고방의 하운근 사장님을 비롯한 여러 임직원께 고마움을 표하는 바이다.

2007년 孟冬

필자 씀

목 차

제1장 서론

Ⅰ. 음운학의 개념 1

Ⅱ. 음운학 연구 방법 4

Ⅲ. 중국어 음운학 연구의 효용 6

Ⅳ. 본 책의 서술 순서 13

제2장 어음 개설

Ⅰ. 음소 17

Ⅱ. 자음과 모음 19

1. 자음 20
2. 모음 32

Ⅲ. 성모와 운모 42

Ⅳ. 반절 44

Ⅴ. 성조 46

Ⅵ. 음절 54

1. 음절의 구조 54
2. 음절의 분류 56

제3장 現代音系

I. 표준어의 聲·韻·調 체계 59

1. 성모 60
2. 운모 62
3. 성조 64

II. 聲·韻·調의 결합 관계 66

III. 어음의 변화 현상 68

1. 동화 현상 69
2. 이화 현상 73
3. 유화 현상 74
4. 성조의 변화 74
5. 운미의 '兒化' 84
6. 조사 '啊'의 변화 87
7. 약화·감음 89

IV. 방언 개요 92

제4장 隋唐音系

I. 운서의 출현 97

1. 배경 97
2. 수당 이전의 운서 99

Ⅱ. 『切韻』계통의 운서 101

1. 『切韻』의 성립과 체제 101
2. 『切韻』의 운목 103
3. 『切韻』의 성질 108
4. 『切韻』 이후의 운서 118

Ⅲ. 『切韻』에 반영된 隋唐音系 122

1. 연구 자료 122
2. 연구 방법 : 반절계련법 122
3. 聲類 130
4. 韻類 149
5. 聲調 164

제5장 等韻圖와 五代·宋音系

Ⅰ. 등운도의 성질 167

1. 등운도의 체제 167
2. 韻攝 171
3. 等呼 177
4. 字母 183

Ⅱ. 宋代의 대표적 운도 188

1. 『韻鏡』·『七音略』 189
2. 『四聲等子』·『切韻指掌圖』 196

Ⅲ. **운도에 반영된 어음 체계** 204
1. 성모 205
2. 운모 206
Ⅳ. **詩韻과 詞韻** 209
1. 詩韻 209
2. 詞韻 220

제6장 近古音系

Ⅰ. **『中原音韻』에 반영된 元代 北曲音系** 225
1. 『中原音韻』의 성질 225
2. 『中原音韻』의 체제와 음계 분석 방법 228
3. 성모 234
4. 운모 239
5. 성조 244
Ⅱ. **『中原音韻』 이후의 주요 변화** 247
1. 『中原音韻』 이후의 주요 운서 247
2. 성모의 변화 257
3. 운모의 변화 262
4. 성조의 변화 266

제7장 上古音系

I. 상고의 어음 체계 271
1. 韻部 271
2. 聲類 282
3. 聲調 292
II. 상고 음계와 유관한 기타 문제 295
1. 對轉과 旁轉 295
2. 複聲母의 존재 여부 300

부록

부록 1 현대 중국어 聲·韻·調 결합표 303
부록 2 상고음 해성표 313
부록 3 詩韻 상용자표 323
부록 4 『中原音韻』 상용자표 335
부록 5 국제음성부호표 347
부록 6 한어병음과 주음부호 비교표 349

참고문헌 351
찾아보기 357

제1장
서론

Ⅰ. 음운학의 개념

중국어 음운학은 중국어의 어음 체계를 연구하는 학문으로 과거에는 '聲韻學'이라 칭하기도 하였다. 여기에는 고대 중국어의 성모와 운모 체계, 음절의 구조 및 예로부터 지금까지 어음의 변천 상황 등을 연구하는 것이 포함될 수 있다.

사람은 말을 사용하여 생각을 표현하고 의사소통을 한다. 언어는 소리와 의미의 결합체로서 소리를 이용하여 의사를 표현하는데, 이러한 소리를 語音(말소리)이라 한다.

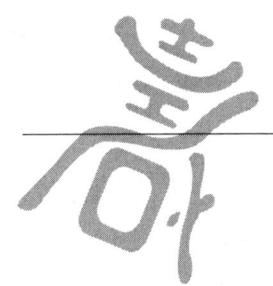

사람의 발음 기관은 많은 소리를 낼 수 있다. 그러나 각 민족이 어음으로 사용하는 소리의 종류는 한정되어 있다. 뿐만 아니라 각 민족이 사용하는 말소리의 체계는 각기 달라서 언어에 따라 어떤 음들은 서로 결합이 가능하고 어떤 음들은 결합이 불가능하다. 이를테면 영어에서는 [pl], [str] 등과 같이 자음이 연속적으로 결합하는 것이 가능하지만 중국어나 우리말에서는 불가능하다. 이외에도 소리의 어떤 자질로써 의미를 구별하는가 하는 것도 각 언어마다 다르다. 예를 들면 우리말이나 영어 등에서는 소리의 장단으로써 의미를 구별하지만 중국어에서는 그렇지 않으며, 중국어에서는 소리의 고저 변화로써 의미를 구별하지만 영어에서는 그렇지 않다. 또 우리말이나 중국어에서는 유기음이냐 무기음이냐에 따라 의미가 구별되지만 영어나 불어에서는 그렇지 않다.

따라서 어음을 어떤 방법으로 결합하고 이러한 어음의 어떤 자질로써 의사를 전달하는가 하는 방식은 각 언어마다 다르다고 할 수 있다. 이 방식은 그 언어를 사용하는 민족이 장기간 동안 의사소통을 하는 과정 중에 형성되었으며, 그 민족의 구성원은 모두 이 방식을 반드시 지켜야 하는 것이다. 그렇지 않으면 상호 의사소통이 불가능해지기 때문이다. 우리는 체계적이고 아울러 모든 사람이 지켜야 하는 어음의 구성 방식을 '語音體系' 혹은 '音韻體系'라 한다. 음운학은 바로 이 어음체계(음운체계)를 연구하는 학문이다.

중국의 전통적인 음운학은 그 착안점이 오늘날의 그것과는 다르다. 전통 음운학가들은 책을 읽으려면 먼저 글자를 아는 것이 필수적이라고 여겼다. 중국의 문자인 漢字는 字形, 字音, 字義의 3대 기본 요소로 구성되어 있으며, 글자를 안다는 것은 곧 이 세 가지 요소를 안다는 것이다. 한자의 세 요소 중 자형을 연구하는 것을 '文字學', 자음을 연구하는 것을 '音韻學', 자의를 연구하는 것을 '訓詁學'이라 하며, 옛 사람들은 이 세 가지를 합하여 '小

學'이라 칭하였다.[1] 어느 나라를 막론하고 초창기의 언어학은 고대 문헌을 해석하는 데에서 시작되었다. 즉 철학, 문학 혹은 역사를 연구하기 위한 목적으로 언어 혹은 문자를 연구하였던 것이다. 중국에 있어서도 마찬가지로 음운학, 훈고학, 문자학과 같은 전통적인 언어학은 장기간에 걸쳐 경학에 부속된 분야였다. 학자들에 따라 이러한 전통적인 언어학을 '文獻學(Philology)'이라 칭하는 이유도 바로 여기에 있는 것이다.[2]

한자의 이들 요소는 상호 밀접한 관계를 맺고 있다. 특히 한자의 경우 자형과 자의는 불가분의 관계에 있다. 그러나 字音 방면에 있어서는 하나의 전문적이고 독립된 학문으로서 발전해 왔다. 漢末 反切이 성행한 이후 魏晉 시대부터 전문적으로 한자의 음을 정리한 韻書가 나오게 되었고, 唐末 이후 等韻圖 등을 통하여 한자의 음을 분석하는 학문이 출현하게 되었다. 특히 淸 乾隆·嘉慶년간 이후 고음학자들은 글자의 음으로부터 글자의 뜻을 고증해 내는 데에 있어 두드러진 업적을 이루었다. 그리고 1917년 北京大學에서 자형, 자의, 자음 세 분야를 文字學形義篇과 文字學音篇으로 나누어 강의한 이후 字音은 완전히 독립된 과목으로서 연구되고 있다.

---

1) 1911년 이후에는 이 小學을 文字學이라 고쳐 부르기도 하였는데 여기에서의 문자학은 광의의 문자학이라 할 수 있다.
2) 중국에서는 일반적으로 Philology를 '語文學'이라고 한다.

Ⅱ. 음운학 연구 방법

음운에 대한 연구는 언어학의 다른 분야와 마찬가지로 共時的(synchronic)인 연구와 通時的(diachronic)인 연구로 나눌 수 있다.

공시적인 연구는 어느 한 시대의 횡단면을 기술하고 정태적으로 연구하는 것을 말한다. 예를 들면, 각 방언을 포함한 현대 중국어의 음운 체계를 연구할 때에는 기본적으로 고대 중국어로부터 현대 중국어에 이르기까지의 역사적인 변천 과정은 고려할 필요가 없다. 왜냐하면 공시적인 연구는 어느 언어의 상대적으로 정지된 상태를 연구 대상으로 삼기 때문이다.

통시적인 연구는 어느 한 시기로부터 다른 한 시기에 이르기까지의 변천 및 발달 과정에 대해 종적으로 연구하는 것을 말한다. 어음은 시간이 흐름에 따라 변하기 마련인데, 이러한 변화의 발자취를 고찰하는 것이 통시적인 연구 방법이다. 예를 들면, 중국어사에 대한 연구는 고대 중국어로부터 현대 중국어에 이르기까지의 역사적인 변천 과정 및 그 규율을 모두 망라하는 것이다. 그리고 이러한 방법은 대부분 韻書, 等韻圖 등과 같은 고대 문헌에 의거할 수밖에 없을 것이다.

또한 통시적인 연구는 비교의 방법을 통해서도 할 수 있다. 친족 관계에 있는 언어의 어음을 서로 비교하고, 나아가 동일 계통 언어의 祖語의 음운 체계를 재구하며, 그 조어에서 분화되었다고 여겨지는 언어의 여러 음운 현상을 비교 연구할 수 있는 것이다. 예를 들면 중국어에는 여러 갈래의 방언이 있다. 이들 방언은 모두 하나의 조어로부터 분화되었는데, 그 조어로부터 변천된 규율은 각 방언마다 서로 다르다. 따라서 각 방언의 음 체계와 조어로부터의 변천 규율을 비교 연구하면 조어의 음운 체계를 대략적으로나마 재구하는데 도움이 될 수 있다. 그리고 우리 나라와 일본 등의 한자음은 모두 중국에서 차용하였는데 이렇게 차용한 한자음은 변화 속도가 중국에 비해 현저히 늦어 여기에는 고음의 흔적이 많이 남아 있다. 따라서 이들 방언의 음 체계와 인접한 국가에서 차용한 한자의 음을 비교 연구함으로써 중국 고대의 음운 체계를 재구할 수 있을 것이다.[3)]

언어학은 연구 대상에 따라 '個別言語學(special linguistics)'과 '一般言語學(general linguistics)'[4)]으로 분류된다. 즉 인류의 많은 언어 중 어느 특정한 말을 연구 대상으로 하는 것을 개별 언어학이라 하며, 각종 언어에 대한 연구 결과를 종합하여 인류의 언어, 즉 자연 언어를 일반적으로 연구하는 것을 일반 언어학이라 한다. 중국어를 연구 대상으로 하면 중국어학, 영어를 연구 대상으로 하면 영어학이라 한다. 그러나 중국어가 인류의 언어 중의 하나라는 점을 염두에 두면 일반 언어학의 연구 대상이 될 수 있는 분야는 거의 모두 중국어학의 연구 대상이 될 수 있다. 즉, 중국어학은 일반 언어학의 한 분야라고 할 수 있으므로 일반 언어학의 이론을 도외시하고는 중국어학의 연구는 불가능하게 될 것이며, 반대로 중국어학 등과 같은 개별 언어학의 도움이 없이는 일

---

3) 스웨덴의 漢學者 B. Karlgren(중국명은 高本漢)이 『*Etudes sur la phonologie chinoise*』(中國音韻學硏究)에서 최초로 이와 같은 방법을 가지고 중국의 고대 음운 체계를 재구성하였다.

4) 중국에서는 일반 언어학을 '普通語言學'이라 칭한다.

반 언어학은 설득력을 잃게 될 것이다. 이와 같이 일반 언어학과 개별 언어학은 상호 의존적인 관계에 있기 때문에, 중국어학을 연구하는 데에는 일반 언어학의 여러 이론을 염두에 두고 행하는 것이 올바른 방법이다. 또한 이러한 방법을 가지고 행한 연구의 결과는 한층 객관적이고 보편타당한 것이 될 것이다. 이것은 음성학, 음운학, 의미론, 문법학 등 언어학의 모든 분야에 적용될 수 있다. 따라서 중국어 음운학을 연구하는 데에도 음운학의 일반 이론을 겸하여 갖추고 있어야 할 것이다.

Ⅲ. 중국어 음운학 연구의 효용

앞에서도 이미 언급하였듯이 중국에서 小學은 오랫동안 경학에 부속된 분야였다. 따라서 중국어 음운학의 연구는 경학의 연구 나아가 고전문학, 역사 등을 연구하는데 절대로 필요하다. 경서를 해석하는 데에는 먼저 글자의 의미를 정확하게 파악해야만 할 것이며, 글자의 의미를 고증하는 데에는 음운학 지식이 필수적이다. 그리고 고전 詩詞曲을 연구하는데 있어 음운학을 모르면 그것의 문학성을 알 수 없다. 淸 段玉裁가 “음운을 알아야만 六書와 관련된 문자를 알 수 있고, 문자를 알면 고대의 경전을 읽는 데에 있어 이해되지 않는 것이 없다”[5]라고 한 말과 明 王士

5) “音韻明而六書明, 六書明而古經傳無不可通”

禎이 “시를 잘 읽는 사람은 소리로부터 그 뜻을 찾아낸다”6)라고 한 말 등이 바로 이러한 음운학의 중요성을 대변해 주고 있다. 음운학의 지식을 응용해야 타당한 결론을 얻을 수 있는 경우는 많겠지만, 여기에서는 그 중 몇 가지만을 들어 간단히 설명하기로 한다.

첫째, 假借를 이해하는데 도움이 된다. 옛 사람들이 문장을 쓸 때에는 그 의미에 해당하는 本字를 쓰지 않고 종종 假借字를 썼다. 淸 戴震은 “대저 六經의 글자에는 가차가 많은데 소리를 버리고 어떻게 가차의 의미를 얻겠는가?”7)라 하고, 王引之도 “학자들은 소리로써 의미를 구하는데, 가차자를 풀어 본자로 읽으면 얼음이 녹아 없어지듯이 의문이 풀리게 된다”8)라 하였다. 이는 고전을 읽는데 있어서 가차자를 이해하는 것이 중요하며, 이러한 가차자를 이해하는 데에는 그 글자의 독음을 아는 것이 필수적이라는 점을 말하는 것이다. 하나의 예를 들어 보기로 하자. 『左傳』에 다음과 같은 문장이 보인다.

> “初, 鄭武公取於申, 曰武姜, 生莊公及叔段, 莊公寤生, 驚姜氏, 故名曰寤生, 遂惡之.”
>
> (초에 鄭武公이 申에서 부인을 맞아들였는데, 그 부인을 武姜이라 하였다. 부인은 莊公과 叔段을 낳았는데, 莊公은 寤生하여 강씨를 놀라게 하였기 때문에 이름을 寤生이라 하고, 드디어는 그를 미워하였다.)

---

6) 『倚聲集序』“善讀詩者, 由聲以考義”
7) “夫六經字多假借, 音聲失而假借之意何以得?”
8) “學者以聲求義, 破其假借之字, 而讀以本字, 則渙然氷釋.”

이 문장의 의미는 그다지 어렵지 않다. 그러나 '莊公寤生'을 해석하는데 있어서는 역대로 이설이 분분하였다. 漢代의 杜預는 '寐寤而莊公已生(자다가 깨어보니 莊公이 이미 태어나 있었다)'라 注를 하고 있고, 이어 孔穎達의 疏에서도 '謂寐時生莊公, 至寤始覺其生(잘 때에 莊公을 낳았으나, 깨어나서야 비로소 출산한 것을 알았음을 말한다)'라 하여 두 사람 모두 '寤'자의 본의에만 얽매여 상식적으로 전혀 이해할 수 없는 풀이를 하고 있다. 그러나 淸代의 黃生은 그의 『義府』에서 "寤, 牾之假借(寤는 牾의 가차이다)"라 하였다. 왜냐하면 '寤'와 '牾'는 상고 음계에서는 모두 '吾'를 聲符로 취하는 글자로 그 음이 완전히 같았기 때문이다. 그리고 『說文解字』에서는 '牾, 逆也(牾는 거꾸로 이다)'라 풀이하고 있다. 그렇다면 이 '寤生'은 杜預나 孔穎達의 설명대로가 아니라, '牾生'의 가차로서 그 의미는 '逆生', 나아가 '難産'으로 보는 것이 타당하고 쉽게 이해할 수 있는 풀이라고 할 수 있다. 이와 같이 가차자는 그 글자가 쓰인 시기의 독음을 모르고서는 절대로 밝혀낼 수 없으며, 현대음을 가지고 단정해서도 안 될 것이다. 따라서 고음을 밝혀내는 데에는 음운학의 지식이 반드시 필요하다고 할 수 있다.

둘째, 고대의 운문을 이해하는데 도움을 준다. 글자의 음은 예로부터 끊임없이 변하였다. 따라서 고대의 음을 모르는 채 현대의 음을 가지고 고대의 운문을 읽으면, 어떤 경우에는 그것이 운문인지 산문인지 분간하기 어려운 때가 있다. 예를 들어 보기로 하자.

『戰國策 · 齊策 · 馮諼客孟嘗君』에 馮諼이 노래한 세 구의 詩가 있다.

長鋏歸來乎，食無魚.
長鋏歸來乎，出無車.
長鋏歸來乎，無以爲家.

이 시는 현대음으로 읽으면 압운이 되지 않는다. 그러나 '乎, 魚, 車, 家'는 상고 시기에는 모두 운모가 [-a]로 읽혀 압운할 수 있었기 때문에 이 시는 매 구마다 압운을 한 것이다.

또 다른 예를 보자. 『詩經・魏風・陟岵』篇은 다음과 같다.

陟彼岵兮，瞻望父兮. 父曰嗟予子行役，夙夜無已. 上愼旃哉，猶來無止.
陟彼屺兮，瞻望母兮. 母曰嗟予季行役，夙夜無寐. 上愼旃哉，猶來無棄.
陟彼岡兮，瞻望兄兮. 兄曰嗟予弟行役，夙夜無偕. 上愼旃哉，猶來無死.

고서에서는 句讀가 전혀 되어 있지 않다. 위의 구두는 宋代 朱熹가 한 것으로서 현재 우리 나라와 대만에서 읽히고 있는 『詩經』에서는 대부분 이와 같이 구두하고 있다. 그러나 淸代 江有誥는 『音學十書』에서 다음과 같이 구두하고 있다.

陟彼岵兮，瞻望父兮. 父曰嗟予子，行役夙夜無已. 上愼旃哉，猶來無止.

왜냐하면 '岵, 父'는 상고 시기에는 같은 운부의 글자로서 압운할 수 있었고, '子, 已, 止'도 상고 시기에는 같이 압운을 하였기 때문이다. 다음 두 章도 마찬가지이나 다만 운부가 다를 뿐이다. 王力은 『詩經韻讀』에서 이와 같이 구두를 하고 각 장 세 번째 구절 이하의 韻字의 음가를 다음과 같이 추측하였다.

子[tziə], 已[jiə], 止[tjiə],

季[kiuet], 寐[muət], 棄[k‘iet],

弟[dyei], 偕[kei], 死[siei][9)]

이러한 음가는 『詩經』, 『楚辭』의 운자와 형성자의 성부를 귀납한 결과 추측해 낸 것으로서, 학자들 간에 다소 차이는 있으나 나름대로 체계를 이루고 있어 상고 음계를 이해하는데 도움이 된다. 王力이 제시한 음을 통해서 보면, 이 글자들은 운모가 같거나 유사한 운자가 되므로 이 운자 뒤에서 구두하는 것이 타당함을 알 수 있다.

또 다른 예로 唐代의 시인 崔顥의 「贈輕車」에서는 ‘道, 老, 草, 早, 抱, 好’가 운자로 쓰이고 있다. 이 가운데 ‘老, 草, 早, 好’ 네 글자는 현대음에서는 上聲으로 읽히며, ‘道, 抱’는 去聲으로 읽힌다. 따라서 이 시는 다른 성조의 글자들을 通押한 것으로 보기가 쉽다. 그러나 ‘道, 抱’ 두 글자도 원래는 上聲字였으며, 성모는 濁音(유성음)이었다. 후에 이 탁음 성모가 淸化(무성음화)함에 따라 상성이었던 성조가 거성으로 변한 것이다. 여기에서 이 두 글자의 성조는 崔顥가 생존한 당시에는 여전히 상성이었으며, 성모도 탁음이었음을 알 수 있다.

셋째, 고전 문학 작품을 고증하는 데에도 음운학 지식의 도움이 필요하다. 『楚辭 · 卜居』篇에 다음과 같은 글이 있다.

“寧超然高擧以保眞乎? 將哫訾栗斯, 喔咿儒兒以事婦人乎?”

---

9) 王力은 원래 상고음에는 平聲과 入聲만이 존재하였다고 믿었기 때문에, 중고의 去聲字는 상고 시기에는 모두 [-t] 운미가 있었다고 추측하였다.

이 중 '栗斯'에 대해 後漢 王逸은 '慄斯'로 하였고, 淸代의 王夫之는 『楚辭通釋』에서 '栗一作慄'이라 하고 있다. 宋 朱熹는 『楚辭集注』에서 '栗斯'를 '粟斯'로 하였고 注에서 "粟一作栗, 一作慄"이라 하였다. '栗'과 '慄'은 同音으로서 서로 가차할 수 있기 때문에 문제될 것이 없다. 그러나 '栗'과 '粟' 중 어느 하나는 잘못 쓰인 글자임에 틀림없다. 왜냐하면 상고음에서는 '栗'은 [ljet], '粟'은 [suk]으로 읽혀 두 음의 차이가 너무 크기 때문이다. 그러면 이웃하고 있는 글자들과의 관계를 살펴보기로 하자.

呢[tsuk] 訾[tsieg] 栗[ljet] 斯[sieg]
喔[ʔuk] 咿[ʔied] 儒[ɳiuk] 兒[ɳjeg]

먼저 '喔咿儒兒'부터 보자. '喔'과 '咿'는 성모가 같고 '儒'와 '兒'도 성모가 같으며, '喔'과 '儒'는 운모가 같고, '咿'와 '兒'는 운미는 서로 다르지만 주요모음은 [e]로 같다.10) 이러한 형태의 단어는 현대 표준어에서도 얼마든지 찾을 수 있다. '噼嚦啪啦'[phi li pha la], '嘰里咕嚕'[tɕi li ku lu] 등이 바로 이와 같은 예이다.11) 그러나 '呢訾栗斯'에서는 '呢'과 '訾'는 성모가 같고, '訾'와 '斯'는 운모가 같은 반면, '呢'과 '栗'은 운모가 전혀 다르고 '栗'과 '斯'도 성모가 전혀 달라, '喔咿儒兒'와 서로 다른 구조를 취하고 있다. 그러나 '栗'대신 '粟'[suk]이라면, '斯'와 성모가 같고 '呢'과

10) 성모가 같은 경우를 雙聲이라 하고, 운모가 같은 경우를 疊韻이라 하는데, '咿'와 '兒'의 경우는 半疊韻이라는 용어를 쓰기도 한다. 제2장 어음 개설 참조.

11) '嘰'는 원래 '咕'와 마찬가지로 [k]성모로 읽히던 글자였으나, 17, 8세기 무렵 모음 [i]의 영향을 받아 구개음화하여 [tɕi]로 변한 것이다.

는 운모가 같아서 '喔咿儒兒'와 같은 구조가 된다. 따라서 '粟'은 '栗'을 잘못 옮겨 쓴 글자일 가능성이 크다. 그러면 이 여덟 글자가 반드시 '噼噼啪啦' 등과 같은 구조를 취하였을까 하는 의문이 생길 수 있겠다. 이 의문을 풀기 위해서 위 문장 바로 뒤의 문장을 다시 보기로 하자.

"寧廉潔正直以自淸乎? 將突涕滑稽, 如脂如韋, 以絜楹乎?"

이 중 '突涕滑稽'를 보면 突[thuet], 涕[thied], 滑[kuet], 稽[kied]로서 '突'과 '涕', '滑'과 '稽'는 성모가 각각 같고, '突'과 '滑', '涕'와 '稽'는 운모가 각각 같아서 '噼噼啪啦'와 같은 구조가 된다. 이 사실은 그 당시에도 '噼噼啪啦' 등과 같은 구조를 이루는 말들이 많이 쓰였고, 또한 바로 앞 문장의 '呢訾粟斯'는 원래 '呢訾栗斯'였으나 후에 잘못 쓰였을 가능성이 높다는 것을 말해주고 있다. '栗'과 '粟은 글자의 모양이 유사하기 때문에 잘못 옮겨 썼을 가능성이 충분히 있다.

또『荀子・賦篇』의 일부를 보기로 하자.

"冬伏而夏游, 食桑而吐絲, 前亂而後治, 夏生而惡署, 喜濕而惡雨, 蛹以爲母, 蛾以爲父, 三俯而起, 事乃大已, 夫是之謂蠶理."

이 문장은 압운을 한 운문이다. 여기에서는 '絲, 治'가 서로 압운하였고, '署, 雨, 母, 父'가 서로 압운하였으며, '起, 已, 理'가 서로 압운하였다. 그렇다면 위의 문장은 매구마다 압운을 한 셈인데, '游'만은 다른 어느 글자와도 압운을 하지 않았다. 따라서 이 '游'는 다른 글자가 잘못 쓰였을 가능성이 높다고 하겠다. 이에 대해 清代의 俞樾은 "'游'는 '滋'의 잘못일 것"이라 의심하고 있다. 왜냐하면 이 '滋'는 '絲, 治'와 압운을 할 수 있는 글자이기 때문이다. 고대에는 서체가 지금과 같은 楷書가 아니라 大篆, 小篆 등 획이 복잡한 형태였고, 세월이 오래 흐름에 따라 원문이 훼손될 수도 있었기 때문에 후에 잘못 옮겨 썼을 가능성이 높다. 따라서 이러한 것을 바로 잡는 데에는 음운학 지식이 없어서는 안 될 것이다.

Ⅳ. 본 책의 서술 순서

중국어의 역사는 중국 민족의 역사만큼이나 길다. 그러나 초창기 중국어의 어음 체계에 관해서는 알 길이 없다. 지금으로서 볼 수 있는 최초의 자료는 약 3,300년 전 殷代의 甲骨文이다. 그 시기부터 약 5,000년이 지난 현재까지 중국어의 발전 과정은 다음과 같이 대략 네 단계로 나누어 살펴 볼 수 있다.[12)]

상고 시기: A.D.2세기 이전(先秦兩漢 포함)
중고 시기: 3세기에서 13세기까지(魏晉에서 宋代까지)

---

12) 중국어의 역사를 시기적으로 구분하는 방법은 학자들 사이에 의견이 일치하지 않는다. 자세한 내용은 孔在錫 敎授의 「中國語의 一般的 特性」(『中國文學報』, 檀國大 中文科, 1974, 3)참조.

근고 시기: 14세기에서 19세기까지(元代에서 淸末까지)
현대 시기: 20세기에서 현재까지(五四운동이후)

물론 각 시기의 어음 체계는 각기 다르다. 따라서 이들 각 시기의 어음 체계와 특징을 알기 위해서는 상고 시기로부터 현대에 이르기까지 시기 순으로 서술하는 것이 타당하지만, 이 책에서는 현대 음계로부터 시작하여 중고 음계, 근고 음계, 상고 음계의 순으로 서술하고자 한다. 여기에는 나름대로의 이유가 있다. 우선 현대 음계는 중국어를 아는 사람들이라면 모두 쉽게 접근할 수 있기 때문에 먼저 표준어를 중심으로 서술하고, 현대의 각 방언은 범위가 너무 넓으므로 개략적인 면만 소개하기로 한다. 그 다음에 중고 음계를 서술하는 까닭은 다음과 같다.

첫째, 중고 시기는 『切韻』 혹은 『韻鏡』 등 당시 중국어의 어음을 체계적으로 정리한 운서나 운도가 나오기 시작함으로써 고대 중국 음운학 연구의 디딤돌을 놓은 시기이다.

둘째, 중국 음운학 연구의 모든 방법이 대부분 중고 시기의 이러한 자료들을 분석하고 귀납하는 데에서 시작되었기 때문이다. 그리고 이러한 중요성 때문에 이 시기의 음계를 두 장－『切韻』으로 대표되는 隋唐音系와 『韻鏡』 등 운도로 대표되는 宋代音系－으로 나누어 서술하고자 한다.

근고 시기는 바로 중고 시기와 연결되는 시기로서, 근고 음계는 중고 시기의 자료를 분석하는 방법과 중고 음계를 알면 쉽게 이해할 수 있기 때문에 중고 음계에 이어서 서술한다.

마지막으로 상고 음계는 가장 이해하기 어려운 부분일 뿐 아니라 자료의 부족 등으로 이제까지의 연구 결과도 불충분하다.

그리고 상고 음계를 연구하는 데에는 중고 음계의 지식을 기초로 하여야 하기 때문에 마지막에 서술하기로 한다.

그리고 이러한 것들을 토론하기 전에 먼저 어음 연구에 필요한 기본적인 지식 및 용어에 관해 제2장에서 다루고자 한다. 따라서 이 책의 전체적인 체제는 제1장은 서론, 제2장은 어음 개설, 제3장은 현대 음계, 제4장과 제5장은 중고 음계, 제6장은 근고 음계, 제7장은 상고 음계의 순서가 될 것이다.

제2장

어음 개설

Ⅰ. 음소

사람의 말은 소리로 구성되어 있으며, 이 소리는 다시 음소로 분석될 수 있다. 음소란 말소리의 최소 단위이다. 예를 들면, '拉'란 글자는 [la]로 읽혀 [l]와 [a]라는 두 개의 음소로 구성되어 있는데 이들은 더 이상 쪼갤 수 없기 때문에 최소 단위라 한다.[1)]

영어나 프랑스어 같은 언어는 음소 문자로서 알파벳 하나하나가 곧 음소가 될 수 있다. 그러나 중국어에서 하나의 한자는 하나의 음소가 아니라 하나 이상의 음소로 구성된 음절이다.

음절도 역시 말소리 단위이다. 음절의 구분은 언어마다 각기 다르지만 중국어의 경우에는 하나의 한자가 하나의 음절이다. 하

---

1) 최근의 서양 음운론에서는 이들 음소를 다시 음성 자질로 분석하나, 여기에서는 그렇게까지 세분하지 않기로 한다.

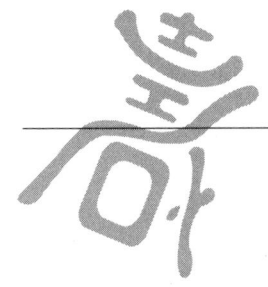

나의 한자는 현대 표준어의 독음으로 분석을 하면, 하나의 음소로 구성될 수도 있고, 둘 혹은 셋, 심지어 네 개의 음소로 구성될 수도 있다.[2] 따라서 음운학을 연구할 때에는 먼저 이 음소에 대한 개념부터 알아야 어음을 분석할 수 있다.

어음을 분석할 때에는 그것을 기록할 수 있는 부호가 필요하다. 그것은 수학을 할 때 여러 가지 부호가 필요한 것과 마찬가지이다. 漢代 이전에는 聲訓[3], 讀若[4]과 같은 방법으로 음을 표기하였으며, 漢末부터 反切이라는 표음 방법이 창안되어 淸末까지 계속 사용되었다. 다시 民國初부터는 注音符號로써 음을 표기하였으며,[5] 1958년 중국에서는 漢語拼音字母를 창안하여 지금까지 사용하고 있다.

세계 각국의 문자는 물론 모두 어음을 표기할 수 있는 부호가 될 수 있다. 예를 들면, 중국어의 '不'란 글자의 독음은 한어병음자모에서는 'bu'로, 웨이드식 표기법[6]으로는 'pu'로 표기하며, 만약 우리말로 표기한다면 '부'로 나타낼 수 있을 것이다. 그러나 각 언어에서 쓰이는 음 체계는 모두 다르다. 중국어의 '知'의 두음은 영어나 우리말에는 없다. 따라서 어느 한 언어의 문자로써

---

2) '一'[i]는 하나의 음소로 되어 있으며, '那'[na], '高'[kɑu], '鳥'[niɑu]는 각각 두 개, 세 개, 네 개의 음소로 구성되어 있다. 상고 중국어의 음절이 몇 개의 음소로 구성되어 있는가는 아직 밝힐 만한 증거가 없다.

3) 289쪽 참조.

4) 44쪽 참조.

5) 이 注音符號는 현재 대만에서 계속 사용 중이며, 대만에서는 최근(1986년) 第二注音符號를 창안하여 공포하였으나, 학계의 호응을 얻지 못하고 있다.

6) 영국의 외교관 웨이드(Wade Thomas Francis, 1818-1895)가 창안한 중국어의 로마자 표기법이다. 이후 자일스가 수정하여 웨이드-자일스(Wade-Giles) 표기법이라고도 한다.

다른 언어의 음을 표기한다면 불편한 점이 많게 될 것이다. 즉 주음부호나 한어병음자모는 현대 중국어의 음을 표기할 수 있을 뿐이고,7) 방언이나 고대의 음은 표기할 수 없다. 따라서 음을 표기할 때에 대부분의 학자들은 國際音聲學會가 제정한 國際音聲符號(International Phonetic Alphabet: I.P.A.)를 사용한다. 그리고 국제음성부호는 반드시 '[ ]'로써 표시한다. 이 국제음성부호의 장점은 지구상의 모든 언어의 음을 다 표기할 수 있을 뿐 아니라, 하나의 부호가 하나의 음소를 나타내기 때문에 비교적 과학적이라는 것이다. 이 책에서도 이 국제음성부호를 가지고 각종 음운 현상을 설명하거나 글자의 독음을 표기할 것이다. 그러나 이 국제음성부호는 지구상 존재하는 모든 언어의 어음을 표기하기 위해서 제정된 것이기 때문에 매우 복잡하다. 따라서 책 뒤에 부록으로 수록한 국제음성부호표 중 적어도 중국어에 관련한 부호는 익혀야 할 것이다.

Ⅱ. 자음과 모음

음소는 다시 자음과 모음으로 크게 나눌 수 있다. 자음은 '輔音'이라고도 하며, 모음은 '元音'이라고도 한다. 자음과 모음의 차이는 다음과 같다.

---

7) 이들도 글자 하나하나의 음을 표기하는 데에만 적합할 뿐이며, 同化나 異化現象 등에 의해서 일어나는 음의 변화 현상 등을 묘사하기에는 역시 부족하다.

첫째, 모음을 발음할 때에는 기류가 공명강을 통과하면서 아무런 장애를 받지 않는데 반해, 자음을 발음할 때에는 기류가 일정한 장애를 받으며 이 장애를 극복하여야만 소리가 난다.

둘째, 모음을 발음할 때에는 발음 기관의 모든 부분이 고르게 긴장되지만, 자음을 발음할 때에는 장애를 일으키는 부분만 긴장되고 다른 부분은 긴장되지 않는다.

셋째, 모음을 발음할 때의 기류는 자음을 발음할 때보다 약하며 고르다.

1. 자음

자음을 분류하는 데에는 크게 두 가지 기준이 있는데 하나는 조음 위치(place of articulation)이며, 다른 하나는 조음 방식(manner of articulation)이다.

조음 위치란 기류가 조음 기관의 어떤 부위에서 장애를 받는가를 말하는 것이다. 예를 들면 [p], [ph], [m]는 모두 두 입술에서 나는 소리로 동일한 위치에서 조음되는 소리이지만, [p], [t], [k]는 각각 그 조음되는 위치가 다르다.

조음 방식이란 기류가 발음 기관의 장애를 어떻게 받고 어떻게 극복하면서 소리가 형성되는가를 말한다. 예를 들면 [p], [ph], [m]는 비록 동일한 위치의 소리이지만 그들은 각각 장애를 받고 극복하는 방식이 모두 달라 동일한 종류의 소리가 아니며, [p], [t], [k]는 조음 위치가 다르지만 발음될 때 기류가 받는 장애와 그것을 극복하는 방법은 서로 같다. 이에 대해 아래에서 더 자세하게 설명하기로 한다.

1) 조음 위치에 의한 분류

(1) 현대 음운학에서의 분류

현대 음운학에서는 자음을 조음 위치에 의해서 雙脣音, 脣齒音, 舌尖前音, 舌尖音, 舌尖後音, 舌面音, 舌根音 등으로 분류한다.

① 쌍순음(bi-labials)

쌍순음은 '重脣音'이라고도 한다. 아랫입술과 윗입술이 기류의 장애를 일으켜 만들어지는 소리로, [p], [b], [ph], [m] 등이 이에 속한다.

② 순치음(labio-dentals)

순치음은 '輕脣音'이라고도 한다. 아랫입술과 윗니의 안쪽이 접촉하여 기류의 장애를 조성하면서 만들어지는 소리로, [f], [v], [ɱ] 등이 이에 속한다.

③ 설첨전음(dentals 혹은 tip-alveolars)

설첨전음은 '舌齒音', '平舌音', 혹은 '齒頭音'이라고도 한다. 기류가 혀끝과 윗니 뒷면의 오목한 부분의 장애를 받으면서 만들어지는 소리로, [ts], [dz], [tsh], [s], [z] 등이 이에 속한다.

④ 설첨음(alveolars 혹은 blade-alveolars)

설첨음은 '舌尖中音' 혹은 '舌頭音'이라고도 한다. 혀는 앞을 향하여 평평하게 펴고 혀끝을 윗니의 잇몸에 대어 장애를 일으키며 만들어지는 소리로, [t], [d], [th], [n], [l] 등이 이에 속한다.

⑤ 설첨후음(super-dentals 혹은 retroflexes)

설첨후음은 '捲舌音'이라고도 한다. 혀끝을 안으로 말아 올려 경구개에 닿게 하여 기류를 그 사이로 통과시켜 내는 소리로, [tʂ], [tʂh], [ʂ], [ʐ], [dʐ] 등이 이에 속한다.

⑥ 설면음(prepalatals 혹은 alveolo-palatals)

설면음은 '舌面前音'이라고도 한다. '설면전'이란 혀가 자연스러운 상태에 있을 때의 경구개 밑 부분을 가리킨다. 이 음은 설면의 앞부분을 경구개에 접촉시키거나 가까이 하여 그 사이로 기류를 마찰시켜 내는 소리이다. [tɕ], [tɕh], [ɕ], [ʑ], [dʑ] 등이 이에 속한다.

⑦ 설근음(velars)

설근음은 '舌面後音'이라고도 한다. 설면후란 혀의 연구개 밑 부분 즉 후설을 가리키는데 이 부분은 설근, 즉 혀뿌리와 구별하기가 힘드므로 이 부분이 만들어내는 소리를 설근음이라고 한다. 설근음은 혓바닥의 뒷부분이 연구개에 접근하여 기류에 장애를 일으켜 내는 소리이다. 그리하여 연구개음이라고도 불리며 [k], [g], [kh], [x], [ɣ], [h] 등이 이에 속한다.

(2) 전통 음운학에서의 분류

전통 음운학에서는 성모를 조음 위치에 따라 五音과 七音으로 분류하였다. 五音은 喉音, 牙音, 舌音, 齒音, 脣音을 가리키고, 七音은 여기에 半舌音, 半齒音을 추가한 것이다.

五音說이 제기된 시기는 매우 이르다. 梁 顧野王의 『玉篇』에 있는 『五音聲論』과 『廣韻』의 『辨字五音法』에서도 모두 성모의 喉牙舌齒脣의 다섯 종류에 관해 언급하고 있다. 후에 唐末 守溫의 字母[8])가 나온 뒤, 宋代의 等韻學家들이 다시 半舌音과 半齒音을 분류해 내어 七音이 되었다. 여기의 '半'이란 '準'의 의미와 통한다고 할 수 있다.

① 후음

이것은 현대 어음학 중의 후음과 모음, 반모음으로 시작하는 零聲母 및 설근음 중의 擦音 [x], [ɣ]를 포함한다. 영성모는 발음할 때 기류가 구강에서 아무런 장애를 받지 않아 마치 후두에서 직접 나오는 것 같기 때문에 후음에 포함시킨 것이다. 설면후찰음 [x], [ɣ]는 실제 조음 위치가 설면후색음 [k], [kh], [g]보다 약간 뒤이면서 설근연구개에 가까워 약간 차이가 있으나 전통 음운학에서는 이들을 모두 후음에 포함시켰다.

② 아음

아음이 가리키는 것은 설면후음 중의 塞音 [k], [kh], [g]와 鼻音 [ŋ]이다. 이러한 음들은 설면의 뒷부분이 연구개 위치로 올라가 구강 통로를 막으며 혀 양 가장자리는 어금니에 고정시킨 후(옛 사람들은 어금니를 牙, 앞니를 齒라 하였다)파열시켜 발음된

8) 옛 사람들은 성모를 표기할 부호가 없었기 때문에 같은 성모인 글자들은 한 군데에 모아 그 중의 하나의 글자로써 대표하였다. 예를 들면 '端'母는 성모가 [t]인 모든 음절을 대표하는 것이다. 이것을 '字母'라 하는데 唐末 守溫에 의해 제일 먼저 제기되었는데, 그는 당시의 성모를 모두 30종류로 귀납하여 30자모를 제시하였다. 후에 송대에는 누군가에 의해 여섯 개가 더 보태어져 36자모가 되었다. 자세한 내용은 제5장 참조.

다. 옛 사람들은 이러한 음이 바로 기류가 어금니와 부딪쳐 형성된 것이라 생각하여 아음이라 하였다.

③ 설음

설음은 설첨중음의 색음 [t], [th], [d], 비음 [n] 등(이들을 舌頭音이라 칭하기도 한다)과 설첨후음의 색음 [ʈ], [ʈh], [ɖ]와 비음 [ɳ] 등(이들을 舌上音이라 칭하기도 한다)을 포함한다. 이러한 음들을 발음할 때에는 물론 장애를 형성하고 그것을 극복하는 단계를 거치기 때문에 혀의 운동이 잘 느껴진다. 따라서 옛 사람들은 이러한 음들이 주로 설첨과 설면의 움직임에 의해 형성되는 것이라 생각하여 설음이라 칭하였다.

④ 치음

치음은 齒頭音과 正齒音으로 나뉜다. 치두음은 [ts], [tsh], [dz], [s], [z]와 같은 설첨전음을 포함하며, 정치음은 [tʂ], [tʂh], [ʂ], [ʐ]와 같은 설첨후음과 [tʃ], [tʃh], [dʒ], [ʃ], [ʒ]와 같은 설엽음을 포함한다.[9] 이러한 음들은 모두 마찰 성분을 띠고 있어 설음에 비해 혀의 운동이 그다지 뚜렷하지 못하며, 기류가 혀와 앞니 사이의 좁은 틈을 통과할 때 앞니에서 진동하는 느낌을 받을 수 있다. 따라서 옛 사람들은 기류가 앞니와 접촉하여 진동하며 발생하는 것이라 생각하여 치음이라 칭하였다.

⑤ 순음

순음은 쌍순음 [p], [ph], [b], [m]와 순치음 [f], [v], [ɱ]를 포함

---

9) 정치음은 현대 표준음에서는 모두 설첨후음 [tʂ], [tʂh], [ʂ], [ʐ]로 바뀌었다.

한다. 이러한 음에 대해서 옛 사람들은 정확하게 인식하였던 것 같다.

⑥ 반설음

반설음이 가리키는 것은 舌尖邊音 [l]이다. 변음은 발음할 때 혀의 가장자리가 위로 세워지고 설면이 약간 오무라져 장애를 풀 때 혀끝이 입천장과 떨어지면서 비교적 완만해진다. 따라서 옛 사람들은 이것이 설음에 가까우면서도 다르다고 생각하여 반설음이라 칭하였다.

⑦ 반치음

반치음은 중고 36자모의 '日'母를 가리킨다. 이 '日'모의 음가에 대해서는 학자들 간에 이견이 분분하다. 王力은 『漢語音韻學』에서 "반치는 곧 비음에 마찰음을 가한 것이다"라 하며 칼그렌의 의견을 수용하여 반치음을 [ɳʑ]로 추측하였다.

중고의 반치음, 즉 '日'모자는 상고의 [n]성모에서 유래하였으며, 현대 표준어에서는 모두 마찰 성분을 가진 [ʐ]로 발음된다. 이러한 점에 의거하여 중고의 '日'모자는 상고 시기의 [n]이 가지고 있는 비음 성분과 현대음 [ʐ]가 가지고 있는 마찰 성분을 동시에 가지고 있는 [ɳʑ] 혹은 [ɳʐ]로 보는 것이 좋을 것 같다.

2) 조음 방식에 의한 분류

구강과 비강은 음성의 공명기라 할 수 있다. 기류가 이 부분을 통과할 때 어떤 부위에서 여러 형태의 장애를 받기 때문에 각기 다른 소리를 형성한다. 자음의 조음 방식은 장애의 방식, 기류의 강약에 따른 送氣와 不送氣, 성대의 진동 여부에 따른 淸音과 濁音 등으로 나누어 설명할 수 있다.

(1) 장애의 방식에 따른 분류

① 색음(plosives 혹은 stops)

폐쇄음 혹은 파열음이라고도 한다. 연구개를 위로 올려 비강으로 통하는 통로를 차단하고 동시에 구강으로 통하는 통로도 폐쇄하였다가 갑자기 구강으로 통하는 통로를 열어 줌으로써 만들어지는 소리이다. 구강과 비강을 폐쇄함으로써 발음 기관 내의 공기의 압력이 증가된 상태에서, 구강으로 통하는 통로를 갑자기 열게 되면 가벼운 폭발음이 나게 된다. 이러한 색음은 폐쇄가 일어나는 위치에 따라 그 음성적 성질을 규정하게 되는데, 중국어에서는 쌍순색음, 설첨색음, 설근색음의 세 가지로 분류된다.

쌍순색음 : [p], [ph], [b]
설첨색음 : [t], [th], [d]
설근색음 : [k], [kh], [g]

이 자음들을 발음할 때에는 기류의 통로에 반드시 장애가 있게 된다. 이 장애가 형성되고 극복되면서 발음이 될 때까지 장애의 형성, 장애의 유지, 장애의 극복 이 세 단계로 흔히 구분한다. 일반적으로 색음은 장애가 극복될 때에 비로소 조음되기 때문에 일단 발음이 되면 곧 없어져 길게 늘일 수 없다.

② 비음(nasals)

비음을 발음할 때에는 다른 말소리와는 달리 구강으로의 통로를 폐쇄하고 연구개를 아래로 내려 비강으로 통하는 통로를 개방한다. 비음이 아닌 다른 소리들은 조음할 때 폐에서 나온 공기가 구강을 통과하나, 비음은 조음할 때 공기가 비강을 통과하게 되므로 '鼻腔子音'이라고도 한다. 비음은 구강이 폐쇄되는 위치에 따라 각각 음성적 성질이 달라지는데 그것을 분류하면 다음과 같다.

쌍순비음 : [m]
설첨비음 : [n]
설근비음 : [ŋ]

③ 찰음(fricatives)

마찰음이라고도 한다. 발음 기관의 주동 부분(조음기)을 피동 부분(조음장소)에 매우 가까이 접근시켜서 생긴 좁은 간격 사이로 기류를 불어 내어 만드는 소리이다. 기류가 이 좁은 간격을 밀치며 빠른 속도로 빠져 나가면 일종의 마찰 성분을 지닌 소리가 나게 되는데, 이를 마찰음이라고 한다.

순치찰음 : [f], [v]
설첨전찰음 : [s], [z]
설첨후찰음 : [ʂ], [ʐ]
설면전찰음 : [ɕ], [ʑ]
설근찰음 : [x], [ɣ]

④ 변음(liguids)

流音이라고도 한다. 혀의 앞부분으로 구강의 중앙부를 폐쇄하고 혀의 양측 또는 한 측면으로 기류가 흐르도록 해서 조음되는 소리이다.

설첨변음 : [l]

⑤ 색찰음(affricates)

파찰음이라고도 한다. 이러한 종류의 음은 장애를 형성하고 유지할 때까지는 색음과 같고, 장애를 극복하여 발성할 때에는 찰음과 같아 색음과 찰음의 성질을 둘 다 가지고 있는 소리이다. 폐쇄에 의해서 압축된 공기를 갑자기 놓아주지 않고 서서히 놓아주면 파열과 동시에 마찰이 일어나게 된다. 색찰음에 해당되는 자음으로는 다음과 같은 것이 있다.

설첨전색찰음 : [ts], [tsh], [dz]
설첨후색찰음 : [tʂ], [tʂh], [dʐ]
설면전색찰음 : [tɕ], [tɕh], [dʑ]

(2) 송기와 불송기

송기음을 유기음, 불송기음을 무기음이라고도 한다. 모든 음은 밖으로 흘러 나가는 기류에 의해 조성되므로 발음을 할 때에는 반드시 기류가 입 밖으로 나오게 된다. 그러나 기류가 입 밖으로 나올 때에는 강약의 차이가 있게 되는데, 이 기류의 강약에 의해서 송기, 불송기로 구분된다. 예를 들면 '包'[pau]와 '抛'[phau]의 자음에는 송기와 불송기의 차이가 있다. '包'의 자음은 불송기의 [p]이며, '抛'의 자음은 송기의 [ph]이다.

본래 자음은 모두 기류가 밖으로 흘러 나가면서 만들어지기 때문에 모두 송기라 할 수 있다. 따라서 불송기의 자음도 기류가 입 밖으로 전혀 나가지 않는 것이 아니라, 흘러나가는 기류가 송기인 자음의 기류보다 상대적으로 약할 뿐이다. 바꾸어 말하면 송기는 강한 기류이고, 불송기는 약한 기류라 할 수 있다. 음성학자들은 송기와 불송기를 구분하기 위하여, 원래의 불송기인 자음의 오른쪽 윗편에 [^{h}], [ʻ] 혹은 바로 뒤에 [h]를 덧붙여 송기인 음을 나타낸다. 이를테면 [ph]는 송기로서 '抛'의 자음이며, [h]부호가 없는 [p]는 불송기로서 '包'의 자음이다.

송기와 불송기의 부호는 색음과 찰음에 적용된다. 색음과 찰음은 발음할 때 밖으로 흘러 나가는 기류에 강약의 차이가 있게 된다. 만약 그것이 약하면 불송기이며, 강하면 송기이다. 송기와 불송기의 구분이 의미를 변별하는 데 작용을 하지 않는 언어들도 있다. 예를 들면, 프랑스어에서의 청색음은 모두 불송기이나 어떠한 사람이 송기로 발음했다 하더라도 프랑스인들은 아무런 차이를 느끼지 않는다. 그러나 중국어에서는 송기와 불송기의 구별이 의미를 변별하는 작용을 하기 때문에 분명히 구별해야 한다. 만약 그렇지 않으면 '口'와 '狗', '潘先生'과 '班先生'이 구분되지 않을 것이다. 중국어에서 송기와 불송기는 다음과 같이 구분된다.

쌍순청색음 : [p] - [ph]

설첨청색음 : [t] - [th]

설근청색음 : [k] - [kh]

설면청색찰음 : [tɕ] - [tɕh]

설첨후청색찰음 : [tʂ] - [tʂh]

설첨전청색찰음 : [ts] - [tsh]

(3) 청음과 탁음

청음을 무성음 혹은 '不帶音'이라고도 하며, 탁음을 유성음 혹은 '帶音'이라고도 한다.

폐로부터 나온 기류가 처음 만나는 곳은 기관지 상단에 있는 후두이다. 이 후두는 연골로 된 조직으로서 그 속에 엷은 막으로 된 성대가 있다. 성대의 두 엷은 막 사이의 간격을 聲門이라 한다. 이 엷은 두 개의 성대를 가까이 접근시킴으로써 긴장되어, 기류가 통과하면서 진동을 일으켜 나오는 소리가 바로 탁음이다. 모든 모음은 성대를 진동시키는 탁음이다. 만약 성대가 이완되어 성문이 열려 있으면 통과하는 기류는 성대에 진동을 일으키지 못한다. 이렇게 성대를 진동시키지 않고 나오는 소리가 바로 청음이다.

모든 자음은 淸濁의 짝을 이룰 수 있다. 즉, 모든 청음은 같은 방식, 같은 위치에서 조음되는 탁음과 짝을 이룰 수 있다. 이러한 청음과 탁음을 짝지어 보면 다음과 같다.

[p]-[b], [t]-[d], [k]-[g], [f]-[v],

[s]-[z], [ʂ]-[ʐ], [tʂ]-[dʐ], [ts]-[dz]

사실 한 언어 속에서 한 쌍의 청음과 탁음이 반드시 동시에 존재하지는 않는다. 어떤 언어에서의 어느 한 청음과 짝을 이루는 탁음은 그 언어에서는 존재하지 않지만 오히려 다른 언어에 존재하기도 한다. 따라서 모든 자음을 청과 탁으로써 한 쌍 한 쌍 짝지을 필요는 없다. 현대 중국어에서는 단지 [ʂ]와 [ʐ]만이 청탁의 쌍을 이룰 뿐이다. 1913년에 제정된 주음부호에서는 [f]와 [v]도 쌍을 이루고 있으나, 현대 표준어에서는 [v]라는 음이 없다. 이와 같이 현대 중국어에서는 청음에 그와 짝을 이루는 탁음이 없거나 혹은 탁음에 그와 짝을 이루는 청음이 없는 경우가 대부분이다. 그러나 고대 중국어에서는 탁음이 비교적 많았다. 따라서 고대 음운학자들은 성모의 청탁을 분석할 때에 한층 더 세분하였다. 그들은 청음을 다시 全淸과 次淸, 탁음을 全濁과 次濁(혹은 不淸不濁)으로 분류하였다. 이것을 현대 음성학 이론을 가지고 보면 다음과 같이 해석할 수 있다.

전청: 불송기이고 청음인 색음, 찰음, 색찰음
[p], [t], [k], [f], [s], [ʂ], [x], [ts], [tʂ], [tɕ] 등

차청: 송기이고 청음인 색음, 찰음, 색찰음
[ph], [th], [kh], [tsh], [tʂh], [tɕh] 등

전탁: 탁음인 색음, 찰음, 색찰음
[b], [d], [g], [v], [z], [ʐ], [ɣ], [dz], [dʑ], [dʐ] 등

차탁: 탁음인 비음, 변음, 반모음
[m], [n], [ŋ], [l], [j] 등이며, 당시 학자들은 비음에 마찰 성분이 있는 [ȵʑ]도 여기에 분류하고 있다.

현대의 방언 중 고대의 전탁음을 그대로 보존하고 있는 방언은 吳方言과 湘方言이다. 뿐만 아니라 이들 방언에서는 고대와 같이 [p]와 [b], [f]와 [v], [s]와 [z], [ts]와 [dz], [t]와 [d], [tʂ]와 [dʐ], [ʂ]와 [ʐ], [k]와 [g], [x]와 [ɣ] 등 청음과 탁음이 짝을 이루며 대응되고 있다. 현대 표준어의 청음 중 일부분은 고대의 탁음에서 변한 것으로, 성조에서 그 흔적을 찾을 수 있다. 예를 들면 북경어에서는 평성이 음평과 양평으로 나누어져 있는데, 현재 음평으로 읽히는 글자들은 고대에는 모두 청음이었고, 양평으로 읽히는 글자들은 고대에는 모두 탁음이었다. 廣東省의 潮州語 같은 방언에서는 四聲의 각 성조가 모두 음양으로 나누어졌는데, 이 경우에도 음조의 글자들은 고대에는 청음이었고 양조의 글자들은 고대에는 모두 탁음이었다. 따라서 고대의 성모를 이해하는 데에는 이러한 성조와의 관계도 중시해야 할 필요가 있다.

2. 모음

1) 모음의 성질

앞에서도 이미 언급했듯이 사람들의 말은 모음과 자음으로 크게 구분된다. 자음은 또한 유성음과 무성음으로 구분되는데 반해, 모음은 귓속말을 할 때와 특수한 음변 현상으로 인해 무성음으로 발음되는 경우를 제외하고는 모두 유성음이다. 청각적으로 모음은 자음에 비해 뚜렷하며 귀에 잘 들린다.

모음은 기류가 성문을 통과한 다음 구강의 통로에서 발음 기관의 어떠한 부위의 장애도 받지 않고 만들어지며, 다만 구강의 개폐, 혀의 고저, 입술의 모양 등에 따라 다르게 조음된다. 바꾸어 말하면, 구강, 혀, 입술로 만들어진 공명기의 모양에 따라 형성되는 모음이 달라진다. [a]를 발음하면 구강은 매우 크게 벌어지며 혀의 위치는 내려간다. 그러나 구강을 작게 하고 혀의 위치를 높이면 [e]로, 더 높게 하면 [i]가 만들어진다. 또한 [o]를 발음할 때에는 입술이 비교적 둥근 모양이 된다. 그러므로 구강 안팎의 모양이 달라짐에 따라 조음되는 소리는 달라지게 되는 것이다. 결과적으로 각 모음은 반드시 그 특수한 구강 형태에 따라 결정된다.

2) 모음 분류의 기준

구강의 형태에 따라 조음되는 모음이 달라진다는 것은 이미 언급하였다. 그러면 모든 모음을 조음할 때 구강의 형태는 어떠한가? 이에 대해서는 네 가지 측면에서 분석할 수 있다.

(1) 구강의 개폐

혀가 입천장과 떨어진 정도에 따라 구강의 개폐 정도가 결정되며, 이 기준에 따라 모음을 개모음, 반개모음, 반폐모음, 폐모음의 네 종류로 나눈다.

(2) 혀의 전후

모음을 조음할 때 혀는 앞으로 뻗어서 설면의 앞부분을 위로 들어 경구개에 접근시킬 수도 있고, 설면의 뒷부분을 위로 들어 연구개에 접근시킬 수도 있으며, 혹은 설면의 앞부분 또는 뒷부분을 아래로 내릴 수도 있다. 이렇게 조음되는 설면의 위치가 앞인지 뒤인지에 따라 모음은 전설모음(혹은 전모음), 중앙모음(혹은 중모음), 후설모음(혹은 후모음)으로 나뉜다. 일반적으로 대부분의 모음은 설면에 의해서 조음되나 설첨에 의해서 조음되는 특수한 모음도 있는데 그것을 설첨모음이라고 한다.

(3) 혀의 고저

혀가 정지 상태에서 점점 올라가 입천장에 접근하되 찰음을 발생할 정도까지 도달하지 않으면, 그 높이에 따라 여러 가지 서로 다른 모음이 조음된다. 혀의 고저에 따라 모음을 고모음, 중모음, 저모음으로 나누기도 하고 혹은 고모음, 반고모음, 반저모음, 저모음으로 분류하기도 한다.

(4) 입술의 모양

어떠한 모음들은 조음할 때 구강의 형태, 혀의 전후, 고저가 모두 동일하지만, 조음되는 음가는 확연히 다른 경우가 있다. [i]와 [y], [o]와 [ɤ] 등이 이러한 예에 속하는데 이와 같이 음가가 달라지는 원인은 조음 시 입술의 모양이 다르기 때문이다. 바꾸어 말하면 입술의 모양이 옆으로 평평하게 펴진 상태인가 아니면 동그랗게 오므린 상태인가에 따라 모음의 음가가 달라지게 된다. 이리하여 전자를 '不圓脣', '展脣', 혹은 '平脣'이라 하고 후자를 '圓脣'이라 한다. 이러한 기준에 따라 모음을 원순모음과 평순모음으로 구분한다.

그러나 조음할 때 구강의 개폐는 혀의 고저와 서로 대응하는 관계에 있다. 즉 저모음을 조음할 때는 반드시 크게 벌려지고 고모음을 조음할 때는 구강은 작게 벌려진다. 그리하여 경우에 따라 혀의 전후, 혀의 고저, 입술 모양의 세 가지 각도에서만 모음을 분석하기도 한다.

3) 모음의 분류

(1) 단모음

모음을 분석하기 위해 우선 혀의 위치에 따른 네 개의 극단적인 모음을 예로 들어 보기로 하자.

먼저 혀끝을 아래 앞니 뒤쪽에 대고 설면의 앞부분을 충분히 위로 올려서 경구개의 앞부분에 찰음이 생기지 않을 정도로 접근시킨다. 그 다음 입술을 양쪽으로 벌리며 비강의 통로를 막고 발음하면 [i]가 조음된다. 이것은 중국어의 '衣'의 음과 같은 극단적인 전설 고모음이다.

또 혀끝을 아래 앞니 뒷면에 대고 비강의 통로를 막으면서 입을 크게 벌리고, 설면의 앞부분을 아래로 낮게 하여 발음하면 [a]가 조음된다. 이것은 전설 저모음으로서 '安'의 첫 머리음과 같다.

혀를 뒤로 수축시킴과 동시에 설면의 뒷부분을 위로 올려 찰음이 발생되지 않을 정도로 연구개에 접근시키고, 입술을 동그랗게 모아 발음하면 [u]가 조음된다. 이것은 극단적인 후설 고모음으로 '烏'의 음과 같다.

또 혀를 뒤로 수축시킴과 동시에 입을 크게 벌리고 설면의 뒷부분을 충분히 아래로 내려 발음하면 [ɑ]가 조음된다. 이것은 극단적인 후설 저모음으로 '昻'의 첫 머리음과 같다.

이상의 [i], [a], [ɑ], [u]의 극단적인 모음 외에도 [i]와 [a] 사이에 반고모음 [e], 반저모음 [ɛ]가 있으며 [u]와 [ɑ] 사이에 반고모음 [o], 반저모음 [ɔ]가 있다. 영국의 음성학자 D. Jones는 이들 여덟 개의 모음을 이용하여 아래의 그림<1>과 같은 사각도를 제시하였는데, 이것을 제1차 기본 모음이라고 한다.

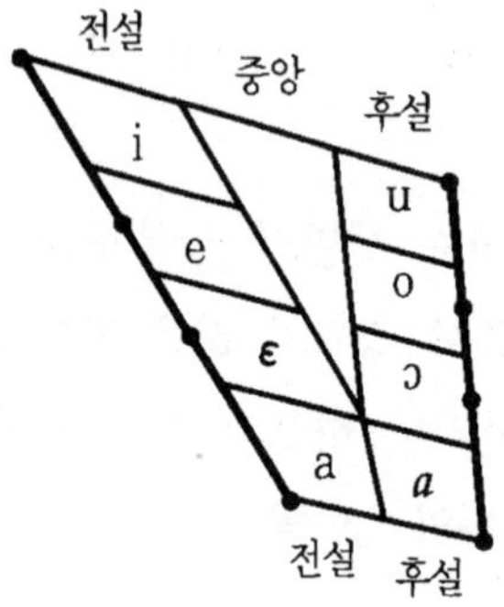

그림 < 1 >
제1차 기본 모음

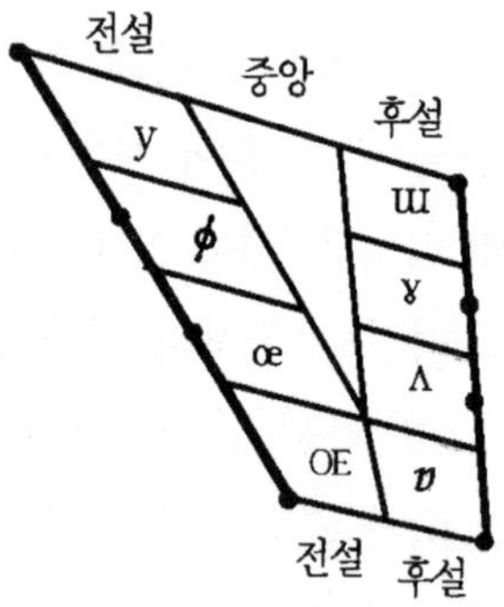

그림 < 2 >
제2차 기본 모음

제1차 기본 모음에서 일반적으로 전설모음은 평순이고, 후설모음은 원순이다. 그리고 언어에 따라서는 이들 제1차 기본 모음의 평순모음과 대응되는 원순모음이 있을 수 있고, 제1차 기본 모음의 원순모음과 대응되는 평순모음이 있을 수 있다. 이들을 제2차 기본 모음이라 하며 위 그림<2>로 표시할 수 있다. 그러나 인류의 언어에는 이상의 16개의 모음만이 있는 것이 아니라 그 외에도 많은 모음이 존재한다. 역시 위의 사각도에 의해 각 모음의 적당한 위치를 표시하면 아래의 그림<3>과 같다. 이 그림에서 사람들이 만들어내는 각 모음의 혀의 위치, 입술의 모양 등을 분명히 알 수 있다.

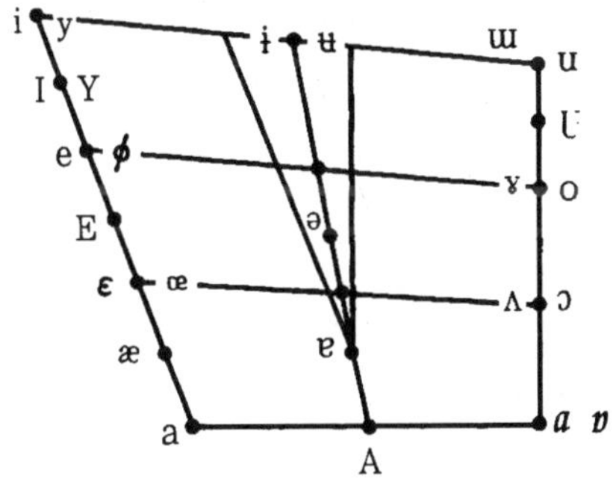

그림 < 3 >

이들 모음 중 중국어에 나타나는 것들을 살펴보면 다음과 같다.

[i] : 梨[li^{2}]의 [i]

[y] : 慮[ly^{4}]의 [y]

[e] : 類[lei^{4}], 列[lie^{4}], 略[lye^{4}]의 [e]

[ɛ] : 烟[iɛn^{1}]의 [ɛ]

[a] : 南[nan^{2}], 來[laI^{2}]의 [a]

[ɑ] : 陽[iɑŋ^{2}], 要[iɑU^{4}]의 [ɑ]

[o] : 磨[mo^{4}]의 [o]

[ɤ] : 樂[lɤ^{4}]의 [ɤ]

[u] : 魯[lu^{3}]의 [u]

[U] : 口[khoU^{3}]의 [U]

[A] : 罵[mA^4]의 [A]

[ə] : 경성 了[lə^0], 的[tə^0]의 [ə]

[I] : 哀[aI^1]의 [I][10]

중국어에는 또한 설첨모음이라는 특수한 모음이 있는데 그것은 [ɿ]와 [ʅ]이다. [ɿ]와 [ʅ]는 모두 평순모음이며 이 둘을 합하여 [ɨ]로 표기하기도 한다. 이들 설첨모음은 반드시 혀끝을 들어 올려서 조음하기 때문에, 입천장에 가장 가까이 접근한 부분인 최고점이 설면이 아닌 혀끝에 있다. [ɿ]는 자음 [ts], [tsh], [s]의 뒤에서만 나타나며, 발음할 때 혀를 앞으로 길게 뻗어 앞니 뒷면에 마찰이 생기지 않을 정도로 접근시켜 나는 소리이다.

[ʅ]는 자음 [tʂ], [tʂh], [ʂ], [ʐ]의 뒤에서만 나타나며, 혀끝을 경구개의 오목한 부분에 마찰이 일어나지 않을 정도로 접근시켜 나는 소리이다.

그리고 또 다른 특수 모음인 [ər]은 '二', '而', '兒' 등의 모음이다. 이는 발음할 때 혀를 중앙모음 [ə]에 비해 조금 앞에 위치시키고 혀끝을 경구개로 향하게 말아 올려 형성되는 특수한 음이다. 혀끝이 위로 말아 올려져 조음되기 때문에 권설모음이라고도 하는데, 이는 설첨모음 [ʅ]와 유사하게 조음되지만 혀의 최고점이 [ʅ]만큼 높지는 않다.

그리고 또 알아야 할 것은 소리의 響度(sonority)이다. 서로 다른 몇 개의 소리를 발음할 때, 소모된 힘이 완전히 같다 하더라

10) 口[khoU], 來[laI], 哀[aI]와 같이 묘사한 것은 엄밀하게 轉寫한 것이다. 앞으로는 편의상 이들을 각각 [khou], [lai], [ai] 등과 같이 표시할 것이다. 뒤의 '복모음' 참조.

도 다른 사람이 들을 때에는 각 소리의 음향 효과는 서로 다르게 된다. 예를 들면 [a - e - o - u - m]의 5개의 소리를 처음부터 끝까지 똑같은 힘으로 발음한다 해도 들리기에는 [a]는 [e]보다, [e]는 [o]보다, [o]는 [u]보다, 그리고 [u]는 자음인 [m]보다 더 울린다. 이것을 다음과 같이 나타낼 수 있다.

[a] > [e] > [o] > [u] > [m]

일반적으로 첫째, 개모음은 폐모음보다 울림이 크다. [a]는 개모음이고 [e]는 반폐모음이어서 [a]가 [e]보다 더 울린다. 둘째, 구강이 벌려진 정도가 같을 때 전설모음이 후설모음에 비해 더 울린다. [e]와 [o]는 모두 반폐모음이나, 전후의 차이가 있기 때문에 [e]가 [o]보다 더 울린다. 셋째, 구강 내에서 장애를 받지 않는 소리가 장애를 받으며 조음되는 소리보다 울림이 크다. 즉 [a], [e], [o], [u]는 발음할 때 성문을 출발한 후 줄곧 장애를 받지 않으나, [m]는 장애를 받는다. 여기에서 소리의 구성 방법이 다르면 그 소리의 향도도 달라진다는 것을 알 수 있다. 향도는 대략 다음과 같이 비교된다.

모음 > 자음, 저모음 > 고모음 (혀의 전후 위치가 같을 때)
전설모음 > 후설모음 (구강의 열린 정도가 같을 때)
탁음 > 청음 (조음 방식이 같을 때)
청찰음 > 탁색음

(2) 복모음

모음을 발음할 때 시간의 장단을 막론하고 혀의 위치, 입술의 모양 등이 끝까지 변하지 않는 것이 단모음이다. 즉 단모음은 발음할 때 음가가 동일한 음으로 [a], [i], [o], [u], [y] 등이 모두 이에 속한다. 그러나 모음을 발음할 때 시간의 장단을 막론하고 혀의 위치, 입술의 모양 등이 변하여 음가에 변화가 생기면 복모음이 된다. [ai], [ou], [iɑu], [uei] 등이 모두 여기에 속한다.

① 이중모음, 삼중모음

사람들의 청각으로써 복모음을 몇 개의 모음으로 나눌 수 있다. 이를테면 어떤 중국인이 '愛'라고 말한다면, 그 사람이 발음한 [ai]가 복모음이라는 것과 함께 그것은 [a]와 [i] 두 개의 모음으로 이루어진 것이라는 것을 알 수 있다. 또 '澳', '歐', '雅'를 들으면 각각 [ɑu], [ou], [ia]라는 복모음인 것을 느낄 수 있다. 이와 같이 하나의 음절 내에서 두 개의 서로 다른 모음이 결합하여 이루어진 복모음을 이중모음 혹은 '二合元音'이라 한다.

그리고 '妖', '幼', '歪', '位'를 들으면 각각 [iɑu], [iou], [uai], [uei]라는 복모음이라는 것을 알 수 있다. 이와 같이 하나의 음절 안에서 세 개의 모음이 결합하여 이루어진 복모음을 삼중모음 혹은 '三合元音'이라 한다. 삼중모음에서는 가운데에 위치한 모음이 가장 강하게 읽히고 아울러 향도도 제일 큰 반면, 앞뒤의 두 개의 모음은 비교적 약하며 향도도 작다.

② 하강 복모음, 상승 복모음

복모음에는 위에서 말한 바와 같이 이중모음과 삼중모음 두 가지 종류가 있다. 이중모음은 두 개의 모음이 결합하여 이루어진 것으로서 경우에 따라 앞의 모음의 향도가 클 수도 있고, 뒤의 모음이 클 수도 있다. [ai], [ɑu], [ei], [ou] 등은 앞 모음의 향도가 크고, [ia], [ua], [uo], [ye] 등은 뒤 모음의 향도가 크다. 그리하여 이들 두 모음의 향도 혹은 발음 기관의 긴장도에 따라 이중모음을 하강 복모음(Falling Diphthong 혹은 하강 이중모음)과 상승 복모음(Rising Diphthong 혹은 상승 이중모음)으로 나눌 수 있다.[11)]

하강 복모음은 향도가 갈수록 작아진다고 해서 붙여진 이름으로 [ai], [ɑu], [ei], [ou] 등 중국어의 네 가지 '複韻母'가 여기에 속한다. 이에 반해 상승 복모음은 향도가 갈수록 커지며 [ia], [ie], [ua], [uo], [ye] 등 '結合韻母'가 여기에 속한다.

상승 복모음은 향도가 큰 모음이 뒤에 있기 때문에 혀가 이동하는 종점이 확실하다. 예를 들면, [ia]는 혀와 입술의 모양이 반드시 [i]에서 [a]로 이동하게 되는데, 뒤의 [a]가 확실히 조음된 후에야 비로소 [ia]라는 음이 되는 것이다. 그러나 하강 복모음은 그렇지 않다. [ai], [ɑu], [ei], [ou]에서 뒤의 성분인 [i]와 [u]는 혀의 이동 방향만 나타낼 뿐 혀가 그 위치에 도달하기 전에 발음이 끝나게 된다. 즉, [ai]는 [a]에서 [i]로 이동하는 중간에 [e], [I]를 거쳐야 하는데, 사실은 [I] 혹은 심지어 [e]까지만 이동하고 끝나게 된다. '來'의 음은 일상 회화에서 [laI] 혹은 [lae]로 발음되는 것이 보통이다. 이리하여 하강 복모음은 발음 기관이 이동하는 종점이 확정되어 있지 않다. 국제음성부호를 사용하여 음을 엄밀

---

11) 하강 복모음과 상승 복모음을 중국에서는 각각 '衰弱複母音(혹은 前響二合元音)'과 '發達複母音(後響二合元音)'이라 칭한다.

하게 표기할 때, 이러한 현상으로 말미암아 [ai]를 [aI]로, [ɑu]를 [ɑU]로 쓰기도 한다.

Ⅲ. 성모와 운모

전통 음운학에서는 중국어의 음절을 분석할 때 자음 또는 모음 등의 음성학 용어를 사용하지 않고 '聲母(initial)'와 '韻母(final)'라는 용어를 사용하여 왔다. 전통 음운학에서는 음절을 두 부분으로 나누고 첫 부분의 자음을 '聲', '聲' 뒤의 모든 성분을 '韻'이라 하였다. 예를 들면 '大'[ta]라는 음절에서 [t]는 '聲', [a]는 '韻'이다. 또 '光'[kuɑŋ]에서는 [k]가 聲이고 [uɑŋ]이 韻이다. 음운학을 '聲韻學'이라 부르기도 하는 까닭은 바로 그것이 음절의 '聲'과 '韻'을 분석하는 것을 목적으로 하였기 때문이다. '聲'은 성모, '韻'은 운모를 가리키는 것으로 성모나 운모라는 명칭은 주음부호가 제정된 이후 주로 사용되어졌다. 고대에는 성모에 관하여 '紐' 혹은 '聲紐'라는 명칭을 주로 사용하였으며, 음성부호가 없었기 때문에 '字母'로써 성모를 표시하였다. 이들에 관해서는 제5장에서 자세히 토론할 것이다.

사실상 성모와 운모는 자음과 모음이 어떠한 역할을 하는가 혹은 어떠한 위치에서 나타나는가 등을 근거로 하여 말하는 것이므로, 자음이나 모음과 같은 개념은 아니다. 즉 성모와 운모는 중국어 음절을 구성하는 두 필수 조건이며, 자음과 모음은 이 두 조건을 구성하는 요소라고 설명할 수 있다. 성모, 운모는 음절 구조의 측면에서 말한 것이며, 자음과 모음은 성모와 운모를 구성하는 어음 재료의 측면에서 말한 것이라 할 수 있다. 따라서 성모와 자음은 같다고 할 수 없으며, 운모와 모음도 같다고 할 수 없다. 성모를 구성하고 있는 요소는 '零聲母'12)를 제외하고 모두 자음이며, 운모를 구성하고 있는 요소는 모음일 수도 있고, 또 자음이 있을 수도 있다. 예를 들면, 중국어의 성모는 일반적으로 자음으로 구성되어 있다. 영어, 프랑스어 등 다른 언어에서 자음은 음절의 두음, 중간음, 혹은 말음으로 쓰이지만, 중국어에서의 성모는 음절의 머리음으로만 쓰여 의미를 변별하는 기능을 담당하는 자음을 가리킨다. 중국어의 자음 중 설근비음 [ŋ]만을 제외한 모든 자음은 성모로 쓰일 수 있으며, [ŋ]은 오로지 운모의 운미(ending)로만 쓰인다. 그리고 [an], [ən], [ɑŋ], [əŋ]의 네 운모는 모음 [a], [ə]와 자음 [n], [ŋ]으로 결합되어 있다. 이와 같이 성모, 운모의 개념과 자음, 모음의 개념은 확연히 다르다.

전통 음운학에는 성모, 운모와 관련하여 '雙聲'과 '疊韻'이라는 용어가 있다. 쌍성이란 두 글자의 성모가 같은 것을 말한다. 예를 들면 '彷佛'[fɑŋfu], '含糊'[hanhu], '蜘蛛'[tʂʅtʂu] 등이 모두 쌍성으로 된 이음절어이다. 첩운이란 두 운모가 같은 경우를 말한다. 예를 들면 '胡蘆'[hulu], '崑崙'[khuənluən], '螳螂'[thɑŋlɑŋ], '從容'[tshuŋʐuŋ] 등이 첩운이다. 그리고 두 글자의 운모 중 개음은 다르더라도 주요모음과 운미만 같으면 첩운이라 할 수 있다. 예

---

12) '魚'같은 음절에는 성모가 없는 것 같으나 엄격히 말하자면 이러한 음절에도 喉塞音 [ʔ]성모가 있다. 그러나 이러한 후색음은 의미를 변별하는데 아무런 작용을 하지 않기 때문에 성모가 없는 글자, 즉 零聲母로 간주한다.

를 들면 '堂皇'[thaŋhuaŋ]은 '堂'에는 개음이 없고 '皇'에는 개음 [u]가 있지만, 주요모음과 운미는 같으므로 역시 첩운이라 할 수 있다. 고대 시가에서는 주요모음과 운미만 같으면 서로 압운할 수 있었다. 李白의 「望廬山瀑布」를 예로 들어 보기로 한다.

> 日照香爐生紫烟[-ian],
> 遙看瀑布卦前川[-uan].
> 飛流直下三千尺,
> 疑是銀河落九天[-ian].

이 시에서 '烟, 川, 天'이 운자로 쓰였는데, 이 중 '烟, 天'은 운모가 [-ian]이지만 '川'은 운모가 [-uan]으로 서로 다르다. 그러나 주요모음과 운미가 [-an]으로 같기 때문에 서로 압운을 할 수 있는 것이다.

Ⅳ. 반절

反切은 쌍성과 첩운의 원리를 이용하여, 두 글자로써 다른 한 글자의 음을 표기하는 방법이다. 이 반절을 唐 이전에는 '反', 宋 이후에는 주로 '切'이라 칭하였다. 옛날 사람들은 무의식적으로 두 글자의 음을 연독하여 하나의 음으로 발음하기도 하였다. 예를 들면 '何不'를 '盍', '之乎'를 '諸', '奈何'를 '那'라 한 것 등이다.[13] 그러나 이러한 방법은 글자의 독음을 표기하는 데에는 사용되지 않았다.

반절은 두 글자 중의 첫 번째 글자인 反切上字가 被切字와 쌍성을 이루어 피절자의 성모를 결정하고, 두 번째 글자인 反切下字는 피절자와 첩운을 이루어 피절자의 운모를 결정한다.[14] 따라서 반절상자의 운모와 반절하자의 성모는 고려할 필요가 없다. '冬, 都宗切'을 예로 들어 보자.

被切字		反切上字		反切下字
冬	--------	都	+	宗
[tuŋ]		[t(u)]		[(ts)uŋ]

여기에서 '都'와 '冬'은 쌍성이며(성모가 모두 [t]), '宗'과 '冬'은 첩운이다(운모가 모두 [uŋ]이며, 성조도 모두 평성). '都'의 운모 [u]와 '宗'의 성모 [ts]는 고려할 필요가 없고, '都'의 성모와 '宗'의 운모를 결합하면 '冬'의 독음이 된다.

반절이 이용되기 전에는 '讀若'(혹은 '讀如'라고도 함)과 '直音', '聲訓' 등의 방법으로 음을 표기하였다.[15] 이것들은 하나의 한자를 가지고 다른 하나의 한자의 독음을 표기하는 방법이다. 東漢 許愼의 『說文解字』에서는 주로 '讀若'으로 음을 표기하였는데 "鄦讀若許(鄦는 許와 같이 읽는다)"라 한 것이 그 예이다. 후에는 '直音'의 방법이 쓰였는데 『爾雅』郭璞注에서 "誕音但(誕은 음이

---

13) 胡奇光. 『中國小學史』, 134쪽 참고

14) 반절하자는 피절자의 운모 뿐 아니라, 성조도 결정한다.

15) 이러한 방법이 쓰이기 전에 '譬況'이라는 것이 있었다. 예를 들면 『淮南子』의 "其地宜黍, 多旄犀"의 '旄'에 대해 高誘는 "旄, 讀綢繆之繆, 急氣言乃得之(旄는 綢繆의 繆로 읽는데 急氣로 읽어야만 그 음을 얻을 수 있다)."라 하였으나, '急氣'가 무엇을 의미하는지 아직까지 알 수 없다.

但이다)"이라 한 것이 그 예이며, 이 방법은 『辭源』과 같은 최근에 편찬된 辭書에서도 채용하였다. 그러나 이러한 방법에는 결점이 많다. 한자 가운데에는 완전히 같은 음인 글자가 있을 수도 있고 없을 수도 있다. 같은 음으로 읽히는 글자를 찾지 못하는 경우에는 비슷한 음으로 읽히는 글자를 가지고 표기할 수밖에 없어 정확한 음의 표기가 불가능할 것이다. 또 같은 음으로 읽히는 글자를 찾았다 하더라도 그 글자가 상용되는 글자가 아니어서 더 읽기가 어렵다면, 그 글자를 가지고 음을 표기하는 것은 아무런 가치가 없을 것이다.

이러한 방법이 한동안 유행하다가 후에 梵文(인도의 산스크리트어)에 익숙한 사람들이 범문의 병음원리를 깨달아 두 개의 한자로써 다른 하나의 한자의 음을 표기하게 되었는데, 이렇게 해서 나온 것이 바로 반절이다. 반절이 음을 표기하는데 응용되기 시작한 것은 東漢 말기(대략 2세기)이며[16], 일반인들에게 널리 유행한 것은 漢魏 이후의 일이다.

V. 성조

중국어의 특징 중 하나는 성조가 있다는 점이다. 성조란 각 글자 음의 高低昇降, 즉 字調를 가리킨다. 중국어에서 성조는 성모,

16) 반절은 동한말 孫炎에 의해 시작되었다는 설, 服虔에 의해 시작되었다는 설, 應劭에 의해 처음으로 시작되었다는 설 등이 있으나 定說은 없다.

운모와 마찬가지로 의미를 변별하는 기능을 한다. 예를 들면 '妻, 騎, 起, 氣'는 모두 [tɕhi]로 읽히지만, 성조의 차이로 인해 의미 변별이 가능하다. 따라서 성조는 중국어의 음을 분석할 때 성모, 운모와 함께 빼놓을 수 없는 중요한 요소이다.

성조의 차이는 주로 音高에 의해서 나타나지만, 음고 외에 音長(발음시간의 장단)과도 일정한 관계가 있다. 그러나 일반적으로 서로 다른 성조를 형성하는 주된 요소는 음고의 변화이기 때문에, 음의 장단의 대립은 고려의 대상으로 삼지 않는 것이 보통이다.

성조는 흔히 調値와 調類로 나누어 설명한다. 성조의 고저 변화는 실제로 성대의 진동수와 밀접한 관계가 있다. 진동수가 많으면 소리는 높아지고, 반대로 진동수가 적으면 낮아진다. 하나의 음절을 발음할 때 처음부터 끝까지 진동수의 변화가 없으면 음고에도 변화가 없는데 이를 '平調'라 한다. 진동수가 점점 많아지게 되면 소리는 점점 높아지는데 이를 '昇調'라 하고, 또 진동수가 점점 적어지게 되면 소리는 낮아지는데 이를 '降調'라 한다. 그리고 점점 적어지다가 다시 많아지게 되면 소리는 낮아지다 다시 높아지는데 이를 '降昇調'라 한다. 이렇게 진동수의 변화에 따라 음의 높낮이가 변하는 형태를 '調型' 혹은 '調式'이라 한다. 현대 표준어의 4개의 성조 중 음평은 평조, 양평은 승조, 상성은 강승조, 거성은 강조라 할 수 있다. 그러나 동일한 글자라 하더라도 방언에 따라 음고의 차이가 있을 수 있다. 예를 들면 '天'은 북경어나 天津語에서 모두 음평으로 같은 평조형이나 북경에서는 高平이고, 천진에서는 低平으로 서로 차이가 크다. 이러한 음절의 실제 高低昇降의 변화를 調値라 한다. 중국어의 조치를 기록할 때에는 보통 趙元任이 제안한 五度標示法을 사용한다. 이것은 음고를 제일 낮은 곳에서 제일 높은 곳까지 5개의 音高標準點으로 나누어 그 하나하나를 1도로 간주하여 각 성조의 조치를 나타내는 방법이다. 각 표준점은 제일 낮은 곳에서부터 차례로 低(low), 次低(half-low), 中(middle), 次高(half-high), 高(high)라 부른다. 그러나 서술과 기재의 편리를 위해서 흔히 아라비아 숫자 '1, 2, 3, 4, 5'로써 음고를 표시한다. 표준어의 네 개의 성조의 조치를 이 방법으로 표기하면 다음과 같다.

妻 55
旗 35
起 214
氣 51

調類란 의미를 변별하는 성조의 종류를 말한다. 어느 방언에서 같은 조치로 읽히는 글자는 동일한 조류에 속한다. 이 방언에서 중국어의 모든 글자의 음을 몇 종류의 조치로 읽는가 하는 것은 바로 그 방언에 몇 개의 조류가 있는가를 결정한다. 예를 들어 북경어에서 '衣', '多', '東' 등의 글자는 동일한 조치로 읽혀(高平調) 모두 같은 조류에 속한다. 또 북경어에서는 중국어의 모든 글자의 음을 '高平', '高昇', '降昇', '全降'의 네 조치로 읽는다. 이것은 북경어에 네 개의 조류가 있음을 말해준다. 이 조류도 각 방언에 따라 다르다. 북경어에는 네 개, 南京語에는 다섯 개, 梅縣語에는 여섯 개, 蘇州語에는 일곱 개, 紹興語에는 여덟 개, 廣州語에는 아홉 개의 조류가 있으며, 심지어 江蘇 吳江語에는 열두 개의 조류가 있다.

이들 조류에는 일정한 명칭이 있다. 표준어의 네 개 성조는 음평, 양평, 상성, 거성이라 부르며, 이들을 통칭하여 '四聲'이라 한다.

'四聲'이라는 명칭은 六朝(4세기)부터 사용되어 왔으나, 전통 음운학에서의 사성은 '平上去入'의 네 개 성조를 가리키는 것으로, 현대 표준어의 사성과는 다르다. 문헌상의 기록에 의하면 南北朝 시기에 沈約, 周顒 등이 중국어의 성조를 발견하였다고 한다. 『南史・卷48』과 『梁書・卷13』에 다음과 같은 기록이 있다.

> "그때(永明末) 문장이 성행하였는데 吳興의 沈約, 陳郡의 謝朓, 琅邪의 王融이 氣流로써 서로 도왔다. 汝南의 周顒은 聲韻을 잘 알았다. 沈約 등은 문장을 지을 때 모두 宮商을 썼고, 平上去入을 四聲으로 하였다. …… 그 때 王斌이란 사람이 있었는데 어떤 사람인지는 모르나 四聲論을 써서 그 때에 유행하였다."
>
> (時, 盛爲文章, 吳興沈約, 陳郡謝朓, 琅邪王融, 以氣流相推轂. 汝南周顒善識音韻. 約等文皆用宮商, 以平上去入爲四聲, …… 時有王斌者, 不知何許人, 著四聲論行於時.) 『南史』

> "(沈約이) 또 四聲譜를 편찬하였는데 옛 문인들이 수천 년 동안 모르던 일을 자기 홀로 깨달아 그 오묘한 맛을 다 하였다고 여기고 스스로 入神之作이라 여겼다. 高祖는 늘 좋아하지 않았다. 일찍이 周捨에게 무엇이 四聲인지를 묻자 周捨는 '天子聖哲'(天은 평성, 子는 상성, 聖은 거성, 哲은 입성을 가리킴)이 바로 그것이라 하였다. 그러나 高祖는 끝내 그것을 따라 쓰지 않았다."
>
> (又撰四聲譜, 以爲在昔詞人累千載而不寤, 而獨得胸衿, 窮其妙旨, 自爲入神之作. 高祖雅不好焉. 嘗問周捨曰, 何爲四聲, 捨曰天子聖哲是也, 然帝竟不遵用.) 『梁書』

이 기록들은 중국어에 성조의 구별이 있다는 사실을 최초로 제시하고 있고, 四聲說을 제창한 사람은 沈約, 王斌 등이라고 설명하고 있다. 沈約 등이 중국어의 성조를 네 종류로 나누고 아울러 평상거입의 명칭을 부여하였다고 해서 그들 이전의 중국어에는 성조의 구별이 없었다는 것은 아니다. 또한 당시의 중국어에 평상거입 네 개의 성조만이 있었다고 확언할 수도 없다.

성조는 중국어 고유의 어음 요소 중의 하나로 늦어도 商周 시대에 이미 존재하고 있었다. 그러면 왜 南朝 시기에 와서야 사성이론이 제기되었는가?

사성의 발견은 불교의 유입과 관계가 깊다. 陳寅恪은 『四聲三問』에서 사성의 발견은 불교도가 불경을 중국어로 옮겨 읽으면서 당시의 문인과 승려들이 범문의 영향을 받아 중국어 음절의 구조를 연구하기 시작한 것과 밀접한 관계가 있다고 하였다. 南齊 永明 7년 2월 竟陵王 子良이 승려들을 경도에 모아 불경 낭송법을 창제하게 하였는데, 沈約, 周顒 등도 이 모임에 참여하여 사성설의 제창과 발표에 직접적인 계기가 되었다고 한다. 陳寅恪은 沈約 등이 중국어의 성조를 四類로 정한 것은 바로 당시 불경을 중국어로 읽을 때에 소리의 고저가 세 종류로 나뉘는 사실을 발견하고 색음운미가 없는 글자들을 세 종류의 성조로 나누어 平上去라 하고 색음운미가 있는 것을 따로 분류하여 入이라 한 데에서 기인한 것이라 주장하였다. 오늘날 많은 학자들은 이 학설에 동의하고 있다.

평상거입은 沈約 등이 제시한 사성의 명칭이며, 각 성조를 대표하는 글자이다. 즉 '平'은 평성, '上'은 상성, '去'는 거성, '入'은 입성에 속하는 글자들이다. 뿐만 아니라, 이들은 각 성조의 조형을 표시하는 작용도 한다. 즉 평성은 평탄하고 완만한 성조, 상성은 위로 올라가는(上揚) 성조, 거성은 낮게 돌아가는(低回) 성조, 입성은 입 밖으로 나오자마자 거두어지는(收斂) 성조이다.

사성설이 처음 제기되었을 때에는 극히 일부 문인들에게만 받아들여졌다. 竟陵八友 중의 하나로 꼽히는 梁武帝 조차도 좋아하지 않아 끝내 따라 쓰지 않았고, 또한 사성을 기초로 하여 세워진 '四聲八病說'도 받아들여지지 않았다. 『詩品』을 쓴 鐘嶸조차도 "문장으로 하여금 얽매이게 하는 것이 많게 하여 그 참된 아름다움을 다치게 한다"[17]라 비평하고 있다. 후에 隋 陸法言이 이 사성을 기준으로 하여 『切韻』을 편찬하고, 이 『切韻』계 운서가 唐宋代에 최고 통치자에 의해 관운서로 지정되어 과거에 참가하는 사람들이 지켜야 할 用韻의 규범이 되자 비로소 많은 문인들에 의해 받아들여지게 되었다.

옛날과 지금의 성조는 서로 다르다. 이는 고대로부터 지금까지 음의 변화가 컸기 때문이다. 그러나 이러한 변화에는 규율이 있다. 예를 들면, 고대의 평성자는 현대에 이르러서는 성모의 청탁의 차이로 인하여 두 종류로 나뉘었다. 원래 청성모인 평성자는 음평으로 변하였고(예: '東'), 탁성모인 평성자는 후에 양평으로 변하였다(예: '同'). 그리고 고대의 입성자는 현대 표준어에서는 음평, 양평, 상성, 거성으로 변하여 입성이 없다. 潮州語 같은 방언에서는 평상거입 네 개의 성조가 성모의 청탁으로 인해 모두 음양 두 류로 나뉘어 여덟 개의 성조가 있다. 또 南京語에서는 평성만 음양으로 나뉘고 상성, 거성, 입성은 나누어지지 않아 다

17) "使文多拘忌, 傷其眞美"

섯 개의 성조가 있다. 그리고 廣州語에서는 평상거 세 개의 성조는 음양으로 나뉘었고, 입성은 세 조류로 나뉘어 모두 아홉 개의 성조가 있다.

그리고 전통 음운학에서는 성조에 관하여 사성 이외에 平仄, 陰陽, 舒促 등의 개념을 사용하였다.

'平仄'은 사성이 시율에 쓰였을 때 성조를 분류하는 데에서 나온 개념이다. 시가는 각 구마다 글자의 수가 제한되어 있어 음악미를 추구하기 위해 시율을 따지게 되었다. 당시의 문인들은 사성 중 평성의 평탄하고 길게 읊조릴 수 있는 성질과 나머지 성조의 기복이 있거나 짧고 급박하여 길게 읊조릴 수 없는 성질에 착안하여, 사성을 크게 平과 仄의 두 부류로 나누었다. 이 중 '仄'은 '側'과 같으며 평평하지 않다는 의미이다. 현대 표준어에서 음평과 양평, 즉 제1성과 제2성인 글자들은 '平', 상성과 거성, 즉 제3성과 제4성인 글자들은 '仄'에 속한다. 한편, '一, 七, 及' 등과 같이 상고나 중고 중국어에서는 입성으로 읽혀 '仄'에 속하였으나 현재는 '平'에 속하는 것도 있다.

성조의 음양은 음조와 양조를 가리킨다. 齊梁 이후 성조는 평상거입의 네 종류로 나뉘었지만, 실제 어음 중의 성조는 네 종류가 아니라 성모의 청탁에 따라 각 성조마다 다시 음양의 두 종류로 나뉘어 있었다. 성모에 있어서 청탁의 대립이 존재하고 있었을 때에는 음양조의 상대적인 음고가 다르긴 했지만[18] 의미를

18) 같은 힘을 주어 청음과 탁음을 발음할 경우, 탁음을 발음할 때에는 성대를 진동시키는 데에 어느 정도 힘이 소모되므로 그 소리의 진동수는 청음보다 적다. 따라서 음의 높이도 탁음이 청음보다 낮다. 즉 [pa]가 [ba]보다 높다고 할 수 있다.

변별하는 기능은 여전히 성모의 청탁과 사성이 담당하고 있었기 때문에, 음양의 구별은 그다지 사람들의 주의를 끌지 못하였다. 그러나 宋元 시기에 탁성모가 완전히 청화하면서 의미의 변별 기능을 성조가 담당하게 되자 비로소 음양조의 대립은 중요한 요소가 되었다. 이리하여 元代 『中原音韻』에서 맨 처음으로 평성을 음평(현대 표준어의 제1성)과 양평(현대 표준어의 제2성)으로 구분하고 있다. 『中原音韻』에서 평성만을 음평, 양평으로 구분한 것은 元代 이전에 다른 성조에서는 이미 음양의 구분이 없어졌고, 평성에서만 음양의 구분이 남아 있었기 때문이다. 그리고 현대 표준어에서도 『中原音韻』에서와 같이 평성에만 음양의 대립이 존재한다.

'舒促'은 평성, 상성, 거성과 입성을 구분하는 말이다. 즉 평상거성은 舒聲, 입성을 促聲이라 한다. 淸代의 음운학자들이 상고음을 연구할 때, 특히 성조 문제에 있어서는 일치된 의견이 없었다. 顧炎武가 상고 시대에는 실질적인 성조의 구별이 없었다는 '四聲一貫'설을 주장한 것을 시작으로 하여, 段玉裁는 평상입의 세 종류의 성조만 있었다고 주장한 반면 王念孫, 江有誥 등은 상고 시기에도 사성이 있었다고 주장하였다. 후에 黃侃은 상고 시기의 성조를 平入의 두 종류로 나누어야 한다고 주장하였다. 이것은 음고의 문제가 아니라 색음운미의 유무에 의한 분류이며, 나아가 완만한 성질과 촉급한 성질에 의한 분류라 할 수 있다. 따라서 후에 어떤 사람들은 상고 성조를 서촉의 두 종류로 나누기도 하였다. 王力은 서촉을 다시 각각 장단에 따라 분류하여, 長舒, 短舒, 長入, 短入으로 나누었는데 이것도 실제로는 사성이라 할 수 있다.

Ⅵ. 음절

1. 음절의 구조

각 언어의 음절은 모두 나름대로의 특징을 가지고 있다. 중국어에서는 하나의 한자가 하나의 음절이며, 그것은 성모, 운모, 성조의 세 부분으로 나누어진다. 성모는 음절 맨 앞부분의 자음을 가리키고 운모는 성모 이외의 기타 부분을 가리킨다. 운모는 다시 韻頭(혹은 介音이라고도 함), 韻腹(혹은 主要母音이라고도 함), 韻尾의 세 부분으로 나누어진다. 중국어의 음절은 다음과 같은 형태로 표시할 수 있다.

성 조(Tone)			
(성모) (Initial)	운 모(Final)		
	(개음) (Medial)	주요모음 (Vowel)	(운미) (Ending)

여기에서 괄호 안의 요소는 음절 구성에 필수적이 아니라는 것을 의미한다. 이들 가운데 성조를 제외하고 운모 중 주요모음에 괄호가 없는데, 이것은 중국어의 각 음절에 주요모음이 필수적으로 존재하여야 한다는 것이다. 즉 주요모음을 제외한 다른 요소들은 음절을 구성하는 기능적 측면에서 중요하지만, 주요모음은 위의 네 음소 중 가장 중요한 성분으로서, 그 자체가 음절을 구성할 수 있을 뿐 아니라 음절을 구성하는데 있어서 없어서는 안 될 가장 필수적인 요소라는 것이다. 중국어 음절의 구성방식을 현대 표준어를 예로 들어 보기로 하자.

구성 방식 / 예	성모	운모				성조
		운두(개음)	운복(주요모음)	운미		
				모음	자음	
衣			i			음평
雅		i	a			상
安			a		n	음평
王		u	ɑ		ŋ	양평
要		i	ɑ	u		거
賣	m		a	i		거
飛	f		e	i		음평
旅	l		y			상
先	ɕ	i	ɛ		n	음평

위의 도표에서 중국어 음절의 구조상 다음과 같은 특징을 알 수 있다.

첫째, 단모음 운모, 복모음 운모와 운미가 [-n] 혹은 [-ŋ]인 附聲韻母는 모두 그 자체가 음절이 될 수 있다. 이러한 음절에는 성모가 없어 영성모라 칭한다.19)

둘째, 각 음절에는 모두 주요모음과 성조는 있으나, 성모, 개음, 혹은 운미는 없을 수도 있다. 즉 중국어의 음절에서 주요모음과 성조가 필수 성분이며, 이들이 없으면 음절을 이루지 못한다.

셋째, 중국어의 음절에서 음소가 가장 많은 경우에는 네 개로 구성되어 있고, 제일 적은 경우에는 하나의 음소로 구성되어 있다.

19) 엄격히 말하자면 영성모인 음절에도 성모의 자리에 후색음인 [ʔ]이 있으나 이것이 의미를 변별하는 기능을 하지 못하기 때문에 성모가 없는 것으로 간주한다.

넷째, 중국어의 음절에서 세 개의 모음이 연속하여 결합할 수 있는데, 이 세 모음은 운두(개음), 운복(주요모음), 그리고 운미로 구별된다.

다섯째, 자음은 음절의 두음 혹은 말음으로만 쓰이며, 두 개 이상의 자음이 연속하여 결합하는 경우는 없다.

여섯째, 중국어에서 운두, 즉 개음으로 쓰이는 음소는 [i], [u], [y] 세 가지이며, 운미는 [i], [u], [n], [ŋ] 네 가지이다. 고대 중국어에서는 男[nam], 答[tap] 등의 [m], [p], [t], [k]와 같은 운미도 존재하였다.

일곱째, 성조에는 음평, 양평, 상성, 거성의 기본적인 성조와 경성이 있다.

위에서 중국어 음절에는 반드시 주요모음이 있어야 하고 두 개의 자음이 연속하여 결합할 수 없다고 하였는데, 예외적으로 '噷[hm]', '哼[hŋ]' 등과 같은 특수한 감탄사의 경우 주요모음이 없고 다만 자음만 있을 뿐이다. 그리고 대답을 표시하는 '呣[m]', '嗯[ŋ]' 등과 같이 자음으로써만 음절을 이룬 경우도 마찬가지이다. 이러한 자음을 '成音節子音(syllabic consonants)'이라 하며, [m̩], [ŋ̩]과 같이 음성부호 밑에 ' ̩ '를 써서 표시한다.

2. 음절의 분류

음절은 보통 두 가지 각도에서 분류할 수 있다. 첫째는 운두와 주요모음에 따라 분류하는 방법이고, 둘째는 운미에 따라 분류하는 방법이다.

1) 개음과 주요모음에 따른 분류

개음과 주요모음에 따라 음절을 '齊齒呼', '合口呼', '撮口呼', '開口呼'의 네 종류로 나눌 수 있다.

개음 혹은 주요모음이 [i]인 음절을 '제치호'라 한다.

개음 혹은 주요모음이 [u]인 음절을 '합구호'라 한다.

개음 혹은 주요모음이 [y]인 음절을 '촬구호'라 한다.

위 세 종류 음절에 속하지 않는 기타 음절을 모두 '개구호'라 한다.

이들을 합하여 '四呼'라 칭하는데, 이 중 제치호와 촬구호에는 전설 고모음 [i], [y]가 있기 때문에 이들을 합하여 '細音'이라 하며, 이와 반대로 개구호와 합구호는 '洪音'이라 한다.

음절을 사호로 분류한 것은 明代 이후의 일이다. 宋元이전에는 '開口'와 '合口' 두 개의 呼로써만 구별하였는데 개음 혹은 주요모음이 [u]인 음절을 '합구'라 하고 기타 다른 음절을 모두 '개구'라 하였다. 따라서 '開合'은 일정한 시대 관념이 있는 것이므로, 서로 다른 시기의 개합 개념을 혼동해서는 안 될 것이다.

2) 운미에 따른 분류

앞에서 말한 [p], [t], [k], [ʔ] 네 개의 색음 운미는 듣기에 매우 짧고 급박하기 때문에 이러한 음을 운미로 취한 음절을 '促音尾' 음절 혹은 '塞音尾' 음절이라 한다. 그리고 비음을 운미로 취한 음절은 '鼻音尾' 음절이라 한다. 색음미와 비음미는 음절의 끝이 막혀 있기 때문에 이들을 합하여 '閉音節'이라 한다. 또 모음을 운미로 취한 것을 '母音尾' 음절이라 하고, 운미가 없는 음절을

'開音節' 혹은 간단히 '開尾' 음절이라 한다.

색음미 음절은 청각적으로 매우 촉박하기 때문에 '促聲'이라 하고, 다른 음절은 비교적 느슨하기 때문에 '舒聲'이라 한다.

색음미 음절은 '入聲韻', 비음미 음절은 '陽聲韻', 모음미 혹은 개미 음절은 '陰聲韻'이라 한다. 주의해야 할 점은 여기에서의 '음', '양'은 성조에서의 '음', '양'과는 아무런 관계가 없다는 것이다.

전통적인 음운학자들은 양성운과 음성운을 다시 세분하기도 한다. 양성운 중 [m]을 운미로 취하는 음절을 '閉口韻', [n]을 운미로 취하는 음절을 '抵齶韻', [ŋ]을 운미로 취하는 음절을 '穿鼻韻'으로 세분하고, 음성운 중 [i]를 운미로 취하는 음절을 '收噫韻', [u]를 운미로 취하는 음절을 '收嗚韻'으로 세분하였다. 그리고 운미가 없는 음절을 '直音韻'이라 한다.

제3장

現代音系

Ⅰ. 표준어의 聲·韻·調 체계

현재 중국에서 표준어로 규정하고 있는 普通話는 北京語를 근거로 하고 있다. 이 북경음을 표준음으로 삼게 된 원인은 여러 가지가 있겠으나 대체로 다음과 같은 것을 들 수 있다.

첫째, 북경어가 다른 방언에 비해 음소의 수가 적어서 배우기가 쉽다.

둘째, 북경은 수백 년 동안 중국의 수도로서 정치 문화의 중심지가 되어 왔기 때문에 전국 각지의 사람들이 내왕하며 이것을 익힐 수 있었다.

셋째, 다른 어떤 방언보다도 광범위한 지역에서 사용되고 있다.

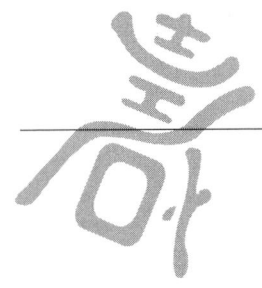

넷째, 明清 이래의 수많은 백화소설이 북경어에 가까운 어투로

쓰였기 때문에 은연중에 일반 민중에게 큰 영향을 끼칠 수 있었다.

보통화의 음계를 성모, 운모 및 성조로 나누어 분석해 보면 다음과 같다.

1. 성모

표준음에는 모두 21개의 성모가 있는데 이를 조음 위치와 조음 방식에 따라 다음과 같이 분류할 수 있다.

1) 조음 위치에 따른 분류

쌍순음	[p]	[ph]		[m]	
순치음			[f]		
설첨전음	[ts]	[tsh]	[s]		
설첨중음	[t]	[th]		[n]	[l]
설첨후음	[tʂ]	[tʂh]	[ʂ]		[ʐ]
설면전음	[tɕ]	[tɕh]	[ɕ]		
설면후음	[k]	[kh]	[x]		

2) 조음 방식에 따른 분류

(1) 장애의 방식에 따라

색음 [p] [ph] [t] [th] [k] [kh]

비음 [m] [n]

찰음 [f] [x] [ɕ] [ʂ] [ʐ] [s]

색찰음　　[tɕ] [tɕh] [tʂ] [tʂh] [ts] [tsh]
변음　　[l]

(2) 송기 여부에 따라

불송기　　[p] [t] [k] [tɕ] [tʂ] [ts]
송기　　[ph] [th] [kh] [tɕh] [tʂh] [tsh]

(3) 청탁에 따라

청음　　[p] [ph] [t] [th] [k] [kh] [f] [x] [ɕ] [ʂ] [s] [tɕ] [tɕh] [tʂ] [tʂh] [ts] [tsh]
탁음　　[m] [n] [ʐ] [l]

21개 성모 체계를 조음 위치와 방식에 따라 표로 나타내면 다음과 같다.

	색음		색찰음		찰음		비음	변음
	불송기	송기	불송기	송기	청	탁		
쌍순음	[p]	[ph]					[m]	
순치음					[f]			
설첨전음			[ts]	[tsh]	[s]			
설첨중음	[t]	[th]					[n]	[l]
설첨후음			[tʂ]	[tʂh]	[ʂ]	[ʐ]		
설면전음			[tɕ]	[tɕh]	[ɕ]			
설면후음	[k]	[kh]			[x]			

표준음의 성모 체계는 비교적 간단한 편이다. 성모의 가장 두드러진 특징은 첫째, 색음과 색찰음에 청탁의 대립이 존재하지 않는다는 점이다. 즉 현대 표준어에는 탁음인 색음이나 색찰음이 존재하지 않는다는 것이다. 찰음에서의 청탁의 대립도 완전하지 않아서, 표준어에는 [f], [x], [ɕ], [ʂ], [s] 다섯 개의 청찰음 가운데 탁찰음으로는 [ʂ]와 대립되는 [ʐ]만 존재할 뿐이다.[1] 둘째, 색음과 색찰음에는 송기와 불송기의 대립이 뚜렷하다.

2. 운모

운모는 운두와 운미에 따라 분류할 수 있다.

1) 운두에 따른 분류

개구 [A], [o], [ɤ], [ɛ], [ɿ], [ʅ], [ai], [ei], [ɑu], [ou], [an], [ən], [ɑŋ], [əŋ]

제치 [i], [ia], [ie], [iɑu], [iou], [iɛn], [in]([iən]), [iɑŋ], [iŋ]([iəŋ])

합구 [u], [ua], [uo], [uai], [uei], [uan], [un]([uən]), [uɑŋ], [uŋ]([uəŋ])

촬구 [y], [yɛ], [yɛn], [yn]([yən]), [yŋ]([yəŋ])

---

1) 王力같은 학자는 [ʂ]와 [ʐ]는 청탁으로 대립되는 음이 아니라고 보기도 한다. 「再論日母的音值, 兼論普通話聲母表」(『中國語文』1984년 第2期)참조.

2) 운미에 따른 분류

개음미 [A], [o], [ɤ], [ε], [i], [u], [y], [ɿ], [ʅ], [ər], [ia], [ie], [uo], [yε]

모음미 [ai], [ei], [ɑu], [ou], [iɑu], [iou], [uai], [uei]

비음미

전비음미: [an], [ən]

[iεn], [in]([iən])

[uan], [un]([uən])

[yεn], [yn]([yən])

후비음미: [ɑŋ], [əŋ]

[iɑŋ], [iŋ]([iəŋ])

[uɑŋ], [uŋ]([uəŋ])

[yŋ]([yəŋ])

운모의 특징은 다음과 같다.

첫째, 모든 운모는 사호로써 구별할 수 있으며 특히 비음운미 운모는 각 호끼리 매우 가지런하게 대응된다.

둘째, 운두는 [i], [u], [y] 세 개가 있으며 이들은 음절 내에서 흔히 반모음으로 읽힌다.

셋째, 운미는 [i], [u]의 모음운미와 [n], [ŋ]의 비음운미가 있으며 색음운미나 다른 자음운미는 없다.

넷째, 다른 언어에서는 찾아보기 힘든 권설모음 [ər]이 있다. 이것은 어떤 자음과도 결합하지 않고 스스로 음절을 이루거나, 다른 운모와 결합하여 음절을 이루는데 이 경우 운미의 위치에 있기 때문에 '兒化韻'이라 한다. 이것은 같이 결합한 모음으로 하여금 권설음으로 변하게 하고 또 중앙모음으로 변하게 하는 작용을 한다.

3. 성조

현대 표준어의 성조는 음평, 양평, 상성, 거성의 네 종류의 기본 성조와 경성이라는 특수한 성조가 있다. 중고의 평성은 음평과 양평의 두 종류로 나뉘었으며, [-p], [-t], [-k]를 운미로 하는 고대 입성은 완전히 소실되어 각각 음평, 양평, 상성, 거성으로 변하였다. 그리고 고대 전탁성모인 상성자는 성모가 청화함에 따라 거성으로 변하였다.

현대 표준어의 성조에 있어서 하나의 두드러진 특징은 이들 네 성조 외에 경성이라는 특수한 성조가 있다는 점이다. 이 다섯 개의 조류 중 경성은 기타 네 개의 성조와 약간 다른 점이 있기 때문에 따로 설명하기로 하고, 우선 음평, 양평, 상성, 거성의 조치에 대해서 알아보기로 하겠다.

중국어 성조의 조치를 다음과 같이 설명할 수 있다.

음평: 5에서 5로 높고 평탄하며, 고저의 변화가 없다. 이것을 高平調라고도 한다.

양평: 3에서 5로 점점 높아진다. 이것을 高昇調라고도 한다.

상성: 2에서 1로 낮아졌다가 다시 4로 점점 높아진다. 따라서 이것을 降昇調라고도 한다. 그러나 일반적으로 211로 발음한다.

거성: 5에서 1로 낮아진다. 이것을 全降調라고도 한다.

여기에서 말한 음고의 변화는 갑자기 도약하는 것이 아니라 한 단계에서 다른 단계로 선을 그리면서 변화하는 것이다. 이러한 높낮이의 변화 과정을 그림으로 나타내면 다음과 같다.

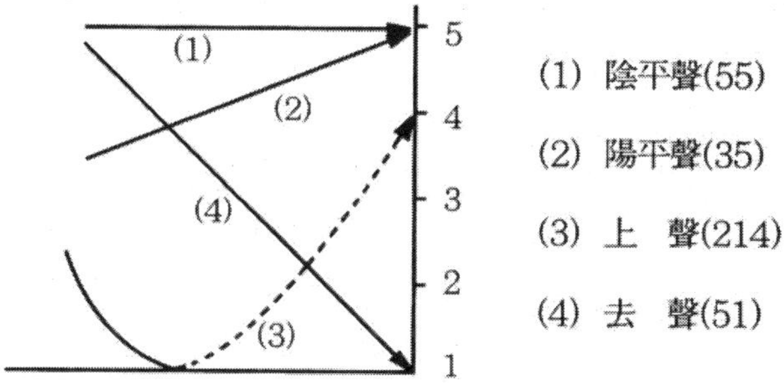

이렇게 분류한 다섯 개의 단계는 절대적인 음고를 나타내는 것은 아니다. 동일한 음절이라 하더라도 사람들이 발음할 때에는 남녀노소 등의 차이로 인하여 그 음고가 크게 다를 수 있다. 그리고 한 사람이 동일한 음절을 발음한다고 하더라도 그 사람이 말할 때의 감정 등의 영향을 받아 다를 수 있다. 따라서 이것은 상대적인 고저승강의 변화를 나타낼 뿐이다.

Ⅱ. 聲 · 韻 · 調의 결합 관계

중국어에서 성모와 운모가 결합하여 음절을 이루는 데에는 일정한 규율이 있다. 이론적으로 임의의 성모는 어떠한 운모와도 결합할 수 있을 것 같지만 실제로는 그렇지 않다. 예를 들면, 촬구호는 [n], [l], [tɕ], [tɕh], [ɕ] 및 영성모와 결합하지만, 기타 16개의 성모와는 절대로 결합할 수 없다.

성모와 운모의 결합 관계는 주로 성모의 조음위치와 운모의 개구, 제치, 합구, 촬구에 의해서 결정된다. 그 결합 관계는 다음과 같다.

운모 / 성모	개구		제치		합구		촬구	
	[ɨ]	기타	[i]	[i-]	[u]	[u-]	[y]	[y-]
[p] [ph] [m]	○	班	比	編	布	○	○	○
[f]	○	伐	○	○	府	○	○	○
[t] [th]	○	單	第	田	土	端	○	○
[n] [l]	○	難	梨	年	奴	暖	女	略
[k] [kh] [x]	○	干	○	○	古	宮	○	○
[tɕ] [tɕh] [ɕ]	○	○	計	間	○	○	居	犬
[tʂ] [tʂh] [ʂ] [ʐ]	支	占	○	○	猪	專	○	○
[ts] [tsh] [s]	自	贊	○	○	租	牀	○	○
零聲母	○	安	衣	研	五	晩	魚	元

표 중 '○' 표시는 서로 결합하지 않는다는 것을 나타낸다. 위의 도표에서 볼 수 있는 결합의 규율은 다음과 같이 요약될 수

있다.

첫째, 개구호의 운모는 [tɕ], [tɕh], [ɕ]를 제외한 모든 성모와 결합할 수 있다.

둘째, 제치호의 운모는 [f], [k], [kh], [x], [ts], [tsh], [s], [tʂ], [tʂh], [ʂ], [ʐ]를 제외한 성모와 결합할 수 있다.

셋째, 합구호의 운모는 [tɕ], [tɕh], [ɕ]를 제외한 모든 성모와 결합할 수 있다. 그러나 [p], [ph], [m], [f]는 합구호 중 오직 [u]와 결합할 수 있고, [u]를 운두로 하는 결합운모와는 결합하지 않는다. 따라서 [fuan], [fuŋ] 등과 같은 음절은 존재하지 않는다.

넷째, 촬구호의 운모는 [n], [l], [tɕ], [tɕh], [ɕ]와 결합이 가능하나 다른 성모와는 결합할 수 없다.

중국어의 21개 성모와 39개의 운모는 이러한 결합 규율에 따라 410여 개의 음절을 만들 수 있다. 그러나 어떠한 것을 음절에 포함시키느냐 혹은 제외시키느냐 하는 문제는 학자들의 관점에 따라 일치하지 않고 있다. 그러므로 이 숫자는 중국어 음절의 대체적인 상황을 이해하는 데에 참고할 수 있을 뿐이지 절대로 확정된 숫자는 아니다.

위의 410여 개의 음절은 성조를 고려하지 않은 것이다. 만약 사성을 다시 고려한다면 이론상 410의 4배인 1,640여 개의 음절이 있어야 하나 실제로 어떤 음절에는 사성이 모두 갖추어지지 않은 경우도 있어 실제 음절의 수는 그보다 적다. 예를 들면 [lia]로 읽히는 음절은 '倆'하나 밖에 없으며, 성조도 상성으로만 읽힌다. 『現代漢語詞典』에서는 사성의 배합과 경성을 고려하여 모두 1,332개의 음절을 수록하고 있다. 중국어의 성모, 운모, 성조의 결합표는 <부록1>과 같다.

Ⅲ. 어음의 변화 현상

말을 할 때에는 소리가 각각 따로 떨어져서 쓰이는 것이 아니라 다른 음들과 함께 모여 연결체를 이룬다. 하나의 음과 다른 음이 결합하면 상호 영향을 주어 어음이 변화할 수가 있는데 이것을 音變이라 한다. '關門'을 예로 들어 보면, '關'과 '門'의 각각의 음은 [kuan]과 [mən]이지만 이 두 음절을 연결하여 읽을 경우에는 [kuammən]으로 읽히게 된다. 이렇게 하나 혹은 몇 개의 음절의 음소나 성조가 인접하고 있는 음절의 영향 및 기타 원인으로 발생하는 음의 변화를 음변이라 한다.

각종 언어에서의 어음의 변화에는 모두 일정한 규칙이 있다. 그러나 이러한 규율을 임의의 언어에 모두 적용시킬 수 있는 것은 아니다. 甲언어에서 발생하는 변화가 乙언어에서도 반드시 발생한다고는 할 수 없으며, 같은 언어라 할지라도 고대에 발생하였던 변화가 후대에도 발생한다고 할 수 없다. 이렇게 시간과 공간적인 차이에 따라 서로 다른 변화 규율이 있게 된다. 그리하여 우리는 어느 한 언어에 어떤 어음의 변화 현상이 보인다고 해서 다른 언어에도 동일한 변화 현상이 존재한다고 단정할 수 없다. 중국어에서 발생하는 어음의 변화 현상은 아래와 같이 몇 가지로 나누어 설명할 수 있다.

1. 동화 현상

동화 현상은 일반 언어에서 가장 흔히 보이는 어음 변화 현상이다. 두 개의 서로 다른 혹은 서로 유사하지 않은 음이 같이 이어져서 발음될 때, 앞뒤 두 개의 음이 상호 영향을 주어 그 중 어느 하나의 음이 다른 음과 동일하거나 유사한 음으로 변하게 된다. 이러한 변화 현상을 동화 현상(assimilation)이라 한다. 앞뒤 서로 다른 두 개의 음을 이어서 발음할 때에는 짧은 시간 내에 조음 위치 혹은 조음 방식을 바꾸어야 한다. 그런데 이것은 매우 부자연스러울 뿐 아니라 듣기에도 어색하게 된다. 따라서 발음 기관에서는 자연스럽게 그 중 한 음의 조음 위치 혹은 조음 방식을 조금 바꾸어 다른 음으로 발음하게 된다.

동화 현상은 자음과 모음에서 일어날 수 있을 뿐 아니라 성조에서도 일어날 수 있다. 그러나 성조 방면의 동화 현상에 관한 연구는 그다지 활발하지 못하였다. 따라서 여기에서는 자음과 모음의 동화 현상에 대하여 알아보기로 한다.

1) 자음의 동화

자음의 동화는 그 진행의 방향에 따라 순행 동화와 역행 동화로 나눌 수 있다.

순행 동화는 앞의 음이 뒤의 음에 영향을 끼쳐 일어나는 동화 현상이다. 앞의 음이 발음된 후 원래의 조음 위치 혹은 조음 방식이 완전히 바뀌기 전에 뒤의 음이 발음되기 때문에, 뒤의 음이 영향을 받아 조음 위치 혹은 조음 방식에 있어 앞의 음과 동일하거나 유사한 음으로 변하게 되는 현상을 말한다. 다음의 예는 두 음절로 이루어진 단어에서 앞의 음절의 운미가 설근비음인 [ŋ]이고, 뒤의 음절이 영성모일 경우 뒤의 영성모가 앞 음절의 운미의 영향을 받아 [ŋ]으로 변한 것이다.

嫦娥 [tʂhɑŋ ɤ → tʂhɑŋ ŋɤ]　命案 [miŋ an → miŋ ŋan]

平安 [phiŋ an → phiŋ ŋan]　聲音 [ʂəŋ in → ʂəŋ ŋin]

역행 동화는 반대로 뒤의 음이 앞의 음에 영향을 주어 일어나는 동화 현상이다. 그 원인은 앞의 음이 발음되기도 전에 뒤의 음의 조음 위치 혹은 조음 방식이 미리 예상되어 준비를 하기 때문이다. 앞의 음이 이렇게 준비된 상태에서 발음되기 때문에, 자연히 뒤의 음의 영향을 받아 뒤의 음과 조음 위치 혹은 조음 방식이 동일하거나 유사한 음으로 변하는 것이다.

앞 음절의 운미가 뒤 음절의 성모의 영향을 받아 일으키는 역행 동화는 매우 흔히 발생한다. 그러나 이러한 현상은 말을 빨리 하여 두 음이 매우 긴밀하게 연결되었을 때 일어난다.

그리고 동화 현상은 그 영향의 정도에 따라 완전 동화, 부분 동화로 구분할 수 있다. 완전 동화는 앞과 뒤의 음이 동화된 후 완전히 똑같은 음으로 바뀌는 현상을 가리킨다. 예를 들면 다음과 같다.

[-n → -m] 難免 [nan miɛn → nam miɛn]

[-ŋ → -m] 幇忙 [pɑŋ mɑŋ → pam mɑŋ]

[-ŋ → -n] 青年 [tɕhiŋ niɛn → tɕhin niɛn]

부분 동화는 동화된 후 완전히 같은 음으로 바뀌는 것이 아니라, 조음 방식 혹은 조음 위치가 같은 음으로 부분적으로 바뀌는 현상을 말한다. 다음과 같은 예가 있다.

[-n → -m] 南北, 產品, 幹部, 乾杯
[-n → -ŋ] 南口, 三個, 含糊, 賓客
[-n → -ɱ] 新婦, 辦法, 晚飯, 振奮
[-ŋ → -n] 當然, 港都, 登記, 程度

2) 모음의 동화

모음도 앞뒤 음의 영향을 받아 혀의 위치가 쉽게 변하는 동화 현상이 일어난다. 여기에도 진행 방향에 따라 순행 동화, 역행 동화로 구분할 수 있다. 우선 한 음절 내에서 일어나는 동화 현상을 혀 위치의 이동 측면에서 살펴보면 다음과 같다.

① 혀의 위치가 低에서 高로 변하는 현상

중국어 [an]의 [a]는 저모음이다. 만약 이것이 전설 고모음 [i]나 [y]와 결합하였을 때, 이 [a]는 전설 고모음의 영향을 받아 혀의 위치가 위로 이동하여 반고모음 [ε]로 변한다.

[ian → iεn] 煙 [iεn] 天 [thiεn] 先 [ɕiεn]
[yan → yεn] 元 [yεn] 鵑 [tɕyεn] 宣 [ɕyεn]

② 혀의 위치가 高에서 低로 변하는 현상

단모음 [i], [u]는 모두 고모음이다. 그러나 그 앞에 주요모음이 저모음인 음소가 와서 결합하면, 이들 고모음에 동화 현상이 일어나 혀의 위치가 아래로 이동한다. 따라서 [ai], [ɑu]의 실제 음가는 [aI], [ɑU]가 된다.

③ 혀의 위치가 後에서 前으로 변하는 현상

한어병음자모 a가 다른 모음과 결합하지 않았을 경우에는 중앙모음인 [A]로 읽힌다. 그러나 그 뒤에 전설 고모음 [i] 혹은 설첨비음 [n]과 결합할 경우 혀의 위치가 앞으로 이동하여 전설 저모음인 [a]로 발음된다. 따라서 실제 음가는 각각 [aI], [an]으로 된다.

④ 혀의 위치가 前에서 後로 이동하는 현상

③의 경우와 마찬가지로 [A]는 그 뒤에 후설 고모음 [u] 혹은 설근비음 [ŋ]과 결합하였을 경우, 그 음은 후설 저모음 [ɑ]로 변하여 각각의 실제 음가는 [ɑU], [ɑŋ]이 된다.

위의 예에서 ①과 ②는 순행 동화이며, ③과 ④는 역행 동화이다. 이렇게 단음절 내에서만 모음이 동화할 뿐 아니라 여러 음절이 연결되었을 경우에도 동화 현상은 흔히 나타난다.

⑤ 榆錢兒 [y tɕhiər → y tɕhyər]

⑥ 被雨淋濕了 [pei y lin ʂʅ lə → pei y lyn ʂʅ lə]

⑦ 兜肚 [tou tu → tou tou]

⑧ 扳不到 [pan pu tɑu → pan pan tɑu]

⑨ 蜘蛛 [tʂʅ tʂu → tʂu tʂu]

위의 예는 북경인들의 발음에서 흔히 나타나는 현상으로 ⑤와 ⑥에서는 [tɕhiər]과 [lin]의 [i]가 그 앞의 [y]의 영향을 받아 모두 [y]로 동화하였다. 그리고 ⑦에서는 '肚'[tu]가 앞의 모음 [ou]의 영향으로 그것과 완전히 같이 변하였으며, ⑧에서는 '不'[pu]가 앞의 [pan]의 영향으로 같은 음으로 변하였는데 ⑦과 ⑧은 모두 순행 동화 현상이다.

⑨는 '蜘'[tʂʅ]의 모음 [ʅ]를 발음할 때 뒤의 '蛛'[tʂu]의 모음 [u]를 미리 예상하여 준비하기 때문에 [ʅ]가 [u]를 닮아 일어난 역행 동화 현상이다.

2. 이화 현상

서로 동일하거나 유사한 음이 두 개 혹은 그 이상이 중복되어 있을 때, 그 중 어느 한 소리가 다른 소리로 변화하는 현상을 이화 현상(dissimilation)이라고 한다. 이화 현상은 자음, 모음 및 성조의 세 방면에서 고찰할 수 있지만, 현대 중국어에서 자음과 모음의 이화 현상은 그다지 뚜렷하게 나타나지 않고 다만 성조에서 흔히 나타난다. 중국어에서 상성인 음절이 두 개 이상 연결되어 있을 경우 앞의 상성이 이화 현상으로 인하여 양평으로 변하는 예가 대표적이다.

管理 [kuan^{3}li^{3}] → [kuan^{2}li^{3}]
粉筆 [fən^{3}pi^{3}] → [fən^{2}pi^{3}]
頂好 [tiŋ^{3}xɑu^{3}] → [tiŋ^{2}xɑu^{3}]

고대 중국어에는 운미가 [m]인 음절이 있었다. 이들 중 '範, 犯, 品' 등과 같이 성모가 순음인 음절은 元代에 이르러서 그 운미가 [n]으로 변하였다. 이러한 음절은 주요모음의 앞과 뒤의 소리가 모두 순음으로, 같은 성질의 음이 중복되어 발음할 때의 불편함을 해소하기 위하여 일어난 이화 현상이라 할 수 있다.

3. 유화 현상

자음이나 모음이 어떠한 영향으로 인하여 변화한 후 이들 음과 같은 조건을 갖춘 다른 음들도 따라서 같이 변하는 현상을 말한다. 이러한 변화는 늘 개별적으로 변화하다가 유화 현상을 거쳐 규율적인 음변으로 정착한다. 앞에서 언급하였듯이 고대 중국어에는 운미가 [m]인 음절이 있었는데, 元代에 이르러 성모가 순음인 음절은 운미가 [n]으로 변하였다. 그 후 明代에 이르러 운미가 [m]이면서 성모가 순음이 아닌 음절도 모두 [n]으로 변하였는데 이러한 현상이 바로 유화 현상의 일종이라 할 수 있다.

4. 성조의 변화

중국어에서 각 음절 혹은 하나하나의 한자에는 모두 일정한 성조가 있다. '天'은 음평성, '地'는 거성, '年'은 양평성, '女'는 상성 등과 같이 각 음절의 고정된 성조를 '本調'라 하는데, 이들 음절을 단독으로 읽을 때에는 모두 그 본조로 읽혀진다. 그러나 언어에서 음절은 하나하나 고립되어 있는 것이 아니라, 말을 할 때에는 음절이 연결되어 단어를 이루고 혹은 문장을 이루어야만 완전한 의미를 표현할 수 있고 의사 전달의 목적을 완수할 수 있는 것이다. 이렇게 음절이 결합되어 말로 행해질 때 각 음절의 원래 성조가 바뀌는 현상을 흔히 볼 수 있다. 즉 어음은 정지된 상태(靜態)에서는 음절이 독립되어 있기 때문에 원래의 성조로 읽히지만, 말이 행해지고 있는 상태(動態)에서는 음절이 긴밀히 연결되어 전후 각 음절의 성조에 변화가 생기게 된다. 이렇게 음절 본래의 성조를 잃고 다른 성조로 변하는 현상을 變調(tone sandhi) 현상이라 하는데, 앞에서 말한 경성도 이러한 변조의 일종이다.

성조의 조치는 서로 다른 언어 환경에서 변화를 초래하는데, 이는 대략 語氣變調와 連音變調 두 가지로 나눌 수 있다.

어기 변조는 사람이 말을 할 때의 어기의 차이 혹은 감정의 차이로 인해 발생하는 변조 현상이다. 예를 들면 의문스러울 때에는 상승하는 어조가 되고, 일반적으로 서술할 때의 어기는 대개 하강하는 어조가 된다.

다음의 예를 비교해 보자.

下雨了。↗
下雨了。↘

연음 변조는 특수한 어기 혹은 감정적 성분을 고려하지 않고 극히 평범한 상태에서 말을 할 때, 전후 음절의 환경이 서로 달라 성조에 갖가지 변화가 발생하는 현상이다. 통상 우리가 가리키는 변조란 이 연음 변조를 말한다.

중국어의 연음 변조는 통상 이음절로 이루어진 단어(詞)에서 앞의 음절, 그리고 세 음절로 이루어진 단어에서 앞의 두 음절의 성조가 변화하는 현상을 가리켜 말한다. 여기에서는 연음 변조 중에서도 가장 두드러지게 나타나는 변조 현상에 관하여 설명하기로 하겠다.

1) 상성의 변조

상성의 조치에는 세 가지 독법이 있다.

(1) 全上

조치가 완전히 '214'로 읽히는 상성을 全上이라 한다. 이것은 변조 현상을 거치지 않은 것으로, '以', '武', '雨', '改', '口' 등과 같이 상성자를 단독으로 읽을 때 모두 全上으로 읽는다. 이외에 '代表', '辭典', '福如東海' 등과 같이 단어 혹은 문장의 제일 뒤의 음절이 만약 경성이 아닌 상성자라면 이들 음절도 全上으로 읽는다.[2)]

(2) 前半上

全上의 조치 '214'에서 뒤의 4로 올라가는 부분이 소실되고 단지 '211'로 읽혀질 때, 이것을 '前半上' 혹은 간략히 '半上'이라 한다. 상성인 음절 뒤에 바로 음평, 양평, 거성 혹은 경성인 음절로 연결되어 있을 때 이 상성은 일률적으로 半上인 '211'로 읽어야 한다. 이러한 현상이 나타나는 예를 들면 다음과 같다.

---

2) 그러나 일반회화에서는 이러한 경우라도 '211'로 발음한다.

① 상성 + 음평 → 반상 + 음평

예) 好花, 首都, 隱居, 委曲, 演說, 馬車, 展開 등

② 상성 + 양평 → 반상 + 양평

예) 草魚, 警察, 死活, 品德, 本能, 禮堂, 臉皮 등

③ 상성 + 거성 → 반상 + 거성

예) 仔細, 努力, 法度, 偉大, 警告, 否認, 猛烈 등

④ 상성 + 경성 → 반상 + 경성

예) 口氣, 喜歡, 打算, 早晨, 買賣, 老婆, 姐姐 등

(3) 後半上

상성의 조치 '214'중 앞부분을 없애면 '14'가 되는데 이 조치를 '後半上'이라 한다. 일반 사람들의 귀로는 양평의 조치와 구별하기가 쉽지 않아 통상적으로 後半上은 양평성으로 간주한다. 상성 음절이 두 개 연결되었을 때 앞의 상성이 後半上, 즉 양평으로 변한다.

① 상성 + 상성 → 양평 + 상성

예) 管理, 洗禮, 領土, 處女, 展覽, 打倒, 勇敢 등

앞에서 이미 설명하였듯이 '走了', '晚上' 등과 같이 상성인 음절의 바로 뒤에 경성인 음절이 연결되어 있으면, 그 상성은 조치 '211'의 半上으로 읽힌다. 그러나 이와 다른 또 한 가지의 독법이 있는데, 상성인 음절 바로 뒤에 상성이 변한 경성자가 연결되어 있으면, 상성인 음절이 두 개 연결되어 있을 때와 같이 앞 음절의 상성이 양평으로 읽히는 경우가 있다.

② 상성 + (상성이 변한) 경성 → 양평 + 경성

예) 所以, 可以, 小姐, 老鼠, 老虎, 打掃, 手裏 등

이들 단어의 두 번째 음절은 처음에는 상성으로 읽히다가 후에 경성으로 변하였으며, 첫 번째 음절이 양평으로 변한 것은 두 번째 음절이 경성으로 변하기 전의 일이다.

이 경우 경성의 음고는 次高調(4도)가 아닌 中調(3도)가 된다.

2) 다음절의 변조

두 음절로 이루어진 단어에서 앞의 음절이 상성인 경우, 뒤의 음절이 어떤 성조이든 그것의 성조가 바뀐다는 사실은 이미 설명하였다. 이외에 또 하나의 변조 현상이 있는데 그것은 두 개의 거성 음절이 서로 연결되어 있을 때 앞 음절의 조치 '51'이 半降調로 변하는 것이다. 즉 5에서 1까지가 아니라 3까지만 내려오고 다음 음절이 읽혀진다. 이때 앞 음절의 조치는 '53'이며 이것을 '半去'라 한다.

거성 + 거성 → 반거 + 거성

예) 再見, 世界, 大樹, 技術, 紀念, 記要, 判斷 등

그러나 이러한 변조 현상은 평상시에 분별해내기가 쉽지 않으므로 일반적으로 그다지 중요하게 여기지 않는 경향이 있다.

그러면 상성인 음절이 셋 이상 연결되어 있을 때에는 어떻게 읽어야 하는가? 이러한 경우에는 말하는 속도와 그 단어의 구성

방식 등을 고려하여야 한다. 구체적으로 살펴보면 다음과 같다.

첫째, 만약 중간에 쉬지 않고 매우 빠른 속도로 읽을 경우에는 제일 마지막 음절은 全上으로, 앞의 두 음절은 모두 양평으로 읽는다.

상성 + 상성 + 상성 → 양평 + 양평 + 상성

예) 我飮水, 小老板, 洗臉水, 五斗米 등

둘째, 비교적 천천히 말을 할 때에는 반드시 그 단어의 구조를 고려하여 끊어 읽게 된다.

세 음절로 된 단어가 만약 뒤의 두 음절이 밀접히 연결되어 하나의 작은 단위를 구성할 경우에는 앞의 상성은 半上으로, 두 번째 상성은 양평으로, 마지막 음절은 여전히 全上으로 읽는다.

상성 + 상성 + 상성 → 반상 + 양평 + 상성

예) 我・飮水, 小・老板, 買・雨傘, 炒・米粉 등

세 음절로 이루어진 단어가 만약 앞의 두 음절이 긴밀히 연결되어 하나의 단위를 구성할 경우, 앞의 두 음절은 모두 양평으로 변하고 마지막 음절은 全上으로 변한다.

상성 + 상성 + 상성 → 양평 + 양평 + 상성

예) 洗臉・水, 五斗・米, 總統・府, 選擧・法 등

이러한 변조 현상은 통사 구조와 밀접한 관계가 있다. 예를 들면 '買好酒'같은 말은 다음과 같은 두 가지의 의미가 있는데, 그에 따라 읽는 법도 달라지게 된다.

① 買好酒 술을 샀다
② 買好酒 좋은 술을 사다

①의 경우는 가운데 음절인 '好'가 '買'의 결과보어로 사용되어 두 음절이 긴밀히 결합되었다. 따라서 먼저 '買好'가 양평+상성으로 변하였다가 다시 '好'는 뒤의 '酒'의 앞에서 양평으로 변하여 양평+양평+상성으로 읽힌다. 그러나 ②의 경우에는 '好'가 '酒'를 수식하는 定語로 쓰여 이 두 음절이 긴밀히 결합되어 있다. 따라서 '好'가 먼저 '酒'의 앞에서 양평으로 변하기 때문에 앞의 '買'는 양평으로 변하지 않고 여전히 상성, 엄격히 말하자면 半上인 211로 읽힌다.

만약 세 음절로 된 단어에서 모든 음절이 상성이 아닌 경우에 어떠한 변조 현상이 일어나는가에 대해 趙元任은 그의 저서 『A Grammar of Spoken Chinese』에서 다음과 같이 설명하고 있다.

(單字調類)	(緩讀調値)		(急讀調値)	(例)
陰陽陰	1 + 2 + 1	→	1 + 1 + 1	西洋蔘
陰陽陽	1 + 2 + 2	→	1 + 1 + 2	三年級
陰陽上	1 + 2 + 3	→	1 + 1 + 3	葱油餅
陰陽去	1 + 2 + 4	→	1 + 1 + 4	東河沿
陰上上	1 + 2 + 3	→	1 + 1 + 3	分水嶺
陽陽陰	2 + 2 + 1	→	2 + 1 + 1	誰能飛

陽陽陽	2 + 2 + 2	→	2 + 1 + 2	還沒完
陽陽上	2 + 2 + 3	→	2 + 1 + 3	油炸鬼
陽陽去	2 + 2 + 4	→	2 + 1 + 4	隆福寺
陽上上	2 + 2 + 3	→	2 + 1 + 3	寒暑表
上上上	2 + 2 + 3	→	2 + 1 + 3	好幾種

물론 이러한 현상은 일상 대화에서도 나타난다. 위의 각 예를 귀납해 보면, 세 음절로 된 단어의 마지막 음절이 어떤 성조이든 첫 음절이 음평, 양평(상성이 변한 양평도 포함)이고 둘째 음절이 양평(상성이 변한 양평도 포함)이면 둘째 음절의 양평은 음평으로 바뀐다는 것을 알 수 있다. 이러한 단어에서는 첫 음절과 마지막 음절이 비교적 강하게 읽히며 가운데 음절은 비교적 약하게 읽히기 때문에, 가운데 음절이 음평으로 변하는 현상은 약화 현상의 일종으로 볼 수도 있겠다.

3) 경성

앞에서 중국어의 조류에는 음평, 양평, 상성, 거성의 사성 이외에 또 하나의 특수한 성조, 즉 경성이 있다고 하였다. 말을 할 때 한 음절이 어떠한 영향을 받아, 원래의 성조를 잃어버리고 매우 가볍게 읽히는 경우가 있는데, 이를 경성(neutral tone)이라 한다. 중국어에서는 어떠한 음절이 경성으로 읽히느냐 아니냐에 따라 그 음절의 의미를 변별하는 경우도 있다. 예를 들면 '老子'란 단어에서 '子'를 경성으로 읽으면 '아버지'를 가리키고, 원래의 성조대로 읽으면 '李耳', 혹은 '道德經'을 가리키게 된다. 그리고

'舌頭'(혀)와 '蛇頭'(뱀)는 모두 [ʂɤthou]로 발음이 되지만 전자는 [$ʂɤ^{2}thou^{0}$], 후자는 [$ʂɤ^{2}thou^{2}$]로 읽히는 예도 이에 해당한다. 그러므로 중국어의 경성은 그 기능면에서도 매우 중요하다.

(1) 경성의 조치

중국어에서 경성의 세기와 길이는 음평, 양평, 상성, 거성의 세기와 길이의 약 반으로서 원래의 성조보다 현저히 약하고 짧게 읽혀진다. 그러나 조치는 다른 성조와 같이 고정되어 있는 것이 아니고, 그 앞에 있는 음절의 성조에 따라 다르게 변화한다. 경성의 조치는 대체로 다음과 같다.

① 음평성 뒤의 경성은 次低調(2도)이다.
예) 商量 [$ʂaŋ^{1}$ $liaŋ^{0}$], 青的 [$tɕhiŋ^{1}$ $tə^{0}$]
② 양평성 뒤의 경성은 中調(3도)이다.
예) 明白 [$miŋ^{2}$ pai^{0}], 白的 [pai^{2} $tə^{0}$]
③ 상성 뒤의 경성은 次高調(4도)이다.
예) 枕頭 [$tʂən^{3}$ $thou^{0}$], 紫的 [$tsɿ^{3}$ $tə^{0}$]
④ 거성 뒤의 경성은 低調(1도)이다.
예) 木頭 [mu^{4} $thou^{0}$], 綠的 [ly^{4} $tə^{0}$]

(2) 경성의 기능

경성은 일종의 어음 현상일 뿐 아니라 단어의 의미, 어법과도 밀접한 관계가 있다. 어떠한 단어에서 뒤의 음절이 경성이냐 아니냐에 따라 단어의 의미가 달라지는 경우가 있다. '老子', '莊

子', '管子', '孫子'를 예로 들어보자.

老子 [lɑu^{3} tsɿ^{0}] : 부친

[lɑu^{3} tsɿ^{3}] : 李耳 혹은 그가 쓴 책

莊子 [tʂuɑŋ^{1} tsɿ^{0}] : 시골집 혹은 촌락

[tʂuɑŋ^{1} tsɿ^{3}] : 莊周 혹은 그 책

管子 [kuan^{3} tsɿ^{0}] : 속이 빈 원통

[kuan^{3} tsɿ^{3}] : 管仲 혹은 그 책

孫子 [sun^{1} tsɿ^{0}] : 손자

[sun^{1} tsɿ^{3}] : 孫武 혹은 그의 책

이러한 예는 중국어에서 무수히 찾을 수 있다.

東西 [-ɕi^{1}] : 동쪽과 서쪽

[-ɕi^{0}] : 물건

先生 [-ʂəŋ^{1}] : 먼저 태어나다

[-ʂəŋ^{0}] : 타인에 대한 존칭

地道 [-tɑu^{4}] : 지하도

[-tɑu^{0}] : 진짜의

告訴 [-su^{4}] : 법원에 고소하다

[-su^{0}] : 알리다

四海 [-xai^{3}] : 천하사방

[-xai^{0}] : 호방하고 온화한

兄弟 [-ti^{4}] : 형과 동생

[-ti^{0}] : 아우

人家 [-tɕia^{1}] : 사람 사는 집

[-tɕia^{0}] : 다른 사람

大意 [-i^{4}] : 대강의 뜻

[-i^{0}] : 소홀하다

이상은 동일한 단어에서 그것의 독법이 다름에 따라 의미가 달라지는 예이다. 그밖에도 단어는 비록 다르나, 두 음절의 음이 동일하여 의미를 구별하는 데에 뒤 음절의 경성 여부가 중요한 기능을 하는 경우도 있다.

舌頭 [ʂɤ^{2} thou^{0}]　　蛇頭 [ʂɤ^{2} thou^{2}]

碼頭 [ma^{3} thou^{0}]　　馬頭 [ma^{3} thou^{2}]

旗子 [tɕhi^{2} tsɿ^{0}]　　棋子 [tɕhi^{2} tsɿ^{3}]

5. 운미의 '兒化'

중국어의 어음에는 일종의 卷舌音(retroflexion)이 있는데 이러한 권설음이 운미로 쓰이면 권설운(retroflex ending)이 된다. 그리고 원래 권설운이 아닌 음절의 운미를 권설운으로 바꾸어 읽는 것을 '卷舌韻化'라 하며, 이 권설운을 '兒化韻'이라고도 한다.

중국어 '兒化韻'의 음가는 아래의 여섯 가지로 나누어 분석할 수 있다.

① 음절의 마지막 음소 [a], [o], [ɤ], [u] 등이 兒化되면 그 음소의 음가는 변화가 없고, 발음한 후 바로 혀끝을 말아 올려 [r]음

을 붙이면 된다.

(戲)法兒 [fA] + [ər] → [fAr]
(山)歌兒 [kɤ] + [ər] → [kər]
(小)說兒 [ʂuo] + [ər] → [ʂuor]
(松)鼠兒 [ʂu] + [ər] → [ʂur]

② 모음 [e]가 兒化될 경우 모음은 [ə]로 변한다.

(蝴)蝶兒 [tie] + [ər] → [tiər]

③ 모음 [i]나 비음 [n]을 운미로 하는 음절이 兒化될 경우 이들은 탈락하고, [ai], [an]의 모음은 [ɐ]로, [ei], [en]의 모음은 [ə]로 변한다.

(小)孩兒 [xai] + [ər] → [xɐr]
(酒)杯兒 [pei] + [ər] → [pər]
(小)船兒 [tʂhuan] + [ər] → [tʂhuɐr]
(軋)根兒 [kən] + [ər] → [kər]

④ 전설 고모음 [i], [y]가 兒化되면, 이들 모음 뒤에 [ər]이 첨가된다.

(玩)藝兒 [i] + [ər] → [iər]
(有)趣兒 [tɕhy] + [ər] → [tɕhyər]

⑤ 설첨모음 [ɨ]가 兒化되면, 이 모음은 탈락하고 [ər]로 발음된다.

(沒)事兒 [ʂʅ] + [ər] → [ʂər]

⑥ 설근비음 [ŋ]을 운미로 하는 음절이 兒化되면, 운미는 탈락하고 대신 주요모음이 비음화된다.

(酒)瓶兒 [phiŋ] + [ər] → [phĩr]
(菜)幇兒 [pɑŋ] + [ər] → [pãr]

兒化韻은 성조에도 영향을 끼친다. 兒化된 글자가 다른 글자와 결합하여 하나의 단어를 만들었을 때, 경우에 따라 원래의 성조에 영향을 주어 그 성조를 변하게 하는 수도 있다.

一會兒 [i^4 xuər^3] 隔壁兒 [tɕie^4 piər^3] 胡蝶兒 [xu^2 tiər^3]

그리고 중첩된 형용사나 부사는 兒化된 후 흔히 兒化된 음절이 음평성으로 읽힌다.

慢慢兒的 輕輕兒的 白白兒的 長長兒的
遠遠兒的 快快兒的 好好兒的 大大兒的

기타 '老老實實兒的', '睡着着兒的' 등에서도 兒化된 글자는 모두 음평성으로 읽힌다.

6. 조사 '啊'의 변화

중국어의 조사 '啊'는 다른 음과 결합하여 여러 가지 음변 현상을 나타낸다. 원래 '啊'의 실제 음가는 저모음인 [A]이나 그 앞소리의 영향을 받아 순행 동화하여 아래와 같이 여섯 가지의 음으로 변한다. 이것을 세분하여 설명하면 다음과 같다.

① [ia]: 개구호 단운모인 [a, o, ɤ, e]와 전설 고모음 [i, y]의 뒤에서는 [ia]로 변하며, 보통 '呀'[ia]로 이를 표기한다.

他呀 [tha ia]　我呀 [uo ia]　樂呀 [lɤ ia]
來呀 [lai ia]　去呀 [tɕhy ia]　上街呀 [ʂɑŋ tɕie ia]

② [ua]: 합구호 단운모인 [u] 혹은 [u]를 운미로 하는 복운모 [ɑu, ou]의 뒤에서는 후설 고모음 [u]의 영향을 받아 [ua]로 발음되며, 흔히 '哇'로 표기한다.

老虎哇 [lau xu ua]　好哇 [xau ua]　走哇 [tsou ua]

③ [na]: 설첨비음 [n]을 운미로 하는 음절 뒤에서는 모두 [na]로 발음되며, '哪'로 표기한다.

看哪 [khan na]　老陳哪 [lau tʂhən na]

④ [ŋa]: 설근비음 [ŋ]을 운미로 하는 부성운모 [ɑŋ], [əŋ]의 뒤에서는 모두 [ŋa]로 발음된다. 중국어에서는 [ŋa]로 읽히는 한자가

없으므로 그대로 '啊'로 표기하되 [ŋa]로 발음된다.

幫忙啊 [pɑŋ mɑŋ ŋa]　　好冷啊 [xɑu ləŋ ŋa]

⑤ [ʐa]: 설첨 후설모음 [ʅ]과 권설음 [ər]의 뒤에서는 모두 [ʐa]로 발음되며, 그대로 '啊'로 표기한다.

是啊 [ʂʅ ʐa]　　吃啊 [tʂhʅ ʐa]

⑥ [za]: 설첨 전설모음 [ɿ]의 뒤에서는 모두 [za]로 발음되며, '啊'로 표기한다.

寫字啊 [ɕie tsɿ za]　如此啊 [ʐu tshɿ za]

이러한 음변 현상들도 모두 동화 현상의 결과라고 할 수 있다. 그리고 위의 현상들에서 보이는 공통점은 음소가 증가되어 있다는 점이다. 이러한 현상을 '增音'이라 하는데, 여기에는 위에서 본 바와 같이 자음과 모음의 증가 현상뿐 아니라 음절이 증가하는 현상도 있다.

예를 들면 '눈을 깜빡거리다'라는 의미의 '眨巴'는 고대에는 '眨'으로만 썼다. '眨'은 고대에는 [tʂap]으로 읽히다가 현대 중국어에서는 [p]가 탈락하고 대신 [p]로 시작하는 '巴'란 음절이 증가하여 그것을 대신해 주고 있으며, '尋', '甚', '怎'과 같은 음절은 고대에는 쌍순 비음 운미인 [m]이 모두 있었으나 이것이 [n]으로 바뀌고 대신 [m]으로 시작하는 '摸', '麼'란 음절이 증가하였다.

7. 약화 · 감음

1) 약화

말하는 과정에서 음세기 등 기타 요소의 영향을 받아 어음의 어느 성분의 발음이 본래의 음보다 약하게 변하는 현상이 나타나게 된다. 이러한 현상을 '약화'라 하며 자음, 모음, 성조의 약화로 나눌 수 있다.

(1) 자음의 약화

자음의 분류에서 이미 설명하였듯이 청음의 기류는 탁음의 기류보다 강하다. 따라서 청음은 강자음이며, 탁음은 약자음이다. 그리고 일반적으로 색음과 색찰음과 같이 방해하는 힘이 큰 것은 강자음이고 찰음, 비음, 변음과 같이 방해하는 힘이 약한 것은 약자음이다. 그런데 말하는 과정에서 강자음이 약자음으로 변하는 현상이 나타날 수 있는데 이것을 '자음의 약화'라 한다. 이러한 현상은 보통 동화 현상으로 인해 발생된다. 중국어에서는 경성으로 읽히는 음절의 자음이 약화되는 현상을 흔히 찾아볼 수 있다.

'鑰匙'의 '匙' [tʂhʅ^{2} → ʂʅ^{0}]
'屁股'의 '股' [ku^{3} → xu^{0}]

이러한 것들은 모두 색음 혹은 색찰음이 약화되어 찰음으로 변한 예이다. 그리고 약화 현상으로 인하여 청자음이 탁자음으로 변하는 예는 경성으로 읽히는 음절에서 많이 나타난다.

哥哥[kɤ^{1}kɤ^1 → kɤ^{1}gə^0]　　弟弟[ti^{4}ti^4 → ti^{4}di^0]

我的[uo^3 tə^2 → uo^3 də^0]　　打發[ta^3 fa^1 → ta^3 va^0]

法子[fa^3 tsɿ^3 → fa^3 dzə^0]　　拿着[na^2 tʂə^2 → na^2 dʐə^0]

(2) 모음의 약화

강하게 읽지 않아도 되는 음절에서는 모음도 약화될 수 있다. 이 경우 복모음은 단모음으로, 전설모음·후설모음은 중앙모음으로 약화되는 것이 보통이다. 발음 기관은 단모음보다 복모음을 발음할 때 더 긴장되고 부자연스러워진다. 그리고 중앙모음을 발음할 때의 혀의 위치는 비교적 자연스럽다. 따라서 흔히 복모음은 단모음으로, 전설모음·후설모음은 중앙모음으로 약화된다. 중국어에서는 이러한 약화 현상이 경성인 경우에 잘 나타난다.

回來 [xuei^2 lai^2 → xuei^2 lɛ^0]

買賣 [mai^3 mai^4 → mai^3 mɛ^0]

厚道 [xou^4 tɑu^4 → xou^4 də^0]

希罕 [ɕi^1 xan^3 → ɕi^1 xən^0]

笑話 [ɕiɑu^4 xua^4 → ɕiɑu^4 xuə^0]

腦袋 [nɑu^3 tai^4 → nɑu^3 tɛ^0]

黃瓜 [xuɑŋ^2 kua^1 → xuɑŋ^2 guə^0]

(3) 성조의 약화

성조가 있는 언어에서는 경성인 음절이 종종 약화에 의해 원래의 조치를 잃게 된다. 이러한 현상은 앞에서 경성에 관하여 설명한 것을 참고하면 되겠다.

2) 감음

몇 개의 음들을 연속하여 발음할 때 음소 혹은 음절이 감소하는 현상을 '감음'이라 하는데, 이것도 약화 현상의 일종이다. 감음도 자음의 감소 현상, 모음의 감소 현상, 그리고 자음과 모음이 동시에 감소하는 현상으로 나눌 수 있다.

(1) 자음의 감소

五個 [u kə → uə](자음 [k] 감소)

秋遷 [tɕhiou tɕhiɛn → iou tɕhiɛn](자음 [tɕh] 감소)

柵欄 [tʂa lan → tʂa la](자음 [n] 감소)

半拉 [pan la → pa la](자음 [n] 감소)

(2) 모음의 감소

誰 [ʂuei → ʂei]([u] 감소)

喜歡 [ɕi xuan → ɕi xan]([u] 감소)

新鮮 [ɕin ɕiɛn → ɕin ɕin]([ɛ] 감소)

(3) 자음과 모음의 동시 감소 혹은 음절의 감소

四個[sɿ kə → sə](모음 [ɿ]와 자음 [k]가 감소하여 두 음절이 한음절로 변함)

不用[pu yŋ → pəŋ](모음 [y]가 감소하여 두 음절이 한 음절로 변하고 아울러 모음[u]가 [ə]로 변함)

多早晩[tuo tsɑu uan → tuo tsan](모음 [ɑu]의 [u]가 감소하

여 세 음절이 두 음절로 변함)

不知道[pu tʂʅ tau → pu tau](음절 [tʂʅ]가 감소)

我們[uo mən → uom](모음 [ə]와 자음[n]이 감소하여 두 음절이 한 음절로 변함)

Ⅳ. 방언 개요

중국어에는 여러 가지 방언이 있다. 漢族은 역사적으로 오랜 기간 동안 통일되지 않은 상태로 있기도 했으나, 여러 민족으로 분열되지는 않았다. 따라서 중국어는 역사가 길고 사용하는 인구가 많음에도, 라틴어가 불어, 이태리어 등으로 변한 것과는 달리 여전히 한족의 언어로서 사용되어 왔는데 이는 매우 보기 드문 현상이라 할 수 있다. 그러나 광활한 토지와 많은 인구, 특히 수천 년 동안 내려온 봉건 통치로 말미암아 백성들은 장기간 자급자족의 자연 경제 생활을 할 수밖에 없었다. 이러한 까닭으로 각지에 사는 백성들은 서로 왕래할 기회가 적어져 언어도 지역마다 어음, 어휘, 혹은 어법 등에 있어 다른 현상과 규율을 낳게 되었으며, 이로 인하여 각양각색의 방언이 형성되었다.

현대 방언은 크게 일곱 개 방언 구역으로 나눌 수 있다. 그들의 지역과 기본 특징은 다음과 같다.

(1) 北方方言(官話)

북방방언이 분포하고 있는 지역은 長江(중하류)이북과 湖北, 四川, 雲南, 貴州, 廣西 서북부, 湖南 서북부 등으로, 중국 전체 지역의 약 4분의 3을 차지하며 사용 인구도 70% 이상을 차지한다. 이는 다시 北方話, 西北話, 西南話, 河江話 등의 次方言(sub-dialects)으로 나누어진다. 이들의 공통된 특징은 고대 전탁성모가 청화하였으며, 자음 운미가 적어 대부분의 차방언에서는 [-n], [-ŋ] 두 개의 비음 운미만이 있다는 것이다. 성조는 고대 평성이 음평과 양평으로 나뉘어졌으며, 전탁상성이 거성으로 변하였다. 다수 지역에서는 입성이 소실되었으며, 원래 입성이었던 글자는 다른 성조로 변하였다.

(2) 吳方言

上海語가 대표적이며, 분포 지역은 江蘇省 長江 이남(江北 약간의 縣도 포함), 鎭江 동쪽(鎭江은 포함되지 않음) 지역과 浙江省 대부분 지역이다. 오방언의 차방언 상황은 매우 복잡하나, 일반적인 공통점은 고대 중국어의 탁성모를 모두 보존하고 있으며, 반모음이 풍부하다는 것이다. 대부분 운미는 하나밖에 없다. 그리고 성조는 일반적으로 일곱 개로 평거입성이 음양으로 나뉘어져 있다. 운미는 대부분 [-ŋ]이고 입성의 세 가지 운미는 합류하여 후색음 [ʔ]으로 변하였다.

(3) 湘方言

長沙語가 대표적이며, 분포 지역은 湖南省 대부분 지역과 廣西

북부의 全州, 灌陽, 資源, 興安 네 縣을 포함한다. 공통된 특징은 대도시 이외의 지역에서 전탁성모를 보존하고 있으며, 성조는 평성과 거성이 음양으로 나뉘어졌고, 입성이 남아 있으나 독음이 짧고 입성 운미 [-p, -t, -k]는 완전히 소실되었다는 점이다.

(4) 贛方言

南昌語가 대표적이다. 주요 분포 지역은 江西省 중부와 북부로서, 오랜 동안 주위의 다른 방언의 영향을 받아 두드러진 특징은 없다. 비교적 중요한 특징으로는 중고 전탁성모가 소실되어 송기 청음으로 변하였고, 평성과 거성은 음양으로 나뉘어졌으며, 입성은 [-t]와 [-k]는 남아 있으나 [-p] 운미는 소실되었다는 것이다.

(5) 客家方言

梅縣語가 대표적이며, 주로 廣東 동부, 북부, 福建 서부, 서북부, 江西 남부, 廣西 동남부, 그리고 臺灣, 湖南, 四川 등의 일부 지역에 분포되어 있다. 이들의 공통된 특징은 고대 탁색음이 일률적으로 송기 색음으로 읽히며, 북방방언의 [x]성모는 합구호일 경우에는 [f]로, 개구호일 경우에는 [x]로 읽힌다는 것이다. 대부분 촬구호 운모가 없으며, 성조는 평성과 입성이 음양으로 나뉘어졌고, 입성은 일반적으로 세 종류의 색음미를 보존하고 있다.

(6) 粵方言

廣州語가 대표적이며, 廣東 중부, 서남부와 廣西 동부의 대부분 지역에 분포되어 있다. 특징은 중고 전탁성모가 청화하였고,

북경음계의 세 가지의 색찰음([ts], [tʂ], [tɕ])은 하나로 합쳐져 [ts] 혹은 [tʃ]로 읽힌다. 모음 체계는 비교적 복잡하다. 예를 들면 廣州語에서는 모음의 장단에 의해 의미가 변별되기도 한다. 운미는 모음미, 비음미, 색음미의 세 종류가 있다. 비음미는 [-m], [-n], [-ŋ] 세 종류, 색음미는 [-p], [-t], [-k] 세 종류가 있으며 이들은 거의 1:1로 대응된다. 성조는 여덟 개 이상이 있는데 평상거입 모두 음양으로 나뉘어져 있으며, 그 중 음입은 대부분 다시 두 종류로 나뉘어져 있다.

(7) 閩方言

福建省 대부분 지역과 廣東 潮汕지구, 海南지구, 雷州반도의 일부 지역, 浙江 溫州지구, 舟山 群島와 기타 지역에 분포되어 있다. 閩語는 상당히 복잡하여 서로 의사가 통하지 않는 차방언이 많아서 예전에는 閩南(厦門語가 대표), 閩北(福州語가 대표)의 두 방언으로 나누어 설명하기도 하였다. 민방언의 주요 특징은 순치음은 모두 쌍순음으로 읽히며, 설첨후색찰음은 설첨중색음으로 읽혀 고성모의 면모를 그대로 보존하고 있다는 것이다. 운모 체계는 매우 복잡한데, 특히 민남어에서는 세 종류의 운미가 보존되어 있고, 색음미는 [-p], [-t], [-k] 외에도 후색음미 [ʔ]이 있다(민북어는 이보다 간단하여, [-m] 운미가 없고, 입성 운미로는 후색 운미만 있다). 성조는 상성을 제외한 평거입이 모두 음양으로 나누어져 있다.

제4 장

隋唐音系

중국어 음운학의 체계적이고 본격적인 연구는 韻書가 출현함으로써 시작되었다고 할 수 있다. 따라서 음운사도 운서 이전의 시기와 운서 이후의 시기로 크게 나누어도 무방할 것 같다. 먼저 운서의 출현 배경, 발전 및 성질에 관해서 알아보기로 한다.

Ⅰ. 운서의 출현

1. 배경

운서는 운에 따라 글자들을 모아놓은 일종의 동음자전이라 할 수 있다. 이러한 운서는 魏晉 시기에 편찬되기 시작하였는데, 운서가 이 시기에 나오기 시작한 이유로는 시대적인 요구와 운서를 편찬할 필요 조건이 이미 구비되었다는 점 등을 들 수 있다.

漢代 이래로 사상을 통일하고 통치 체제를 공고히 하기 위하여 통치자들은 경학의 교육을 매우 중시하였다. 아울러 경학을 연구하는 데에는 성운에 관한 지식이 필수적이었다. 특히 경전을 읽기 위해서는 우선 경서의 문자 성운에 능통해야만 하였다. 처음에는 자형의 분석과 자의의 해석에 주의를 기울여, 그 결과 『爾雅』, 『方言』, 『說文解字』 등이 나오게 되었다. 후에는 한자의 形과 義 그리고 독음 사이에 불가분의 관계가 있다는 사실을 알고 점점 한자의 음을 연구하는데 힘을 쏟았다. 聲訓辭典인 『釋名』, 동음자전이라 할 수 있는 운서의 출현은 모두 경전의 강독과 밀접한 관련이 있는 것이다.

그러면 왜 위진남북조에 이르러서야 운서가 출현하였는가? 그것은 이 시기에 비로소 운서를 편찬하는데 필요한 이론과 기술조건이 구비되었기 때문이라 할 수 있다. 東漢 이후에는 불교가 유입되어 불경을 풀이하는 작업이 중시되었고 이는 승려나 문인들로 하여금 음을 분석하는 능력을 갖추게 하였다. 이로 인해 민간에서 오래 전부터 사용되던 반절법이 끊임없이 개선되어, 지식인들에 의해 본격적으로 한자의 음을 표기하는 데에 사용되었다.

또한 魏晉齊梁에 이르러서 운문의 각종 체계는 모두 성숙 단계에 접어들었다. 더욱이 오언시와 변려문의 발전은 字句에 있어서 음율상 고저의 변화를 엄격하게 요구하게 되었는데, 특히 글자의 수가 제한된 오언시에서는 시구마다 각 글자의 음의 고저장단의 변화를 더욱 요구하게 되었다. 불경의 유입으로 인한 음운학의 발전은 騈文과 시가의 발전에 좋은 조건을 제공하였으며, 이들 문체의 예술 형식상의 추구가 성조의 발견을 재촉하고 성조를 의식적으로 이용하게 한 것이다.

당시 사회가 문장의 형식미를 중시하고 추구함에 따라 성운 규율을 이해하고 파악하기 위한 도구가 필요하게 되어 지식인들은 성운 연구에 힘을 쏟게 되었다. 따라서 사성의 발견, 八病說의 출현, 운서의 편찬 등은 모두가 이러한 시대적 요구에 따라 나온 것이라 할 수 있다. 이러한 사실들이 바로 운서가 쓰이게 된 조건이 되었다.

2. 수당 이전의 운서

지금 알 수 있는 최초의 운서는 魏 李登의 『聲類』이다. 이 책은 지금은 전하지 않고 있어 자세한 내용은 알 수 없지만, 다만 『隋書 · 潘徽傳』에 "末에 李登의 『聲類』와 呂靜의 『韻集』이 있어 처음으로 청탁을 나누었고, 宮羽를 나누었다"[1)]라 한 것과 唐 封演의 『封氏聞見記』에서 "魏代에 李登이라는 사람이 있어 『聲類』 十卷을 편하였는데, 11,520자를 五聲에 의해 명명하고 여러 韻部는 세우지 않았다"[2)]라 한 것으로부터 개략적인 면을 알 수 있을 뿐이다. 이에 의하면 李登은 宮商角徵羽의 오성에 따라 만여 자를 편집하였고 따로 운부를 나누지 않았음을 알 수 있다. 그러나

1) "末有李登聲類, 呂靜韻集, 始判清濁, 纔分宮羽."
2) "魏時有李登者, 撰聲類十卷, 凡一萬一千五百二十字, 以五聲命字, 不立諸部."

그가 나눈 청탁과 오성이 가리키는 바가 무엇인지, 음악의 개념인지 아니면 음운의 개념인지, 그리고 음운의 개념이라면 그 오성이 성조를 가리키는 것인지 아니면 운모를 가리키는 것인지 알 수가 없다.

이보다 조금 후에 나온 것이 晉 呂靜의 『韻集』이다. 이것도 지금은 전하지 않는다. 따라서 우리가 알 수 있는 것은 呂靜은 西晉 말년 사람이고, 『字林』을 편찬한 呂忱의 동생이라는 것이다. 또한 『魏書 · 卷91』에서 "左校令 李登의 『聲類』의 방법을 모방하여 『韻集』 五卷을 지었으며, 궁상각치우 각각을 한 편으로 하였다"[3]라 한 것으로부터 『韻集』의 편찬 체제와 글자 분류의 원칙은 대체로 『聲類』와 유사하다는 것을 추측할 수 있을 뿐이다.

이외에 당시에 편찬된 중요한 운서로는 夏侯詠의 『韻略』, 陽休之의 『韻略』, 周思言의 『音韻』, 李季節의 『音譜』, 杜臺卿의 『韻略』 등이 있다. 이들도 사성이 발견된 이후 운서 체제에 있어 큰 변화를 가져오게 되자 『切韻』 등 후세 운서에 흡수되고 전해지지 않게 되었다.

---

3) "放故左校令李登聲類之法, 作韻集五卷, 宮商角徵羽各爲一篇."

Ⅱ.『切韻』계통의 운서

1.『切韻』의 성립과 체제

隋 仁壽 元年을 전후하여 陸法言이 편집한『切韻』이 나왔다.『切韻』序[4]와『廣韻』책머리의 勅文에 의하면, 隋 開皇 初年(대략 580년대)에 劉臻, 顔之推, 盧思道, 魏彦淵, 李若, 蕭該, 辛德源, 薛道衡 등 여덟 사람이 陸法言의 집에 모여 밤낮으로 술을 마시며 음운을 논하였는데, 고금의 음과 각 지방의 방언이 서로 달랐으나 당시 전하는 운서들은 이러한 점을 빠뜨려 표준으로 삼을 수 없음을 깨닫고, '南北是非, 古今通塞(남북 방음과 고금음의 차이)'을 다 고려하여 詩文을 짓거나 음운을 구별하는데 표준적인 운서를 만들기로 하였다고 한다. 그들은 이것과 관련된 여러 문제를 토론한 뒤 편찬 체제를 확정하고, 陸法言이 정리를 하였다. 이후 陸法言은 끊임없이 많은 사람들에게 가르침을 받고 자료를 광범하게 수집하여, 십여 년 후 관직에서 물러나 고향으로 돌아와 다른 운서를 참고하며 정리한 끝에 601년에『切韻』을 완성하였다.

『切韻』은『隋書·經籍志』에는 실려 있지 않으며,『舊唐書·經籍志』와『新唐書·藝文志』에 陸慈『切韻』五卷으로 기록되어 있다. 여기의 陸慈는 陸法言을 가리킨다.

陸法言의 원본『切韻』은 전하지 않는다. 그리고『隋書·經籍志』에 실려 있지 않은 것으로 보아 당시에는 영향력이 별로 크지 않

4)『切韻』序는 宋代에 편찬된『廣韻』에 보인다.

았던 것으로 보인다.[5] 그러나 唐 中宗 때에 이르러서 과거 시험이 중요한 위치를 차지하자 『切韻』은 비로소 중시되기 시작하였다. 현존하는 몇 가지 『切韻』 唐寫本 殘卷과 『切韻』을 보충한 李舟의 『切韻』, 孫愐의 『唐韻』 등과 같은 각종 저작들은 모두 唐 中宗 이후에 나온 것들이다. 현존하는 殘卷과 封演의 『聞見記』, 『廣韻』 첫머리의 『切韻』序 등의 기록에 의하면 『切韻』은 다음과 같은 체제로 쓰였음을 알 수 있다.

① 사성으로 분권하였다. 평성자가 많아 상하 두 권으로 하였고 나머지 上去入聲은 각각 1권으로 하여 모두 5권으로 되어 있다.

② 각 권은 먼저 韻을 나누고 같은 운에 속하는 글자들을 열거하였다. 이러한 각 운의 명칭, 즉 '東', '冬', '鍾', '江' 같은 것을 韻目 혹은 大韻이라 한다. 평성 54운(上平 26, 下平 28), 상성 51운, 거성 56운, 입성 32운으로 모두 193운으로 분류되었다. 그리고 각 운목의 앞에는 '一東', '二冬' 등과 같이 숫자를 써서 운의 순서를 표시하였다.

③ 각 운의 내부는 동음자끼리 모아 놓았는데 이를 小韻이라 하며, 각 소운의 첫 번째 글자 밑에 반절로써 주음하였으며, 다시 그 밑에 동음자의 숫자를 표기하였다.

④ 모두 12,158자를 수록하였으며(『聞見記』), 글자마다 간단하게 의미를 풀이하였다.

---

5) 『隋書』는 唐太宗 貞觀10년(636년) 魏徵 등이 撰하였는데, 그 중 士志는 唐 高宗 顯慶 元年(656년) 于志寧 등이 찬하였다. 『經籍志』가 쓰인 연대는 『切韻』이 완성된 시기로부터 겨우 50년이 지난 뒤, 즉 陸法言이 관직에서 물러나 집에 은거할 때였으며, 또한 사회적인 지위도 높지 않았을 때였다. 당시는 隋唐의 교차 시기로 전란이 빈번한 어지러운 시기로서 『切韻』이 실제로 크게 유행할 겨를이 없었던 상황이었다.

2. 『切韻』의 운목

『切韻』을 원래 모습에 가장 가깝게 보충한 것으로 王仁昫의 『刊謬補缺切韻』을 꼽을 수 있다. 최근 『刊謬補缺切韻』의 세 가지 唐寫本이 발견되었는데 그 중 故宮博物院에 소장되어 있는 宋濂의 발문이 있는 것이 거의 완본에 가깝다(흔히 王三本이라 칭한다). 王仁昫는 自序에서 주로 글자의 수와 釋義를 보충하였으며, 다른 것은 크게 고치지 않았음을 밝히고 있다.6) 이리하여 최근 몇 십 년 동안 『切韻』을 연구하는 학자들은 대부분 『廣韻』외에 주로 이 '王三本'을 연구 자료로 하고 있다.

'王三本'은 195개의 운으로 나누어(平54, 上52, 去57, 入32) 陸法言의 원본보다 두 개의 운이 더 많다. 그 하나는 상성 儼韻, 또 하나는 거성 釅韻이며, 이 두 운은 陸法言의 『切韻』에서는 琰韻과 艶韻에 합쳐져 있었다. '王三本'의 운목은 陸法言의 그것과 거의 유사하다. 그 分韻 상황을 『廣韻』과 비교하면 다음과 같다.

平聲	上聲	去聲	入聲
1.東	1.董	1.送	1.屋
2.冬	[ ]	2.宋	2.沃

(冬韻의 上聲字는 글자 수가 적어 2.腫에 합류시킴.)

平聲	上聲	去聲	入聲
3.鍾	2.腫	3.用	3.燭
4.江	3.講	4.絳	4.覺
5.支	4.紙	5.寘	
6.脂	5.旨	6.至	

6) "陸法言切韻, 時俗共重, 以爲典規, 然苦字少, 復闕字義, 加爲刊謬補缺切韻."

7.之	6.止	7.志	
8.微	7.尾	8.未	
9.魚	8.語	9.御	
10.虞	9.麌	10.遇	
11.模	10.姥	11.暮	
12.齊	11.薺	12.霽	
		13.祭	
		14.泰	
13.佳	12.蟹	15.卦	
14.皆	13.駭	16.怪	
		17.夬	
15.灰	14.賄	18.隊	
16.咍	15.海	19.代	
		20.廢	

17.眞	16.軫	21.震	5.質
18.諄	17.準	22.稕	6.術

(陸法言과 王三本에서는 이들을 구분하지 않고 '眞軫震質'로만 구분)

19.臻			7.櫛
20.文	18.吻	23.問	8.物
21.欣	19.隱	24.焮	9.迄
22.元	20.阮	25.願	10.月
23.魂	21.混	26.慁	11.沒
24.痕	22.很	27.恨	

25.寒	23.旱	28.翰	12.曷
26.桓	24.緩	29.換	13.末

(陸法言과 王三本에서는 이들을 구분하지 않고 '寒旱翰末'로만 구분)

27.刪	25.潸	30.諫	14.鎋
28.山	26.產	31.襉	15.黠
1.先[7]	27.銑	32.霰	16.屑
2.仙	28.獮	33.線	17.薛
3.蕭	29.篠	34.嘯	
4.宵	30.小	35.笑	
5.肴	31.巧	36.效	
6.豪	32.晧	37.號	

7.歌	33.哿	38.箇
8.戈	34.果	39.過

(陸法言과 王三本에서는 이들을 구분하지 않고 '歌哿箇'로만 구분)

9.麻	35.馬	40.禡	
10.陽	36.養	41.漾	18.藥
11.唐	37.蕩	42.宕	19.鐸
12.庚	38.梗	43.映[8]	20.陌
13.耕	39.耿	44.諍	21.麥
14.清	40.靜	45.勁	22.昔
15.青	41.迥	46.徑	23.錫
16.蒸	42.拯	47.證	24.職
17.登	43.等	48.嶝	25.德

7) 『廣韻』平聲下卷의 첫 번째 운은 先韻이다. 따라서 여기에 다시 1이란 숫자가 붙었다.

8) 王三本에는 '敬'이라 되어 있음.

18.尤	44.有	49.宥	
19.侯	45.厚	50.候	
20.幽	46.黝	51.幼	
21.侵	47.寢	52.沁	26.緝
22.覃	48.感	53.勘	27.合
23.談	49.敢	54.闞	28.盍
24.鹽	50.琰	55.艶	29.葉

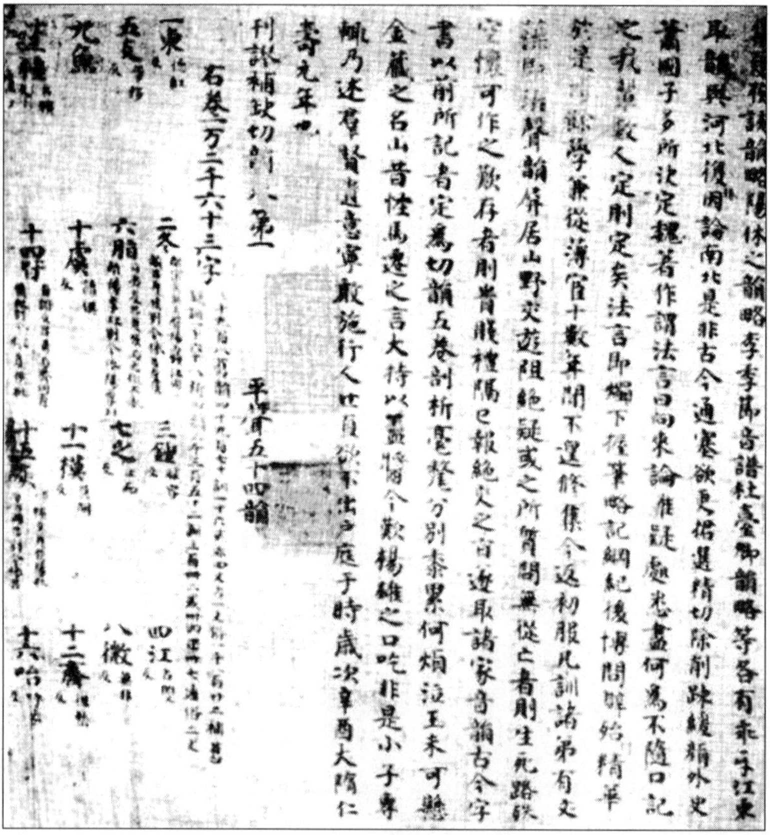
刊謬補缺切韻卷第一

王仁昫의 『刊謬補缺切韻』

25.添	51.忝	56.㮇	30.帖
26.咸	52.豏	57.陷	31.洽
27.銜	53.檻	58.鑒	32.狎
28.嚴	54.儼	59.釅	33.業

(54.儼과 59.釅韻은 陸法言은 이들을 50.琰과 55.艶에 포함시켰으나, 王仁昫가 이들을 구분함)

29.凡	55.范	60.梵	34.乏

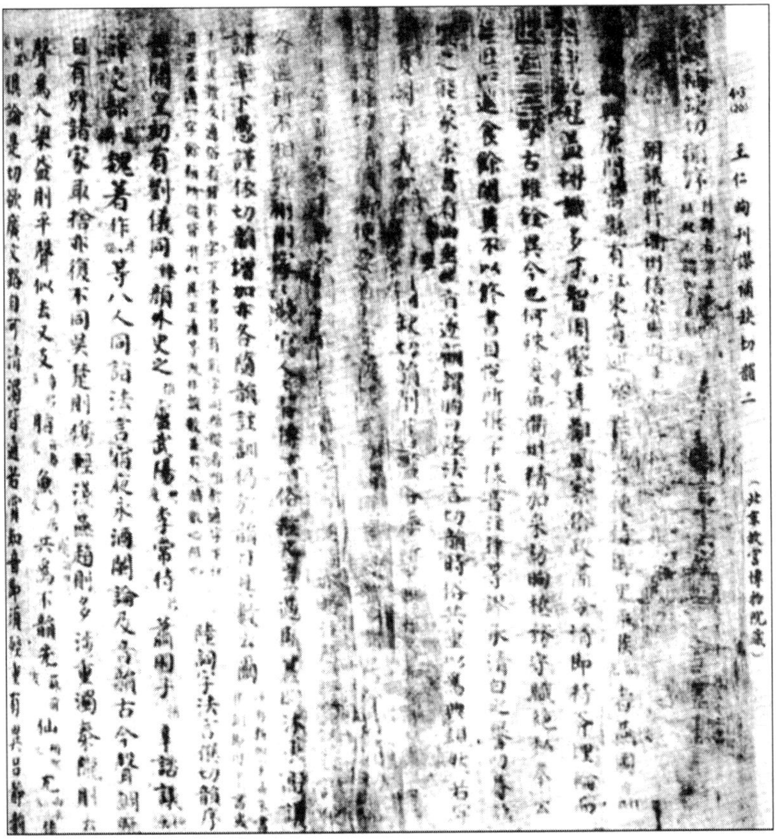

王仁昫의 『刊謬補缺切韻』

이 중 평성 57개 운은 모두 上去入聲 중 적어도 어느 하나와 대응이 되며 거성 祭, 泰, 夬, 廢운은 平上入聲 어느 성조와도 대응이 되지 않는다. 따라서 성조를 고려하지 않는다면 『切韻』에는 모두 61운부가 있다고 할 수 있다.

3. 『切韻』의 성질

『切韻』은 어떠한 성질을 지닌 운서인가, 그것이 반영하는 음계는 六朝隋唐의 실제 음계라 할 수 있는가 등의 문제에 관해서는 학계에서 아직도 의견을 달리하고 있다. 『切韻』이 반영하는 음계의 성질에 대하여 다음과 같이 세 가지로 요약할 수 있다.

1) 종합체계설

『切韻』이 반영하는 음계는 어느 한 시기, 어느 한 지역의 구체적인 음계가 아니라 고금남북의 어음을 크게 종합한 것이며, 讀經, 作文, 正音 등 각 방면에 적용하기 위한 紙上音系 즉, 가상음계라는 설이다. 章炳麟은 "『廣韻』에 포함된 것은 고금과 만국의 음을 겸한 것으로, 같은 시기, 같은 지역에 206 종류의 음이 있을 수 없다"[9]라 하여 이 설을 대표하고 있으며, 많은 학자들이 이 의견에 찬성하고 있다. 예를 들면 董同龢는 그들이 운부를 나눈 것은 당시의 어떤 방언을 근거로 한 것이 아니라, 고금

9) "廣韻所包, 兼有古今萬國之音, 非并時同地得有聲勢二百六種也."『音理論』

방언의 여러 체계를 망라했을 것이라 하였는데,[10] 그 이유는 다음과 같다.

첫째, 『切韻』序에서 "이리하여 남북의 서로 다름과 고금의 차이를 논하고 …… 드디어 諸家들의 음운과 고금의 자서, 이전의 기록들을 모아 『切韻』五卷으로 하였다"[11]라 하였다.

둘째, 王仁昫의 『切韻』小注에 어떠한 운은 누구의 운서에서 취하였다고 밝혔다.

셋째, 어떤 실존하는 음계에 200여 개의 운부가 있을 수 없고, 그 중 일부의 운부는 인위적이었을 것이라고 보았다.

그리고 史存直은 같은 시대의 중국 바깥의 역음 자료도 『切韻』과 같이 그렇게 세분하여 분운되어 있지 않다는 점과 宋代의 '韻攝'의 성질 등으로 보아 모두 『切韻』이 종합적인 음체계를 반영한 것이라 주장하고 있다. 그가 비교한 역음 자료로는 우리 나라의 한자 독음, 일본의 漢音과 吳音, 越南音 등을 들 수 있다. 그러나 우리 나라의 역음 자료는 그 시대와 지점이 불명확하여, 『切韻』과 비교해 보면 약간 합치되지 않는 부분이 있다. 越南譯音도 시대가 『切韻』시기보다 늦고, 廣東省과 廣西省을 거쳐 전해졌기 때문에 방언의 영향을 받지 않을 수가 없었다. 따라서 越南譯音도 『切韻』과 비교해 보면 차이가 많다. 일본의 漢音은 唐代 長安, 洛陽 일대의 음이며, 일본 吳音은 漢音이 수입되기 전 수백 년간 차용한 음의 통칭이다. 일본의 이 두 가지 역음을 『切韻』과 비교

---

10) "他們分別部居, 可能不是依據當時的某種方言, 而是要能包羅古今方言的許多系統." 『漢語音韻學』, 79쪽.

11) "因論南北是非, 古今通塞 …… 遂取諸家音韻, 古今字書, 以前所記者定之爲『切韻』五卷."

해 보면, 漢音의 분운 상황은 『切韻』과 대체로 일치하나, 『切韻』 만큼 그렇게 세분되어 있지 않고, 吳音의 분운 상황은 『切韻』과 완전히 합치하지는 않으나 대체적인 대응 규율을 찾을 수 있는데 그것 또한 『切韻』 만큼 엄밀하지 못하다. 따라서 그는 당시 음계가 『切韻』에서 분운한 것처럼 그렇게 세분되어 있지 않았다고 주장하였다.

또 다른 측면에서도 이러한 점을 증명할 수 있다. 『切韻』이 唐代에 관운서로 지정된 후 얼마 오래지 않아 사람들은 그것이 실제 사용에 불편하다는 것을 알았다. 왜냐하면, 실제 각 지방의 언어에는 그렇게 많은 운류가 있지 않았기 때문이다. 이리하여 許敬宗 등이 당시 실제음에 맞게 같은 운은 통용할 수 있도록 하자는 상소문을 올렸는데, 만약 『切韻』 음계가 당시의 실제 음계와 일치했다면 許敬宗 등의 이러한 의견은 나오지 않았을 것이다. 실제로 唐代 시인들(孟浩然, 王維, 李白, 韋應物, 白居易, 柳宗元 등 당시의 북방 시인)의 古詩의 용운 상황을 분석해 보면, 당시의 북방어의 운류는 기본적으로 송대 등운도에서 분류한 十六攝[12]과 부합하고 있다.[13]

2) 단일체계설

『切韻』이 반영하는 음계는 당시 실제로 존재하는 음계로서, 실제로 내부적으로 그와 같이 세분되어 있었다고 보는 학설이다. 이 학설은 清代의 陳澧로부터 시작되었는데, 그는 "陸法言이 206

12) 171-172쪽 참조.
13) 史存直. 『漢語音韻學綱要』, 30－31쪽.

운으로 나누었고, 각 운은 다시 두 종류 혹은 세 종류, 네 종류로 나누어지는데, 이것은 번잡하고 세밀한 것을 좋아한 때문이 아니라 당시의 음에 실제로 그와 같은 구별이 있었기 때문이다"[14)]라고 하면서『切韻』음계는 당시에 실제 존재하였던 음계라고 여기고 있다. 하지만 그것이 한 지역의 음인지 아니면 각 지역의 음을 종합한 것인지는 설명을 하지 않아 논점이 그리 정확하다고는 할 수 없다. 그러나 현재의 많은 학자들이 陳澧의 설을 따르며 이를 수정 보완하고 있다. 邵榮芬같은 학자는『切韻』음계는 대체로 하나의 살아 있는 방언 음계이나, 다른 방언의 특징도 다소 흡수하였다. 구체적으로 말하자면 그것의 기초 음계는 洛陽音系이며, 그것이 흡수한 방언 특징은 주로 金陵話(지금의 남경어)의 특징이다"[15)]라 하며,『切韻』음계는 金陵話의 방언을 흡수한 당시 洛陽지역의 음계로 보았다.

이러한 단일체계설을 주장하는 학자들의 주된 근거는 대체로 어떠한 음계를 종합하는 데에는 반드시 기준으로 삼을 만한 살아 있는 방언 음계가 있어 그것을 기초로 하여야만 종합할 수가 있다는 것이다. 즉 단순히 종합한 음계라면 그다지 체계적일 수가 없고, 체계적이라 하더라도 당시 사람들에게 받아들여지지 않았을 것이다.

---

14) "陸氏分二百六韻, 各韻又分二類三類四類者, 非好爲繁密也, 當時之音實有分別也."『切韻考』卷六. 실제 陸法言은 193운으로 나누었으나 陳澧는『廣韻』에 근거하여 206운으로 나누었다고 보았다.

15) "切韻音系大體上是一個活方言音系, 但也多少吸收了一些別的方音的特點. 具體地說, 他的基礎音系是洛陽音系, 他所吸收的方音特點主要是金陵話的特點."『切韻研究』, 1쪽.

3) 문언음(독서음)체계설

『切韻』이 반영하는 음계는 낙양 선비들의 문언음이라는 주장이다. 陳寅恪은 "『切韻』 내에 열거된 字音은 실제로 東漢 魏晉시대 洛陽·京畿지방의 舊音을 주된 요소로 하고 있다. …… 역사적 사실로 말하자면, 『切韻』에 나타난 표준음은 곧 東晉이 남쪽으로 건너오기 이전 洛陽일대 舊音體系이다"16)라 하고, 다시 '洛陽舊音'이란 경전을 외어 익히고 시를 읊을 때에 사용하는 소리라고 설명하고 있다. 후에 周祖謨는 "그것의 어음 체계는 金陵, 鄴下의 雅言으로 당시의 문언음을 참작하여 정하여진 것이다. 남쪽의 음을 주로 하지도 않았고, 북쪽의 음을 주로 하지도 않았으므로, 어느 한 지역의 방음의 기록이라고는 여길 수 없다"17)라 하면서, 그것이 반영하는 음계는 6세기 문학 언어의 음계라 하였다. 또 洪誠은 "洛陽의 전통적 문언음을 위주로 하고 金陵의 전통적 문언음으로 보충한 것이다"18)라 하였다. 이들이 이와 같이 주장하는 근거는 『切韻』이 이루어진 경과와 편찬에 참여한 사람들의 언어에 대한 인식, 『切韻』에 사용된 반절 등에서 찾고 있다. 즉, 『切韻』序와 『顏氏家訓·音辭篇』에 나타난 『切韻』의 편찬 목적은 남북에 통용될 수 있고 아울러 실제에 맞는 정음 표준을 찾

---

16) "切韻內所列之字音, 實以東漢、曹魏、西晉時代洛陽京畿之舊音爲主要音素 …… 自史實言之, 切韻所懸之標準音, 乃東晉南渡以前洛陽京畿舊音之系統." 周祖謨. 『問學集』, 472쪽에서 再引.

17) "它的語音系統就是金陵、鄴下的雅言, 參酌行用的讀書音而定的. 既不專主南, 亦不專主北, 所以并不能認爲就是一個地點的方音的記錄." 「切韻的性質和他的音系基礎」(『問學集』 445쪽.)

18) "是以洛陽傳統的讀書音爲主, 金陵傳統的讀書音爲輔." 『中國歷代語言文字學文選 ·「刊誤」說明』

기 위한 것으로, 이 정음 표준이 바로 당시 사용되던 문언음이라는 것이다. 그리고 『切韻』에서 사용된 반절은 대부분 이전의 운서에서 취한 것으로, 편찬자들이 취사선택한 기준은 바로 문언음이라는 것이다.

한편, 王力은 『切韻』 음계의 성질에 대해서 처음에는 『漢語音韻學』에서 "『切韻』은 반드시 한 시기 한 지역의 음을 근거로 한 것이 아니다. …… 우리가 『切韻』을 隋代의 어음실록으로 간주하고 연구를 한다면 위험스러운 일이다"[19]라 하며 章炳麟의 의견에 찬성하였다. 그러나 후에 『中國語言學史』에서는 한 걸음 더 나아가 "『切韻』의 어음 체계는 어느 한 방음의 어음 체계를 기초로 한 것이며(아마도 洛陽音), 동시에 고음 체계를 고려한 혼합물이다. …… 고음 체계를 고려하였다는 것은 자연히 방음을 고려하였다는 것이 된다. 왜냐하면 방음은 바로 고음 체계가 발전되어 온 것이기 때문이다"[20]라고 하였다. 다시 후에 발표한 「經典釋文反切考」에서는 "이 책(『經典釋文』)의 어음 체계와 『切韻』의 어음 체계를 서로 비교해 보면 『切韻』이 실제로 고금 만국의 음을 겸하였음을 증명할 수 있다"[21]라 하였다.

실제로 중국 고대에는 雅言이라 불리는 문언음이 확실히 존재하였으며, 표준어가 형성되기 전에는 서로 다른 방언 지역의 지

---

19) "切韻未必根據一時一地之音. …… 我們如果把切韻當做隋朝的語音實錄去研究, 不免有幾分危險." 『漢語音韻學』 177-178쪽.

20) "切韻的語音系統是以一個方音的語音系統爲基礎(可能是洛陽話), 同時照顧古音系統的混合物. …… 照顧了古音系統, 自然也就照顧了方音, 因爲方音正是從古音發展來的." 『中國語言學史』 67쪽.

21) "拿此書(經典釋文)的語音系統和切韻的語音系統相比較, 足以證明切韻實兼古今方國之音." 「經典釋文反切考」(『龍蟲竝雕齋文集』 135쪽.)

식인 사이의 의사소통 수단이었다. 『論語』에서 “시경과 서경을 읽을 때에나 예를 집행할 때에는 모두 아언으로 하였다”[22]라고 한 것과 漢 揚雄의 『方言』에서 방언과 구별하여 ‘凡語’, ‘通語’라는 용어를 사용한 것 등으로부터 당시에는 문언음 즉 아언이 표준어 역할을 담당하였다는 것을 알 수 있다. 그러나 아언은 현실적으로 존재하는 하나의 백화음 체계를 기초로 하지 않을 수 없으며, 그렇지 않으면 생명력을 잃게 된다. 그리고 아언은 한번 형성되었다고 해서 변하지 않는 것은 아니다. 즉 정치, 경제, 문화의 중심이 옮겨감에 따라 아언의 기초 음계도 변하는 것이다. 따라서 『切韻』 음계는 당시 통용되던 어떤 방언이 아니라고 한다면 그것은 맞는 말이다. 그것은 오늘날 중국에서 통용되는 普通話가 북경 토착 방언음이 아닌 것과 같다. 그러나 『切韻』 음계가 당시 통행되던 어떤 방언을 기초로 하지 않았다고 한다면 이는 타당하지 않다. 『切韻』序나 『顔氏家訓』에 의하면 『切韻』은 正音, 作文, 讀書를 위해서 쓰였고, 그렇게 사용된 것으로 후대 사람들이 시를 짓는데 압운의 표준으로 삼고자 한 것은 아니었던 것 같다. 정음, 작문, 독서의 표준으로 쓰였다면 그 음계는 어떤 방언을 기초로 하였음에 틀림없다고 하겠다.

결론적으로 정음의 표준이 되는 『切韻』 음계는 분명히 어떤 살아있는 방언 음계를 기초 음계로 하였으나, 그 음계와 완전히 같지는 않았고 부분적으로 차이가 있었다. 그리고 『切韻』이 기초로 한 음계는 당시 洛陽音을 대표로 하는 中原音系라 할 수 있다. 洛陽은 東漢, 魏晋에 걸쳐 약 300여 년 동안 전국의 정치, 문

22) “詩書執禮皆雅言也.”

화의 중심지였다. 이전에도 周平王이 東遷한 때(B.C. 700)로부터 秦이 六國을 통일할 때(B.C. 221)까지 500여 년간 洛陽부근 중원 일대가 정치, 군사, 문화 교류의 중심지였다. 따라서 東晉이 남쪽의 金陵(지금의 남경)으로 천도하고 隋의 陸法言이 『切韻』을 완성하기까지는 약 300여 년이 지났으나, 남쪽으로 옮겨간 지식인들은 여전히 洛陽의 舊音을 표준음으로 삼았으며, 金陵에서의 학술, 문화적인 면에서도 洛陽의 구습을 이었다. 또 『切韻』을 편찬하는 데에 참여했던 사람들 중 대다수가 중원지역에서 나고 성장하였으며, 陸法言도 중원 출신이었다. 따라서 그들이 洛陽 방음을 기초 음계로 선택하였으리라고 쉽게 짐작할 수 있다.

그러면 『切韻』에서는 왜 실제보다도 많은 운부로 분류하였는가? 그것은 『切韻』의 편찬 방침과 관련이 있는 것 같다. 『切韻』의 편찬 의도는 음을 바로 잡는 데에 있었기 때문에, 『切韻』은 단순히 실용만을 위한 것이 아니라 학술적인 성격을 띤 저작이라 할 수 있다. 陸法言 등이 『切韻』을 편찬한 까닭은 이전에 편찬된 운서들이 서로 일치하지 않았기 때문에 종합, 정리하여 각 지방에서 사용할 수 있도록 하려는 것이었음을 『切韻』의 序로부터 알 수 있다. 그들이 참고한 이전의 여러 운서들은 지금 전하지 않아 그 자세한 내용은 알 수 없고, 또 陸法言 등이 어떠한 방법으로 종합하였는지 알 수 없지만 이들 운서의 일부 운목이 宋濂跋本唐寫本 王仁昫 『刊謬補缺切韻』과 唐蘭이 베껴 쓴 『內府本』 및 敦煌卷子에 보인다. 宋濂跋本의 평성 각 운에 다음과 같은 注가 있다.

二冬	陽與鍾江同韻, 呂、夏侯別, 今依呂、夏侯.
六脂	呂、夏侯與之微大亂雜, 陽、李、杜別, 今依李、陽、杜.
十四皆	呂、陽與齊同, 夏侯、杜別, 今依夏侯、杜.
十五灰	夏侯、陽、杜與咍同, 呂別.
十七眞	呂與文同, 夏侯、陽、杜別, 今依夏侯、陽、杜.
十八臻	呂、陽、杜與眞同, 夏侯別, 今依夏侯.
二十殷	陽、杜與文同, 夏侯與臻同, 今并別.
二十一元	陽、夏侯、杜與魂同, 呂別, 今依呂.
二十二魂	呂、陽、夏侯與痕同, 呂別, 今依呂.
二十五刪	李與山同, 呂、夏侯、陽別, 今依呂.
二十六山	陽與先、仙同, 夏侯、杜別, 今依夏侯、杜.
二十七先	夏侯、陽、杜與仙同, 呂別, 今依呂.
三十一肴	陽與宵、蕭同, 夏侯、杜別, 今依夏侯、杜.
三十六談	呂與銜同, 陽、夏侯別, 今依陽、夏侯.
三十七陽	呂、杜與唐同, 夏侯別, 今依夏侯.
四十三尤	夏侯、杜與侯同, 呂別, 今依呂.
五十一咸	李與銜同, 夏侯別, 今依夏侯.

여기에서의 '陽', '呂', '夏侯', '李', '杜'는 『切韻』序에 언급되어 있는 陽休之, 呂靜, 夏侯詠, 李季節, 杜臺卿 등을 가리킨다. 이러한 注로부터 우리는 陸法言 등이 『切韻』을 편찬할 때 일반적인 방침은 운을 합치는 것이 아니라, 되도록이면 세분하고자 하는 것이었음을 알 수 있다. 그리고 '南北是非, 古今通塞'을 겸하여 논하기 위해서라도 세분하였을 것이다. 그렇다고 해서 아무렇게나 세분한 것이 아니라 최소한 기초 음계(洛陽을 대표로 하는 중

원음)의 테두리를 벗어나지 않는 범위에서 진행되었을 것이다.

『切韻』이 중고의 표준음을 반영한 것이 아니라면 음운학에서 그것을 연구할 가치는 무엇인가? 그것의 가치는 다음과 같다.

첫째, 『切韻』은 지금까지 전해지는 유일하면서도 완정한 隋代의 운서로서, 어느 정도 고음 체계를 보존하고 있을 뿐 아니라 그것이 반영하고 있는 음계는 현대의 각 방언의 음계와 멀게 혹은 가깝게 대응되고 있다. 어음을 역사적인 각도에서 연구할 때 『切韻』과 현대 방언을 참고로 하면 고음을 추측하는데 편리한 점이 많다. 또한 방언 연구의 측면에서 본다면 『切韻』은 현대 모든 방언의 음운 체계를 종합한 것이라 할 수 있으므로, 『切韻』을 참고로 하여 각 방언의 음체계를 비교 연구할 수 있다. 따라서 『切韻』은 고금을 통하게 하고 남북을 절충시키는 하나의 교량이라 할 수 있다.

둘째, 『切韻』이 '南北是非'를 논한 것이라면 그것은 필연적으로 그 당시 표준어를 배경으로 하였을 것이며, 당시 표준어의 음계도 분명히 그 안에 포함되어 있다고 할 수 있다. 따라서 그에 적합한 자료나 연구 방법을 통하여 당시의 표준음 체계를 찾아낼 수 있을 것이다. 그러나 이것은 제한 조건이 많아 오늘날까지도 아직 해결하지 못하고 있는 문제 중의 하나이다.

셋째, 『切韻』 음계를 발판으로 삼아 수많은 역사 자료를 그것과 비교한 다음에야 비로소 음운학 연구가 가능하였다. 뿐만 아니라 중국 음운학의 개념 혹은 술어 등도 대부분 이와 관련되어 있다. 따라서 『切韻』을 이해하지 못하면 음운학의 학술 용어조차 이해할 수 없기 때문에, 음운학에는 입문조차 할 수 없을 것이다.

4. 『切韻』 이후의 운서

『切韻』이 등장한 이후 『切韻』의 체제를 따른 운서들이 잇따라 출현하였다.

당대 孫愐의 『唐韻』은 『切韻』에 비해 글자 수가 많은 점 이외에 체제상의 변화는 거의 없다. 이 『唐韻』의 중요성은 徐鍇의 『說文解字篆韻譜』, 夏竦의 『古文四聲韻』이 모두 『唐韻』에 사용된 반절을 인용하는 등 후대에 영향이 컸다는 점이다. 이 『唐韻』은 『廣切韻』, 『切韻』, 『廣韻』이라고도 칭한다. 모두 5권으로 開元本에는 195운으로 분류되어 있어 王三本과 동일하나, 天寶本에는 206운으로 분류되어 있다. 즉, 평성에서 眞韻을 眞과 諄, 寒韻을 寒과 桓, 歌韻을 歌와 戈로, 상성에서 軫韻을 軫과 準, 旱韻을 旱과 緩, 哿韻을 哿와 果, 琰韻을 琰과 儼으로 분리하였으며, 거성에서는 震韻을 震과 稕, 翰韻을 翰과 換, 箇韻을 箇와 過, 艷韻을 艷과 釅으로, 입성에서는 質韻을 質과 術, 末韻을 末과 曷로 분류하여, 평성에서 3운, 상성과 거성에서 각각 4운, 입성에서 2운이 많아 『切韻』보다 모두 13운이 늘어났다.

이밖에 孫愐의 『唐韻』을 개정한 것으로 李舟의 『切韻』이 있다. 이 책은 지금 전하지 않고 있지만 『廣韻』에서 배열한 운목의 순서가 이 책을 기초로 하였다는 점에서 의미가 있다.

송대에 이르러 과거시험의 필요에 의해 운서에 대한 조직적인 정리 작업을 하여 많은 운서가 나왔는데 그 중 제일 중요한 것으로 『廣韻』을 들 수 있다.

宋 眞宗 景德 4년(1007) 陳彭年, 丘雍 등이 『切韻』을 교정하라는 칙명을 받아 그 해 11월에 완성하였다. 그 다음해 大中祥符元

年(1008) 수정을 거쳐 6월 5일 임금에게 바쳐 『大宋重修廣韻』이라는 이름을 받았는데 이를 간단히 『廣韻』이라 칭하였다. 『廣韻』은 모두 5권이며 『切韻』보다 13운이 많은 206운으로 분류하였다. 韻部의 순서는 李舟의 『切韻』의 순서를 채택하였고, 평상거입의 대응 관계가 비교적 가지런하게 되었다. 전체적인 어음 체계로 말하자면, 『切韻』과 『廣韻』은 거의 일치한다고 할 수 있다. 『廣韻』의 가장 큰 특징은 글자의 수와 주석이 이전의 운서에 비해 크게 증가하였다는 점으로 모두 26,194자가 수록되었고, 주석에 쓰인 글자는 20만 자에 가깝다. 글자의 수가 너무 많아 일반인들이 사용하기에는 불편하므로, 眞宗은 다시 戚綸 등에게 『廣韻』을 추려 정리하여 『韻略』을 편하도록 하였다.

宋 仁宗 景祐 4년(1037), 宋祁 등이 『廣韻』은 옛 것을 너무 많이 사용하여 실제와 맞지 않는 부분이 많다는 상소문을 올리자, 仁宗은 丁度 등에게 명하여 새로이 편찬케 하였다. 즉 『韻略』을 수정하여 『禮部韻略』으로 하고(1037), 『廣韻』을 수정하여 『集韻』(1039)으로 하였다. 이 두 韻書는 운목의 순서, 반절, 실린 글자 등에 있어 『廣韻』과 약간 차이가 있다.

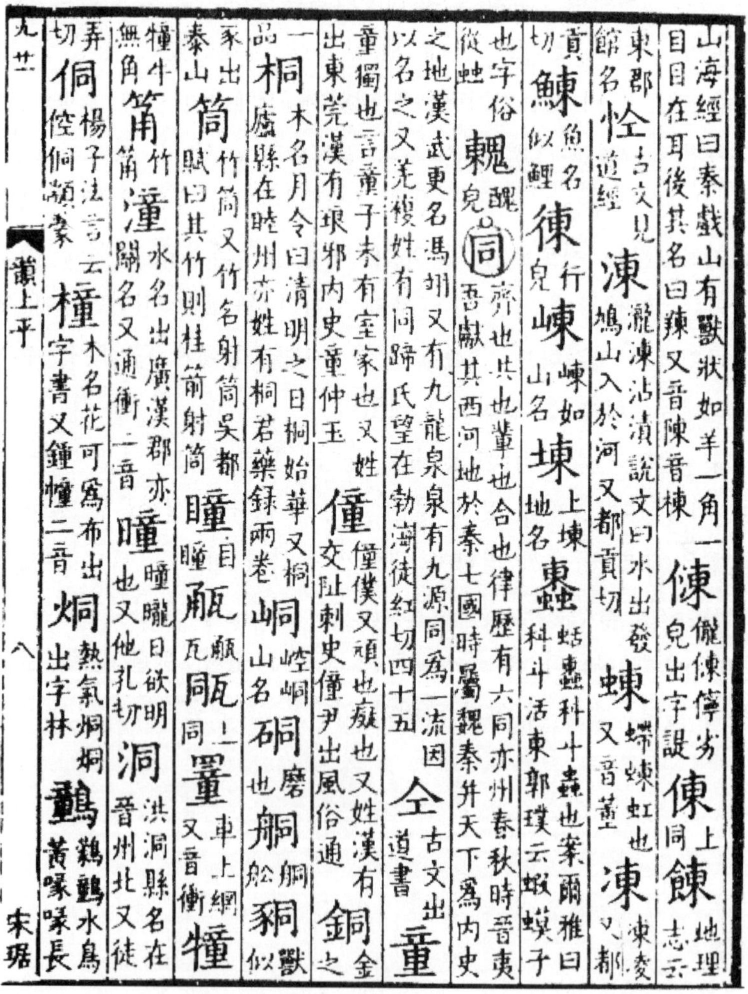
山海經曰泰戲山有獸狀如羊一角一目目在耳後其名曰𫋿又音陳音棟 倲 儱倲儜劣皃出字諟 倲 上同 鍊 地理志云
東郡館名 恮 古文見道經 涷 瀧涷沾漬說文曰水出發鳩山入於河又都貢切 蝀 螮蝀虹也又音董 凍 凍凌又都
貢切 鯟 魚名似鯉 徚 行皃 崠 崠如山名 埬 上埬地名 𧓉 蛞𧓉科斗蟲也爾雅曰科斗活東郭璞云蝦蟆子
也字俗從虫 𩴆 醜皃 同 齊也共也輩也合也律歷有六同亦州春秋時晉夷吾獻其西河地於秦七國時屬魏秦幷天下爲内史
之地漢武更名馮翊又有九龍泉泉有九源同爲一流因以名之又羌複姓有同蹄氏望在勃海徒紅切四十五 仝 古文出道書 童
童獨也言童子未有室家也又姓出東莞漢有琅邪內史童仲玉 僮 僮僕又頑也癡也又姓漢有交阯刺史僮尹出風俗通 銅 金之
一品 桐 木名月令曰清明之日桐始華又桐廬縣在睦州亦姓有桐君藥錄兩卷 峒 崆峒山名 硐 磨也 䑋 䑋舩 狪 獸似
豕出泰山 筒 竹筒又竹名射筒吳都賦曰其竹則桂箭射筒 瞳 目瞳 𤭛 𤭛瓦 㼧 上同 罿 車上網又音衝 犝
犝牛無角 筩 竹筩 潼 水名出廣漢郡亦關名又通衝二音 曈 曈曨日欲明也又他孔切 洞 洪洞縣名在晉州北又徒
弄切 侗 楊子法言云倥侗顓蒙 橦 木名花可爲布出字書又鍾幢二音 烔 熱氣烔烔出字林 鶇 鶇鶇水鳥黃喙喙長
九廿 韻上平 八 宋琚

『廣韻』

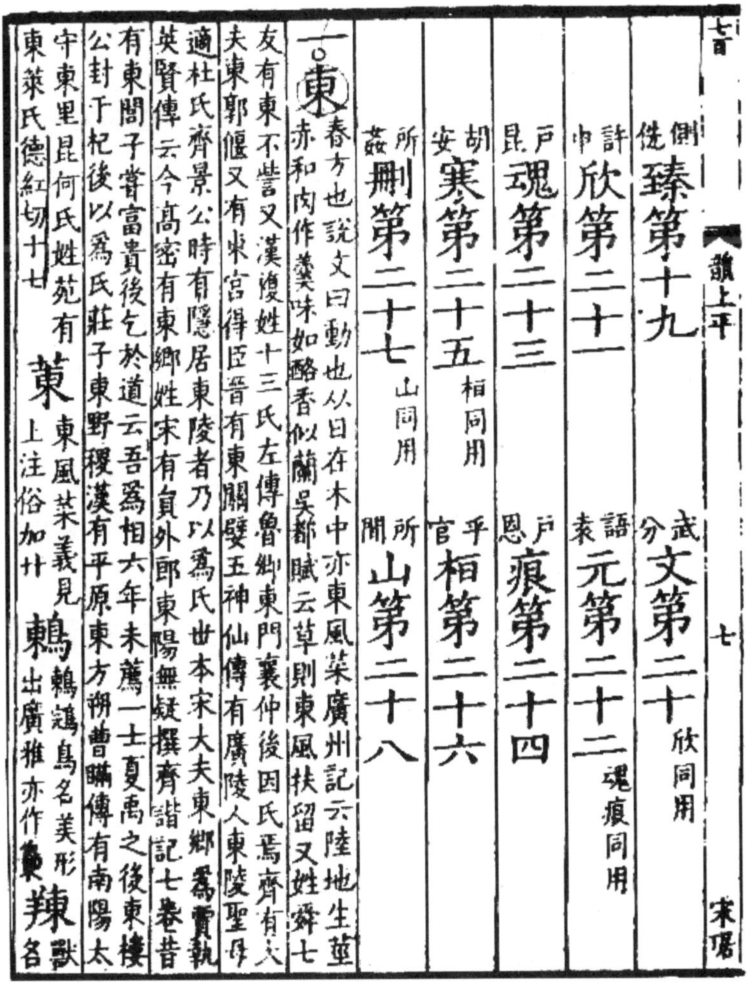

側詵 臻第十九

武分 文第二十 欣同用

許巾 欣第二十一

語袁 元第二十二 魂痕同用

戶昆 魂第二十三

戶恩 痕第二十四

胡安 寒第二十五 桓同用

平官 桓第二十六

所姦 刪第二十七 山同用

所閒 山第二十八

一東 春方也說文曰動也从日在木中亦東風菜廣州記云陸地生莖赤和肉作羹味如酪香似蘭吳都賦云草則東風扶留又姓舜七友有東不訾又漢複姓十三氏左傳魯卿東門襄仲後因氏焉齊有大夫東郭偃又有東宮得臣晉有東關嬖五神仙傳有廣陵人東陵聖母適杜氏齊景公時有隱居東陵者乃以爲氏世本宋大夫東鄉爲賈執英賢傳云今高密有東鄉姓宋有貟外郎東陽無疑撰齊諧記七卷昔有東閭子嘗富貴後乞於道云吾爲相六年未薦一士夏禹之後東樓公封于杞後以爲氏莊子東野稷漢有平原東方朔曹瞞傳有南陽太守東里昆何氏姓苑有東萊氏德紅切十七 菄 東風菜義見上注俗加艹 鶇 鶇鵍鳥名美形出廣雅亦作鶇 䍶 獸名

『廣韻』

Ⅲ. 『切韻』에 반영된 隋唐音系

1. 연구 자료

수당 음계를 연구하는데 있어 중요한 자료로는 『切韻』계 운서와 운도를 들 수 있다. 운도는 唐末 五代부터 출현하기 시작하였으며, 당시의 음운학가들이 자기 시대의 어음을 기준으로 해서 『切韻』음을 이해하고 해석한 것으로 당시의 음체계를 잘 반영하고 있다. 게다가 운도에서는 하나하나의 음절에 명확한 음운 위치를 부여하였기 때문에, 단순히 『切韻』에서 사용된 반절 혹은 분운된 상황으로부터는 해결하기 힘든 문제들에 대해서 운도로부터 어느 정도 참고 답안을 얻을 수 있다. 운도에 관해서는 다음 장에서 상세히 토론할 것이다. 그리고 唐末 五代 시기의 승려인 守溫이 귀납한 30자모와 운도에서 사용한 36자모는 『切韻』의 성류를 정리하는데 중요한 자료이며, 남북조와 수당 시기의 운문과 운도에서 사용된 韻攝은 『切韻』의 운류를 정리하는데 중요한 참고 자료가 된다. 기타 자료로서 王韻의 小注, 李涪의 『刊誤』, 당시 經籍의 注音, 對音, 譯音(梵漢, 日漢, 韓漢) 등도 역시 수당 음계를 정리하고 그 음가를 추측하는데 중요한 참고 자료이다.

2. 연구 방법 : 반절계련법

수당 음계를 연구하는데 있어 가장 기본적인 방법은 반절을 系聯하는 방법이다. 즉 반절 계련을 통해서 성류나 운류를 귀납하고, 역사 비교의 방법을 통하여 그 음가를 추측하는 것이다. 음가를 추측하는 방법에 대해서는 후에 다시 토론하기로 하고, 우선 반절 계련 방법에 관해서 알아보기로 한다.

『切韻』계 운서는 모두 사성에 의해 운을 분류하였다. 그리고 각 운의 내부는 동음자끼리 한데 모아(이를 同音字群이라 칭한다) 이들에 대한 음을 반절로써 표시하였다. 하나의 동음자군과 다른 동음자군 사이에는 '○'로써 분리하였으나 고정된 배열 순서는 없다. 반절은 운서의 성류와 운류 체계를 연구하는데 있어 제일 중요한 자료이다. 그러나 운서에서 사용한 반절은 현대의 주음부호나 한어병음자모 같이 동일한 성모 혹은 동일한 운모를 하나의 글자로 통일되게 나타내지는 않았다.

'東'자를 예로 들어 보자. '東, 德, 端, 都, 當, 丁' 등은 성모가 같고, '東, 紅, 翁, 烘, 工, 空' 등은 운모가 같을 뿐 아니라, 모두 평성이다. 따라서 '東'자는 다음과 같은 여러 개의 반절로 나타낼 수 있을 것이다.

德紅	德翁	德烘	德工	德空
端紅	端翁	端烘	端工	端空
都紅	都翁	都烘	都工	都空
當紅	當翁	當烘	當工	當空
丁紅	丁翁	丁烘	丁工	丁空

여기에서 운서에서 사용한 반절상자와 반절하자의 수는 실제 거기에 포함된 성모와 운모의 수보다 훨씬 많다는 것을 알 수 있다. 실제 『廣韻』에는 3,000여 개의 반절이 있으나 그렇다고 해서

음이 3,000여 개가 있다는 말은 아니다. 그리고 『廣韻』에는 452개의 반절상자와 1,195개의 반절하자가 있는데, 이것도 452개의 성모와 1,195개의 운모가 있다는 것을 의미하지는 않는다. 이 운서에 포함된 성모와 운모가 실제로 몇 개였는가 하는 것은 반절로 사용된 글자의 수를 가지고서는 알 수 없다. 다만 반절상자를 한 군데에 모아놓고 귀납분석하여야만 운서의 성류 체계를 개략적으로 파악할 수 있으며, 각 운 내의 모든 반절하자를 귀납분석함으로써 운서내의 운류의 개략적인 면을 알 수 있다.

그러면 어떤 방법으로 성류와 운류를 귀납할 것인가? 淸 陳澧(字는 蘭甫)는 『切韻考』에서 반절상하자로부터 성류와 운류를 귀납하는 방법, 즉 반절계련법을 최초로 제시하였다. 그의 방법은 대체로 다음과 같다.

1) 반절의 방법

두 글자로써 한 글자의 음을 표기하는 것으로 반절상자는 피절자와 쌍성이며, 반절하자는 피절자와 첩운이다.[23]

2) 계련 원칙

(1) 기본 조례

반절상자와 피절자는 쌍성이기 때문에 반절상자 중 同用한 것, 互用한 것, 遞用한 것은 성모가 반드시 같은 종류이다. 그리고 반

23) "切語之法, 以二字爲一字之音, 上字與所切之字雙聲, 下字與所切之字疊韻."

절하자와 피절자는 첩운이기 때문에 반절하자 중 同用한 것, 互用한 것, 遞用한 것은 운모가 반드시 같은 종류이다.[24)]

同用이란 甲, 乙 두 글자가 반절상자 혹은 반절하자로 동일한 글자를 취한 경우를 말한다. 예를 들면 '冬, 都宗切', '當, 都郎切'로 '都'가 '冬'과 '當'의 반절상자로 같이 쓰였기 때문에 '冬', '當', '都'의 성모는 같은 종류이다. 또 '東, 德紅切', '公, 古紅切'에서는 '紅'이 반절하자로 같이 쓰였기 때문에 '東', '公', '紅'은 그 운모가 같은 종류라는 것이다.

互用이란 甲字는 乙字의 반절상자(혹은 하자)로 쓰이고, 다시 乙字는 甲字의 반절상자(혹은 하자)로 쓰인 경우를 말한다. 예를 들면 '當, 都郎切', '都, 當孤切'에서 '都', '當'은 같은 성류를 가진 글자이다. 또 '公, 古紅切', '紅, 戶公切'과 같은 예에서는 반절하자를 서로 호용하고 있다. 이 경우 '公', '紅'의 운모는 같다.

遞用이란 甲字는 乙字를 반절상자(혹은 하자)로 쓰고 乙字는 다시 丙字를 반절상자(혹은 하자)로 쓰는 경우를 말한다. 예를 들면, '冬, 都宗切', '都, 當孤切'에서 '冬'은 '都'를, '都'는 다시 '當'을 반절상자로 쓰고 있다. 따라서 '冬', '都', '當'의 성모는 같다. 그리고, '東, 德紅切', '紅, 戶公切'에서 '東'은 '紅'을, '紅'은 다시 '公'을 반절하자로 쓰고 있기 때문에 '東', '紅', '公'의 운모는 같다.

이상의 것을 간단히 도식화해 보면 다음과 같다.

---

24) "切語上字與所切之字爲雙聲, 則切語上字同用者、互用者、遞用者, 聲必同類也." "切語下字與所切之字爲疊韻, 則切語下字同用者、互用者、遞用者, 韻必同類也."

遞用 ― 冬 都宗切 ┐ 同用
　　　　當 都郎切 ┘┐ 互用
　　　　都 當孤切 ─┘

遞用 ― 東 德紅切 ┐ 同用
　　　　公 古紅切 ┘┐ 互用
　　　　紅 戶公切 ─┘

(2) **보충 조례**

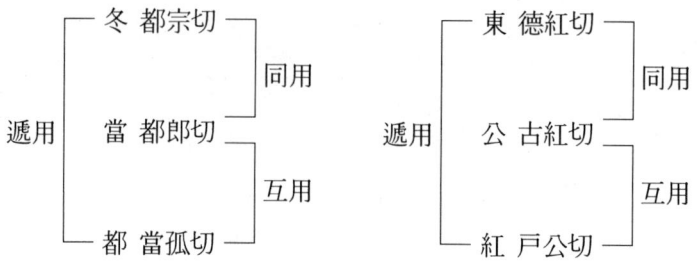

① 만약 반절상자가 둘씩 둘씩 호용하여 서로 계련이 되지 않더라도 등운도와 같은 기타 자료에 의거하여 그것들이 실제 따로따로 독립된 별개의 성류가 아닐 것이라 생각되면, 이들의 又音을 살펴보아야 한다. 그리하여 만약 又音과 그 중 하나와 계련이 되면 역시 같은 성모로 간주한다. 예를 들면 '多, 得何切', '得, 多則切'과 '都, 當孤切', '當, 都郎切'은 둘씩 둘씩 호용하여 서로 계련이 되지 않는다. 그러나 평성 東韻의 '凍'자에는 '德紅切'이라 해놓고 다시 又音 '都貢切'(거성)로 표기해 놓았다. 다시 거성 送韻의 '凍'자에는 '多貢切'이라 표기해 놓은 것으로 보아 '都貢', '多貢'은 결국 같은 음을 나타낸 것임을 알 수 있다. 따라서 '多, 得, 都, 當'은 계련이 되어 같은 종류의 성모라는 것을 알 수 있다.

② 반절상자와 마찬가지로 반절하자가 둘씩 둘씩 호용하여 서로 계련이 되지 않지만 다른 자료를 통해서 이들이 별개의 독립된 운류가 아니라는 것을 알면, '四聲一貫'의 원칙에 의해 처리할 수 있다. 즉, 평성에서는 계련이 되지 않는 두 종류로 나타나지

만, 이들에 상응하는 상성, 거성 혹은 입성자가 나누어지지 않을 경우, 이들은 같은 운류로 간주한다. 반대로 이들에 상응하는 다른 성조의 글자들이 두 운류로 나누어지면 평성도 마땅히 나누어야 할 것이다. 예를 들면, 평성 虞韻의 '朱, 俱, 無, 夫'는 '朱, 章俱切', '俱, 擧朱切', '無, 武夫切', '夫, 甫無切'로 둘씩 둘씩 호용하여 계련이 되지 않는다. 그러나 이에 상응하는 상성 麌韻과 거성 遇韻에서는 운류가 두 종류로 나누어지지 않는다. 따라서 이들 네 글자들은 비록 계련은 되지 않지만 실제로는 같은 종류인 것이다.

(3) 분석 조례

陳澧는 또 "『廣韻』에서 동음인 글자들은 두 개의 반절로써 표기하지 않았으며, 두 개의 반절 중 반절하자가 같은 종류이면 그 반절상자는 반드시 다른 종류이고, 반대로 반절상자가 같은 종류이면 반절하자는 반드시 다른 종류이다"[25]라는 분석 조례를 정하였다. 예를 들면, 평성 東韻에 '紅, 戶公切'과 '烘, 呼東切'이 있는데 '公'과 '東'은 이미 같은 류의 운모이기 때문에('公, 古紅切', '東, 德紅切') 상자인 '戶'와 '呼'는 반드시 다른 성모라는 것이다. 또 평성 皆韻 '皆, 古諧切', '乖, 古懷切'에서 반절상자가 같기 때문에 반절하자인 '諧'와 '懷'는 반드시 다른 운모라고 할 수 있다.

---

25) "廣韻同音之字不分兩切語…, 兩切語下字同類者, 則上字必不同類…, 上字同類者, 下字必不同類."

陳澧의 이러한 원칙에 다음과 같은 점을 보충할 수 있다.

첫째, 반절하자는 피절자의 開合을 결정한다. 하자가 개구이면 피절자는 개구이고, 하자가 합구이면 피절자도 합구이다. 바꾸어 말하면 피절자가 개구로 읽히느냐 혹은 합구로 읽히느냐 하는 것은 반절상자와는 아무런 관계가 없다.

둘째, 피절자의 字調는 반절상하자 모두와 관련 있다. 즉 상자는 음양을 결정하고 하자는 평상거입을 결정한다. 상자가 탁성모이면 양조, 청성모이면 음조로 읽힌다. 따라서 자조의 음양은 하자와는 관계가 없으며 평상거입은 상자와는 관계가 없다. '東, 德紅切'을 예로 들어 보기로 하자. '東'과 '德'은 같은 성모이며, '東'과 '紅'은 같은 운이다. '德'의 성모는 청성모이기 때문에 '東'의 성모도 청성모이며, '東'의 자조는 음조이다. 즉 '紅'의 성모가 탁성모이고 자조가 양조인 것과는 아무런 관계가 없다. 그리고 '紅'은 합구이기 때문에 '東'도 합구이며, '德'이 개구인 것과는 아무런 관계가 없다. 또 '紅'이 평성이기 때문에 '東'의 성조는 평성이다.

陳澧가 창안한 이러한 방법은 매우 합리적인 것으로 지금에 이르기까지 반절을 연구하는 학자들 가운데 어느 누구도 이것을 대신할 만한 방법을 제시하지 못하였다. 그러나 陳澧 이후 많은 학자들이 이와 같은 방법으로 반절을 계련하였으나 그 결과는 서로 다르다. 陳澧 자신은 『廣韻』의 452개 반절상자를 40류로 귀납하였으나, 후에 黃侃은 41류로 귀납하였다. 이렇게 반절을 계련한 결과가 학자들마다 다른 데에는 다음과 같은 이유가 있을 수 있다.

우선 반절이 맨 처음 만들어졌을 때에는 하나하나 독립적으로 만들어진 것이지 체계적으로 만들어진 것이 아니며, 『切韻』, 『廣韻』의 반절 중 많은 수가 이러한 체계적이지 못한 그 이전의 운서로부터 직접 취한 것으로 이들은 陸法言 등이 제정한 반절과 다를 수도 있었다. 따라서 원래 같은 종류가 아닌데도 서로 계련이 되거나 혹은 원래 같은 종류이지만 계련이 되지 않는 현상이 종종 나타날 수 있다. 따라서 어쩌다 우연히 계련되는 상자나 하자들을 모두 같은 종류에 속하는 것이라 보기는 어려울 것이고, 계련이 되지 않는 상자나 하자들이 모두 같은 종류가 아니라고 보기도 어려울 것이다. 또 어떤 반절은 陳澧가 제시한 원칙, 즉 상자는 성모, 청탁을 결정하나 等呼와는 관계가 없고, 하자는 운모, 등호, 성조를 결정하나 성모와는 관계가 없다는 원칙과 완전히 일치하지 않기도 하므로, 이들을 정리 혹은 교정하는 과정을 거치지 않고서 위의 원칙만을 가지고 계련한다면 그 결과는 다를 수밖에 없을 것이다.

그 다음으로 陳澧가 제시한 보충 조례는 매우 주관적이고 임의적이라는 점을 들 수 있다. 그가 근거로 한 又讀은 내원이 매우 복잡하고, 자체로서도 체계를 이루지 못하고 있어 전체 어음 체계와 꼭 들어맞는 것은 아니다. 따라서 이것을 일반적인 방법으로 받아들여서는 안 된다. 예를 들면 陳澧 자신도 그가 설정한 원칙을 그대로 준수하지는 않았다. 그는 기본 조례와 보충 조례를 번갈아 사용해 가며 『廣韻』의 반절상자를 40류로 귀납하였으나, 만약 보충 조례에 따라 모든 유관한 又讀字를 고려하면 33류로 밖에 귀납되지 않는다.[26] 그리고 기본 조례만 사용하고 보충

26) 이 설을 주장한 대표적인 학자는 張煊이다.

조례를 고려하지 않는다면 47류가 되어[27] 이 두 가지를 어떻게 사용해야 하는가가 큰 문제가 되고 있음을 알 수 있다. 따라서 陳澧의 뒤를 이어 어느 누구도 반절 계련을 완성한 적이 없고, 또 각 학자들이 계련한 결과가 완전히 같은 적도 없다. 결국 반절상하자를 계련하여 얻은 결과는 주로 성모 체계와 운모 체계의 개략적인 면만을 보여줄 따름이며, 宋代 등운도 등과 같은 다른 자료를 참고하고 보완하여야만 정확하게 귀납할 수 있을 것이다.

3. 聲類

민국초 曾運乾은 『廣韻』의 반절상자를 계련하여 다음과 같이 51류로 귀납하였는데, 그 내용은 다음과 같다.

博類 : 博補北巴伯百晡布邊

方類 : 方畀必卑封分并府甫鄙筆兵彼陂

普類 : 滂普匹譬

芳類 : 撫妃孚敷芳拂丕披峯

蒲類 : 部裒捕步薄蒲白傍

符類 : 婢便毗馮弼房防皮平縛浮苻符父扶附

莫類 : 莫慕母謨模摸矛

武類 : 望巫眉綿彌明亡武靡文美無

27) 白滌洲, 黃萃伯, 스웨덴의 한학자 B.Karlgren(중국명은 高本漢) 등이 이 설을 주장하였다.

都類 : 都冬丁當多得德

他類 : 他託土天通吐湯台

徒類 : 徒同度杜特堂陀田地唐

奴類 : 奴乃內諾那妳

女類 : 尼拏穠女

陟類 : 卓竹張珍知徵追猪中陟

丑類 : 楮褚抽癡丑敕恥

直類 : 直除柱佇治墜丈遲池馳場宅持

作類 : 作則祖臧

子類 : 兹借子卽將資遵醉姊

倉類 : 倉千采蒼麤靑醋麁

七類 : 七此親遷取雌且

昨類 : 昨在徂才酢藏前

疾類 : 疾漸慈自情秦匠

蘇類 : 蘇先素速桑

息類 : 息雖司思私斯辛悉寫相須胥

徐類 : 徐隨旬夕寺詳祥辭似辝

側類 : 側仄阻鄒莊爭簪

初類 : 初楚創叉瘡廁測芻

士類 : 士助牀豺雛仕查鋤崇崱俟[28]鉏

28)『廣韻』에서 ‘俟, 牀史切’이라 하였기 때문에 曾運乾은 士類로 분류하고 있다. 그러나『切韻』殘卷과 王韻에서 모두 ‘俟, 漦史切’이라 하고, 또 ‘漦, 俟之切’이라 하여 둘씩 互用하고 있어 邵榮芬같은 학자는 俟類로 독립시키고 있다.

所類：所史疏山生砂沙疎色數

之類：之脂旨占止職征章諸支責

昌類：昌充處叱赤尺春姝

食類：食乘神實示

式類：式始詩書舒傷商試失施釋矢識賞

時類：時成是氏視承署寔殖植臣常嘗市蜀殊

古類：古公姑各格乖佳兼過

居類：居吉几規紀擧九俱詭

苦類：苦康口枯恪空謙楷牽客可

去類：去曲丘傾窺卿詰棄羌欽墟祛綺起區驅豈乞

渠類：渠暨具臼衢其狂求巨强奇跪

五類：五吾研俄

魚類：魚宜疑愚危玉擬語牛遇虞

烏類：烏哀烟愛安握鷖

於類：於挹伊乙憂謁委衣依一央憶紆

呼類：呵虎火花海馨荒呼

許類：許喜興虛朽香休況羲

胡類：胡何穫黃下乎護懷侯戶

于類：于洧榮永筠爲薳遠羽云雲有雨韋王

以類：以悅移弋翼與羊余餘夷予營

盧類：盧賴郎魯練來落洛辣勒

力類：力里良離呂連縷林

而類：而儒汝兒如耳人仍

그러면 이상과 같이 분류된 부류의 성질과 이들의 상호 관계를 알아 본 후에 수당 음계의 성류를 귀납해 보기로 한다. 『切韻』계 운서의 반절상자를 계련한 결과는 唐末 승려인 守溫이 귀납한 30자모와 송대 등운도에서 사용한 36자모를 참고하여 비교해 보면 이해하기가 쉽다.[29] 왜냐하면 이들은 『切韻』이 만들어진 후 300여 년밖에 지나지 않은 때에 당시 음운학자들이 귀납한 성모 체계이기 때문이다. 그리고 송대 초기에 발간된 조기 운도를 참고하지 않을 수 없다. 조기 운도가 당시 성모와 운모의 결합 관계를 잘 보여주고 있기 때문이다. 따라서 다음 장에서 서술할 등운학의 내용을 참고하면 이해하는데 도움이 될 것이다.

1) 脣音

『切韻』과 『廣韻』에서 반절상자로 쓰인 순음은 아래와 같이 모두 8류로 귀납된다. 이것을 宋代의 36자모에서 사용한 자모의 명칭과 대응시키면 다음과 같다. 앞의 것은 반절상자를 계련한 결과 가장 많이 쓰인 글자이고, 뒤의 것은 36자모에서 사용한 자모의 명칭이다.

博 —— 幫	普 —— 滂	蒲 —— 並	莫 —— 明
方 —— 非	芳 —— 敷	符 —— 奉	武 —— 微

'幫'류와 '非'류를 현대음으로 읽으면 전자는 중순음, 후자는 경순음으로 읽힌다. 따라서 표면적으로 '博普蒲莫'은 36자모의 중

29) 字母에 관한 것은 제5장 참조.

순음 '幫滂並明'에 상당하고, '方芳符武'는 경순음 '非敷奉微'에 상당하여 당시의 순음에 이미 중순음과 경순음의 구별이 있었던 것처럼 보인다. 그러나 唐末 守溫의 30자모에서는 순음이 '不芳並明'으로만 표기되어 있어 중순음과 경순음이 나누어져 있지 않았음을 말해 주고 있다. 후에 36자모에서는 중순음(幫滂並明)과 경순음(非敷奉微)이 나누어져 있는데, 사실 경순음은 唐末 五代에 와서야 중순음으로부터 분화하였으며, 『切韻』 시대에는 이들은 여전히 동일한 음운이었다. 이 점은 여러 면에서 증명될 수 있다.

첫째, '博과 方', '普와 芳', '蒲와 符', '莫과 武'류는 이들을 주음하기 위하여 사용된 반절상자는 계련이 되지 않아 서로 다른 종류의 성모인 것 같이 보이지만, 이들을 반절상자로 사용한 피절자를 보면 서로 계련이 되어 이들의 한계는 분명하지 않다. 즉 중순음과 경순음이 분화한 후의 상황을 반영하는 운서나 운도에서 중순으로 열거된 글자들을 『切韻』, 『廣韻』에서는 경순음을 반절상자로 사용한 경우가 많다. 예를 들면 '兵, 甫明切', '丕, 敷悲切', '弼, 房密切', '綿, 武延切' 등이 그러하다. 즉 피절자의 성모는 모두 중순음인데 비해 반절상자는 후에 모두 경순음으로 변한 것들이다. 또 경순음에 열거된 글자들이 『切韻』, 『廣韻』에서는 '秠, 匹尤切', '芝, 匹凡切' 등과 같이 중순음을 반절상자로 사용한 예도 많다. 이러한 예에서 당시에는 중순음과 경순음이 아직 분화하지 않고 혼용되고 있음을 알 수 있다.

둘째, 『切韻』의 반절상자 중 '方芳符武'류와 계련이 되는 순음자 가운데에도 중순음자가 적지 않다. 예를 들면 '必, 比, 卑, 鄙, 筆, 披, 皮, 便, 婢, 美, 蜜, 明, 彌, 眉' 등의 중순음자들이 '方芳符武'류의 글자들과 계련이 된다.

셋째, 『廣韻』외에 각종 『切韻』殘卷 및 그것과 같은 류의 운서들을 비교함으로써도 알 수 있다. 동일한 글자의 반절이 이 책에서는 경순음을 반절상자로 취하고 있으나, 다른 책에서는 반대로 중순음을 반절상자로 쓰고 있는 경우가 많다. 예를 들면 다음과 같다.

平	敦煌殘卷	'符兵反'(輕)	故宮王韻	'蒲兵反'(重)
兵	敦煌殘卷	'甫榮反'(輕)	故宮王韻	'補榮反'(重)
憑	敦煌殘卷	'扶隆反'(輕)	五代本切韻	'並隆反'(重)
卑	敦煌殘卷	'府移反'(輕)	故宮正字本	'必移反'(重)

이것도 당시 중순음과 경순음이 분화하지 않았다는 것을 보여주고 있다. 따라서 수당 시기의 순음 성모는 '幫滂並明' 네 개의 성모만이 있었다고 할 수 있다. 이들 네 성모를 현대 방언 등을 참고하면 다음과 같이 그 음가를 추측할 수 있다.

幫(非) [p]　滂(敷) [ph]　並(奉) [b]　明(微) [m]

그렇다면 '非' 등 괄호 안의 성모가 어떠한 과정을 거쳐 경순음으로 변하였는가에 대해 알아볼 필요가 있겠다. 이들은 후대 등운도에서는 三等 合口呼에 배열되어 있다. 즉 이들은 모두 개음 [iu]와만 결합한다는 것이다. 따라서 개음 [i]와 원순 자질을 가지고 있는 [u]와 동시에 결합하여 이들의 영향을 받아 색음 성분을 잃고 경순음으로 변한 것이라 설명할 수 있다. 쌍순색음도 원순 자질을 가지고 있기 때문에, 같은 원순 자질을 가지고 있는 [u]와 결합하면 서로 충돌하여 이화 현상을 일으킨다. 이로 인해 조음 위치가 뒤로 이동하여 순치찰음으로 변한 것이라 할 수 있다. 그러나 '必, 譬, 卑, 匹, 婢, 便, 美, 明' 등은 합구호가 아닌 개구호에 배열되어 있기 때문에, 경순음으로 변하지 않고 여전히 중순음으로 읽히고 있다. 최근 張世祿은 중순음에서 경순음이 분화하는 과정을 다음과 같이 결론내리고 있다.30)

	6세기 이전		6~7세기		8~10세기		11~12세기		13~16세기		현대
幇三	p(iw)	→	pf	→	f	→	f	→	f	→	f
滂三	ph(iw)	→	pfh	→	f						
並三	b(iw)	→	bv	→	v	→	v(f)	→	f		
明三	m(iw)	→	mɱ	→	ɱ	→	ɱ(w)	→	w		

2) 舌音

36자모에는 舌音이 설두음 '端透定泥'와 설상음 '知徹澄娘'의 두 종류가 있다. 그러나 30자모에는 설상음의 '娘'모가 없다. 『切韻』의 반절상자를 계련한 결과를 보면 모두 두 종류의 성모로 귀납되어 36자모와 동일하다.

都 —— 端	他 —— 透	徒 —— 定	奴 —— 泥
陟 —— 知	丑 —— 徹	直 —— 澄	女 —— 娘

'端, 透, 定'모와 '知, 徹, 澄'모는 상고음에서는 아무런 구별이 없는 같은 음이었다. 그러나 『廣韻』에서 '觰, 都下切', '䋾, 竹下

30) 「國語上輕脣音的演化」(『張世祿語言學論文集』 156-175쪽.)

切'을 보면 반절하자가 동일하다. 陳澧가 제시한 분석 조례에서 반절하자가 동일하면 반절상자는 다르다는 원칙에 따라 이들 두 종류의 성모는 다르다는 것을 알 수 있다. 즉 '端'계와 '知'계는 서로 대립되어 있었다.

한편 '奴(泥)', '女(娘)' 두 자모에 관해서는 학자들 사이에 이견이 많은데 邵榮芬과 같은 학자는 다음과 같은 이유를 들어 '女(娘)'에 독립적인 지위를 부여하였다.

첫째, 반절상자를 계련해 보면 '泥'모와 '娘'모는 '端'계와 '知'계와 마찬가지로 대립되어 있으며 이러한 현상은『博雅音』,『晉書音義』, 顔師古의『漢書』注에 사용된 반절과 같은『切韻』전후의 반절에서도 잘 나타나고 있다.

둘째, 불경 등의 음역 자료에서도 '泥'모와 '娘'모가 역시 분명히 구별되어 쓰이고 있기 때문에 '泥'모와 '娘'모가 나누어져야 한다고 보고 있다.[31] 사실 상고로부터 중고에 이르는 동안의 반절상자를 계련한 결과를 보면, '端, 透, 定'류와 '知, 徹, 澄'류가 대립되어 있듯이 '泥'모와 '娘'모도 대립되어 있다.

그러나 다수의 학자들은 邵榮芬의 주장과는 달리『切韻』성모에는 '泥', '娘'이 나누어지지 않았으며, 심지어 36자모에서 '娘'을 설정한 것은 '知'계와 '端'계가 가지런하게 대응되도록 하기 위한 것이라 주장하고 있다.[32] 그들이 이렇게 주장한 근거는 다음과 같다.

첫째, 현대의 어떠한 방언에서도 이들 두 자모가 대립되어 있

31) 邵榮芬.『切韻研究』, 34쪽.
32) 36자모에서 '知'계는 '知徹澄娘', '端'계는 '端透定泥'로 서로 대응되고 있다.

는 증거를 찾을 수 없고 30자모에서도 ‘娘’모는 열거되어 있지 않다. 둘째, 상고음에서는 ‘娘’모, ‘日’모 모두 ‘泥’모로 읽혔다. 따라서 『切韻』의 반절상자를 계련한 결과 ‘奴(泥)’와 ‘女(娘)’는 동일한 성모로서 36자모의 ‘泥’모에 상당한다고 보는 것이 타당할 것 같다.

『切韻』 시기의 ‘端, 透, 定’모는 현대 방언에서 대부분 설첨색음으로 읽히며, ‘泥’모는 南京語와 같은 소수 방언에서 ‘來’모와 혼동되는 것 외에 일반적으로 설첨비음으로 읽히므로 각각 [t], [th], [d], [n]로 추측하는 데에는 아무런 문제가 없다.

‘知, 徹, 澄’모는 상고 음계에서는 ‘端, 透, 定’모와 음운상의 구별이 없었기 때문에 상고 시기에는 색음으로 읽혔음에 틀림없다. 그리고 『切韻』에서는 ‘知’계의 성모가 개음 [i]와 자연스럽게 결합할 수 있었다. 또 현대의 대다수 방언에서 ‘知’계의 성모가 ‘照’계의 성모와 혼동되어 같이 설첨후색찰음 [tʂ], [tʂh] 등으로 읽히고 있는 점을 고려하면 이 ‘知, 徹, 澄’모는 ‘端’계와 같이 조음 위치가 설첨에 가깝고, 또 ‘照’계의 성모와 유사하며, 동시에 개음 [i]와도 자연스럽게 결합할 수 있는 색음이었던 것으로 추측할 수 있는데 이러한 조건에 제일 적합한 것으로는 설면색음인 [ȶ], [ȶh], [ȡ]였을 것으로 보인다.

3) 齒音

36자모의 치음에는 치두음 ‘精淸從心邪’류와 정치음 ‘照穿牀審禪’류의 두 組가 있었다. 이를 반절상자를 계련한 결과와 비교해 보면 다음과 같다.

齒頭音

類	母
作類, 子類	精
倉類, 七類	淸
昨類, 疾類	從
蘇類, 息類	心
徐類	邪

正齒音

類	母
側類, 之類	照
初類, 昌類	穿
士類, 時類	牀
所類, 式類	審
俟類[33], 食類	禪

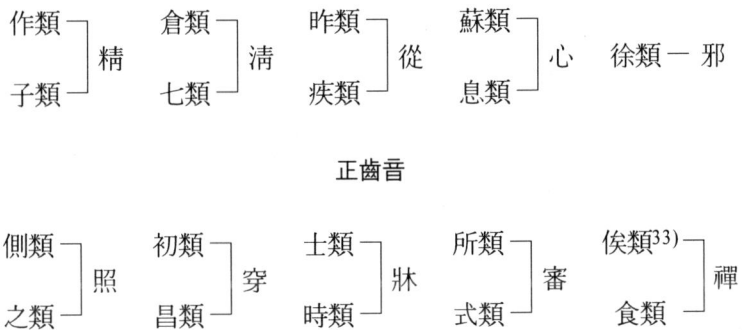

치두음에서 '邪'모를 제외한 다른 반절상자들은 모두 두 종류로 계련된다. 그러나 '作'류와 '子'류, '倉'류와 '七'류, '昨'류와 '疾'류, '蘇'류와 '息'류도 사실은 개음의 차이에 의한 것이기 때문에 각각 같은 종류의 성모로 간주해야 할 것이다. 정치음의 각 모에는 모두 두 종류의 반절상자가 있는데, '側初士所俟'의 5류는 宋代의 등운도에서는 일반적으로 二等韻에, 나머지 5류는 개음 [i]와 결합하는 三等韻에 나타난다. 이 두 조의 반절상자의 구분은 매우 뚜렷하여 일반적으로 二等에 나타나는 '照'계 성모(이것을 照二系라 부른다)를 '莊, 初, 崇, 生, 俟'로, 三等에 나타나는 '照'계 성모(이것을 照三系라 부른다)를 '章, 昌, 船, 書, 常'이라 칭한다. 이것을 정리하면 다음과 같다.

33) 曾運乾은 '俟'류를 '士'류에 귀속시키고 있으나 註28에서 설명한 것과 같이 이들은 독립되어 있고, 또 송대의 등운도에서도 이들 글자가 二等에 분류되어 있는 것으로 보아 여기에서도 독립된 것으로 간주하기로 한다.

莊(照二) － 側類	章(照三) － 之類
初(穿二) － 初類	昌(穿三) － 昌類
崇(牀二) － 士類	船(牀三) － 時類
生(審二) － 所類	書(審三) － 式類
俟(禪二) － 俟類	常(禪三) － 食類

'精'계 성모는 북경어를 비롯한 현대 방언에서는 제치호, 촬구호 앞에서 운두의 영향을 받아 구개음화하여 설면전색찰음 [tɕ], [tɕh]와 찰음 [ɕ]로 읽히지만, 대다수의 방언에서는 설첨전색찰음 [ts], [tsh]와 찰음 [s]로 읽히고 있다. 따라서 모든 학자들은 이들의 당시 음가를 精[ts], 淸[tsh], 從[dz], 心[s], 邪[z]로 추측한다.

'照'계 二三等의 성모는 서로 뚜렷이 구별되어 두 조의 다른 자음이었던 것으로 볼 수 있다. 三等과 결합하였던 '照'계 성모는 현대 방언에서는 대체로 [tʂ], [tʂh], [ʂ]로, 二等과 결합하였던 성모는 [ts], [tsh], [s] 혹은 [tʂ], [tʂh], [ʂ]로 읽힌다. 이 중 [ts], [tsh], [s]로 읽히는 것은 설첨전음과 설첨후음의 구별이 없는 방언의 경우이고, 현대 표준어와 같이 설첨전음과 설첨후음의 구별이 있는 방언에서는 二等이나 三等에 관계없이 대부분 [tʂ], [tʂh], [ʂ]로 읽힌다. 따라서 『切韻』 시기에도 '照'계의 음은 이와 유사한 색찰음과 찰음이었던 것으로 추측할 수 있다. 그러나 당시 三等韻에는 개음 [i]가 있었는데, 설면전음만이 [i]와 자연스럽게 결합할 수 있다는 점을 고려하면, 照三系를 '章'[tɕ], '昌'[tɕh], '船'[dʑ], '書'[ɕ], '常'[ʑ]로 추측하는 것이 좋을 것 같다. 이에 반하여 照二系는 개음 [i]와 결합하지 않았기 때문에 照三系와 같은 설면전음일 수는 없고, 또한 照三系와는 전혀 다른 권설음이거나

‘精’계와 같은 설첨전음일 수도 없다. 실제로 照二系가 三等韻과 결합한 경우도 있기 때문에 照二系와 照三系는 크게 다를 수는 없다. 그렇다면 ‘莊’[tʃ], ‘初’[tʃh], ‘崇’[dʒ], ‘生’[ʃ], ‘俟’[ʒ]로 추측하는 것이 이러한 조건들을 동시에 만족시킬 수 있는 비교적 합리적인 방법일 것이다.

4) 牙音

36자모의 아음은 ‘見, 溪, 羣, 疑’이며, 30자모와 같다. 반절상자를 계련한 결과와 36자모의 아음을 비교해 보면 다음과 같다.

古類	見	苦類	溪	渠類 — 羣		五類	疑
居類		去類				魚類	

이 중 ‘古, 苦, 五’류는 일반적으로 개음 [i]가 없는 一等, 二等과 四等韻과 결합하고, ‘居, 去, 魚’류는 개음 [i]가 있는 三等韻과 결합하여 상보적 분포를 이룰 뿐 성모의 구별은 그다지 뚜렷하지 않다. 그러나 ‘渠’류(‘羣’모)는 모두 三等韻과만 결합한다.

‘見, 溪, 羣’모는 閩방언, 粵방언, 客家방언과 같은 현대 방언에서는 설면후색음(見[k], 溪[kh], 羣[g])으로 읽히고, 현대 표준어에서는 이중 ‘羣’모는 평성에서는 ‘溪’모에, 측성에서는 ‘見’모에 합류하였다. 즉 개구호와 합구호는 평성에서는 ‘溪’모와 같이 [kh]로, 측성에서는 ‘見’모와 같이 [k]로 읽힌다. 그리고 제치호와 촬구호는 개음의 영향을 받아 설면전색찰음(見[tɕ], 溪[tɕh])으로 구개음화하였다. 그러나 『切韻』에서는 아직 현대 표준어에서와 같은 구개음화 현상은 일어나지 않았다. 왜냐하면 36자모에 이르기까지 아음은 여전히 한 조밖에 없었으며, 만약 그 때 이미 설면전색찰음의 정도까지 구개음화했다면 마땅히 '照'계와 관계를 맺었을 것이기 때문이다. 따라서 '居去魚'류의 성모는 수당시기에는 여전히 구개음화하지 않았음이 확실하다. 그렇다면 '見, 溪, 羣'의 세 성모는 見[k], 溪[kh], 羣[g]로 추측할 수 있겠다. '疑'모는 '見'모와 같은 조음 위치의 비음으로 자연히 [ŋ]으로 추측해야 할 것이다. 현대 방언에서는 '疑'모의 독음이 매우 복잡하다. 이것은 '疑'모의 발음상의 특징과 관련이 있는데, 성모의 설면후비음은 연독할 때에 앞 음절의 성모와 자체 음절의 개음의 영향을 받아 쉽게 다른 음으로 변할 수 있다. 예를 들면, '牛, 擬, 虐' 등과 같이 [i], [y] 개음의 영향을 받아 앞으로 이동하여 [n]이 되거나 혹은 '我, 吾' 등과 같이 성모가 소실되어 영성모가 되기도 하였다.

5) 喉音

36자모의 후음은 '曉, 匣, 影, 喻'이다. 이것을 『切韻』의 반절상자를 계련해 본 결과와 비교해 보면 다음과 같다.

呼類	曉	胡類	匣	烏類	影	以類一喻
許類		于類		於類		

'曉'모와 '影'모에는 각각 두 종류씩이 있는데 대체로 '呼, 烏'류는 주로 개음 [i]가 없는 一等, 二等과 四等韻에 보이고, '許,

於'류는 주로 三等에 나타나지만 실제 그 한계는 뚜렷하지 않다.

'匣'모에도 '胡'류와 '于'류의 두 종류가 있다. 이 중 '胡'류는 一等에 '于'류는 三等에 분류되는데, '于'류는 '以'류와 같은 칸의 三等에 분류되었기 때문에 이를 '喻三'으로 칭하기도 한다.34) 그러나 이 성모 역시 『切韻』 시기에는 '匣'모에 해당하는 것으로 보는 것이 일반적이다.

'曉匣' 두 자모는 36자모와 『韻學殘卷』에서 모두 후음으로 열거해 놓고, '曉'는 淸, '匣'은 濁으로 구분해 놓았다. 이 두 개의 성모는 현대 방언에서는 대체로 喉擦音, 脣齒擦音, 舌面前擦音, 舌面後擦音 등으로 발음되는 것으로 보아 『切韻』 시기에도 찰음 성분을 지니고 있었을 것이다. 그러나 그것이 어떠한 찰음인지를 결정하는 데에는 확실한 증거를 찾을 수 없다. 최근 대부분의 학자들이 이들을 [x], [ɣ]로 추측해 왔는데, 이것은 조음 위치가 [k], [g]보다 약간 뒤인 찰음으로서 여기에서는 이를 따르기로 한다.

'影'모는 현대 방언에서는 대부분 영성모로 읽히며, 다만 소수 관화의 차방언에서는 개구의 '影'모자를 喉鼻音 [ŋ]으로 읽는다. 喉鼻音은 영성모 음절을 비교적 힘을 주어 발음할 때 쉽게 얹혀서 나오는 소리로 어음이 변천하는 과정에 나타나는 필연적인 결과는 아니다. 아울러 '影'모자는 성조가 음양으로 나누어져 있는 현대 방언에서 모두 음조로 읽히고, 또 영성모가 아닌 모음으로 시작하는 점을 고려하여35) 대부분의 학자들은 이 '影'모를 후색음

34) 등운도에서 '胡'류는 후음의 탁음에, '于'류는 후음의 청탁 三等에 분류되어 있으며, '以'류는 후음의 청탁 四等에 분류되어 있다.

35) 모음으로 시작하는 것은 원래 탁성모에 속하여 양조로 읽히는 것이 원칙이다.

인 [ʔ]이었던 것으로 추측하고 있다. '影'모 입성자가 『中原音韻』에서는 차탁성모와 같이 거성으로 분류된 것은 대략 '影'모자가 후색 성분을 잃은 후에 일어난 변화를 반영하였기 때문이다.

'以'류[36]에 대해서는 학자에 따라 서로 다르게 추측하고 있다. 羅常培, 陸志韋, 李方桂, 王力 등은 반모음 [j]로 추측하고, 董同龢, 李榮, 邵榮芬 등은 [0], 즉 영성모로 추측하고 있다. 喻四('以'류)를 [j]로 추측하는 학자들은 이에 따라 '影'모를 모두 영성모로 추측하고 있으나, 여기에서는 '影'모를 이미 [ʔ]으로 추측하였기 때문에 喻四('以'류)를 [0]으로 추측하기로 한다. 그리고 학자들에 따라서는 喻三('于'류)을 [ɣ(j)]로 추측하기도 하는데 앞에서 '匣'모를 이미 [ɣ]로 추측하였기 때문에 '匣'모와 같은 류로 간주하기로 한다.

6) 半舌, 半齒

36자모의 반설은 '來', 반치는 '日'이다. 반절을 계련해 보면 '來'모는 두 종류, '日'모는 하나로 귀납된다.

盧類 ┐
　　　├ 來　　而類 — 日
力類 ┘

'盧'류의 성모는 주로 一等, 二等, 四等에 많이 보이고, '力'류는 三等에 많이 보여 상보적 분포이다. 동시에 『切韻』殘卷에서

36) 王力은 이것을 '餘'모로 칭하고 있으며, 어떤 학자는 이것이 운도에서는 '喻'모 四等에 배열되어 있기 때문에 이를 喻四로 칭하기도 한다.

'勒'을 王三本에서는 '盧德切'이라 하고 『五代本切韻』에서는 '力得切'이라 한 것 등을 보면, '盧'와 '力'도 그렇게 뚜렷하게 구분되는 것은 아니다.

'來'모는 비교적 안정된 성모로서 상고 시대로부터 현대에 이르기까지 큰 변화가 없다. 현대 방언에서는 일부에서 [n]와 혼용되고 있는 것을 제외하고, 일반적으로 모두 [l]로 읽힌다. 따라서 『切韻』 시기의 '來'모의 음가를 [l]로 추측하는 데에는 아무런 문제가 없겠다.

'日'모는 현대 방언에서는 [0], [ʑ], [z], [dz], [n], [ɳ], [l] 등으로 서로 다르게 읽히고 있다. 즉, 영성모로 읽히는 방언을 제외하고 대부분의 방언에서 대체로 前鼻音과 비교적 앞쪽의 탁찰음으로 읽히고 있다. 따라서 '日'모의 음가는 추측하기가 매우 어려우며, 많은 학자들이 추측한 음가도 각각 다르기 때문에 여기에서 하나하나 소개하지는 않겠다. 칼그렌은 '日'모를 비음성분을 지닌 찰음 [ɳʑ]로 추측하였는데, 지금까지 많은 학자들이 이를 그대로 사용하고 있기 때문에 여기에서도 잠시 그의 추측 음가를 고려하기로 한다. 현대 표준어의 '日'모가 권설탁찰음으로 읽히는 것을 고려하면 오히려 '日'모는 수당 시대에 이미 약간의 권설 성분을 가지고 있지 않았을까 생각할 수도 있다.[37] 이것은 30자모에서 이 '日'모를 '知徹澄'과 같이 설상음에 분류한 사실에서도 짐작할 수 있다.[38] 따라서 이것의 『切韻』 시기의 음가는 [ɳʑ]으로 추측

37) 兒韻도 역시 명대에 권설음에서 변한 것으로서 권설화된 영성모라 할 수 있다.

38) 30자모에서는 '知徹澄日是舌上音'이라 하여 36자모의 '娘'모의 위치에 '日'모를 배열하고 있다.

하기로 하자.

위에서 토론한 내용을 종합해보면 수당 음계의 성모와 그 추측 음가는 다음과 같이 결론지을 수 있다.

	全淸	次淸	全濁	次濁	又次淸	又次濁[39]
脣音:	幫[p]	滂[ph]	并[b]	明[m]		
舌頭音:	端[t]	透[th]	定[d]	泥[n]		
舌上音:	知[ʈ]	徹[ʈh]	澄[ɖ]			
齒頭音:	精[ts]	淸[tsh]	從[dz]		心[s]	邪[z]
正齒音(照二):	莊[tʃ]	初[tʃh]	崇[dʒ]		生[ʃ]	俟[ʒ]
正齒音(照三):	章[tɕ]	昌[tɕh]	船[dʑ]		書[ɕ]	常[ʑ]
牙音:	見[k]	溪[kh]	羣[g]	疑[ŋ]		
喉音:	影[ʔ]			喻[0]	曉[x]	匣[ɣ]
半舌:			來[l]			
半齒:			日[ȵʑ]			

다음은 참고로 각 학자들이 『廣韻』의 반절상자를 귀납한 결과를 비교하여 도표로 만든 것이다.

<table>
<tr><th>陳澧</th><th>白滌洲</th><th>張煊</th><th>曾運乾</th><th>邵榮芬</th></tr>
<tr><td>博</td><td>博</td><td rowspan="2">博</td><td>博</td><td>博</td></tr>
<tr><td>方</td><td>方</td><td>方</td><td>方</td></tr>
</table>

39) 여기에서의 又次淸, 又次濁이란 명칭은 淸 江永이 붙인 것이며, 이전에는 단순히 淸과 濁이라고 하였다.

<table>
<tr><th>陳澧</th><th>白滌洲</th><th>張煊</th><th>曾運乾</th><th>邵榮芬</th></tr>
<tr><td rowspan="2">普</td><td rowspan="2">普</td><td rowspan="3">普</td><td rowspan="2">普</td><td>普</td></tr>
<tr><td>匹</td></tr>
<tr><td>芳</td><td>芳</td><td>芳</td><td>芳</td></tr>
<tr><td>蒲</td><td>蒲</td><td rowspan="2">蒲</td><td>蒲</td><td>蒲</td></tr>
<tr><td>符</td><td>符</td><td>符</td><td>符</td></tr>
<tr><td rowspan="2">莫</td><td>莫</td><td rowspan="2">莫</td><td>莫</td><td>莫</td></tr>
<tr><td>武</td><td>武</td><td>武</td></tr>
<tr><td rowspan="2">都</td><td rowspan="2">都</td><td rowspan="3">都</td><td rowspan="2">都</td><td>多</td></tr>
<tr><td>都</td></tr>
<tr><td>陟</td><td>陟</td><td>陟</td><td>陟</td></tr>
<tr><td>他</td><td>他</td><td rowspan="2">他</td><td>他</td><td>他</td></tr>
<tr><td>丑</td><td>丑</td><td>丑</td><td>丑</td></tr>
<tr><td>徒</td><td>徒</td><td rowspan="2">徒</td><td>徒</td><td>徒</td></tr>
<tr><td>直</td><td>直</td><td>直</td><td>直</td></tr>
<tr><td>奴</td><td>奴</td><td rowspan="2">奴</td><td>奴</td><td>奴</td></tr>
<tr><td>女</td><td>女</td><td>女</td><td>女</td></tr>
<tr><td rowspan="3">盧</td><td rowspan="2">盧</td><td rowspan="3">盧</td><td rowspan="2">盧</td><td>盧</td></tr>
<tr><td>郎</td></tr>
<tr><td>力</td><td>力</td><td>力</td></tr>
<tr><td rowspan="2">子</td><td rowspan="2">子</td><td rowspan="2">子</td><td>作</td><td>子</td></tr>
<tr><td>子</td><td>挫</td></tr>
<tr><td rowspan="2">七</td><td rowspan="2">七</td><td rowspan="2">七</td><td>倉</td><td>倉</td></tr>
<tr><td>七</td><td>雌</td></tr>
<tr><td rowspan="2">昨</td><td rowspan="2">昨</td><td rowspan="2">昨</td><td>昨</td><td>昨</td></tr>
<tr><td>疾</td><td>疾</td></tr>
<tr><td rowspan="2">蘇</td><td rowspan="2">蘇</td><td rowspan="2">蘇</td><td>蘇</td><td rowspan="2">蘇</td></tr>
<tr><td>息</td></tr>
</table>

陳澧	白滌洲	張煊	曾運乾	邵榮芬
徐	徐	徐	徐	徐
側	側	側	側	側
之	之	之	之	之
初	初	初	初	初
昌	昌	昌	昌	昌
士	士	士	士	士
				俟
食	食	食	食	食
所	所	所	所	所
式	式	式	式	式
時	時	時	時	時
古	古	古	古	古
	居		居	居
苦	苦	苦	苦	苦
	去		去	去
渠	渠	渠	渠	渠
五	五	五	五	五
	魚		魚	
呼	呼	呼	呼	呼
	許		許	許
胡	胡	胡	胡	胡
于	于	于	于	于
				爲
以	以	以	以	以
烏	烏	烏	烏	烏
	於		於	於
而	而	而	而	而
40類	47類	33類	51類	54類

4. 韻類

앞에서 『切韻』계 운서의 운목을 열거해 보았다. 그러나 운목의 수는 운모의 수와 일치한다고 할 수 없다. 왜냐하면 운부를 구분하는 데에는 원칙적으로 주요모음(운복)과 운미만을 살피고, 일반적으로 개음(운두)은 고려하지 않기 때문이다. 즉 중국어의 음절구조 (C)(M)V(E)에서 V(E)만을 고려하기 때문이다. 개음까지 고려한다면 운모의 수는 운목의 수보다 훨씬 많아질 것이다. 『切韻』의 운류를 구분하기 위해서는 먼저 반절하자를 계련할 필요가 있겠다. 계련한 결과는 다음과 같다.

平聲	上聲	去聲	入聲
1.東	1.董	1.送	1.屋
①紅東公籠	①孔董動捴	①貢弄送凍	①谷卜祿木鹿
②弓戎中融宮終		②鳳[貢][40]仲衆諷	②六竹逐福菊宿伏目
2.冬	[ ]	2.宋	2.沃
(冬韻의 上聲字는 글자 수가 적어 2.腫에 합류시킴.)			
①冬宗琮		①綜宋統	①沃毒篤酷
3.鍾	2.腫	3.用	3.燭

40) [ ]표시 속의 글자는 다른 류와 중복되어 계련이 되지만 陳澧의 분석 조례에 의해 분류한 것이다.

①容鍾凶封庸恭	①奉隴踵冢勇 拱宂悚	①用共	①曲玉綠足 欲蜀
4.江 ①江雙	3.講 ①項講	4.絳 ①降絳巷	4.覺 ①角岳覺
5.支 ①移支知[宜] ②爲重危規[隨] ③宜羈奇[爲] ④隨	4.紙 ①婢俾氏侈豸 爾[綺]紙是 ②委捶[婢]累 髓毁詭 ③靡彼綺倚 ④彌[捶]	5.寘 ①義智鼓[寄]企賜 ②僞[賜]恚累睡 ③寄[義] ④瑞避[睡]	
6.脂 ①夷脂私尼肌 ②追佳唯遺維 ③眉悲 ④[追][悲]	5.旨 ①履幾姊雉視旨 ②軌誄水壘軌 洧[美] ③美鄙 ④癸[誄]	6.至 ①至鼻四二利器翼 ②遂類類醉位愧[翼] ③媚備秘[利] ④悸季[鼻]	
7.之 ①之慈玆持淄 基而其	6.止 ①士里李紀史 市止以擬	7.志 ①置吏志記	

8.微 ①希機 ②肥非韋歸	7.尾 ①俙狶豈 ②尾匪鬼偉	8.未 ①未旣 ②謂味畏貴沸
9.魚 ①余魚居	8.語 ①呂與擧筥 許莒	9.御 ①據慮去御
10.虞 ①于扶無朱輸 俱俞虞禺隅	9.麌 ①主武庾雨 矩羽	10.遇 ①遇句注戍樹孺
11.模 ①孤胡姑都吾 烏吳	10.姥 ①古補盧社	11.暮 ①故暮
12.齊 ①西兮奚鷄迷 嵇稽低黎 ②攜圭	11.薺 ①米禮啓體弟	12.霽 ①計細帝詣 ②惠桂
		13.祭 ①制例勢厲憩 ②衛芮歲銳劌 ③袂祭弊[制]

		④[芮][歲]
		14.泰 ①蓋艾帶大 ②外會兌[帶]
13.佳 ①佳膎 ②柴蛙蝸緺	12.蟹 ①買解 ②[買]	15.卦 ①卦懈賣隘薢 ②[賣][卦]
14.皆 ①皆諧 ②懷淮乖	13.駭 ①駭楷/(買)	16.怪 ①界介拜 ②怪[拜][界]懷
		17.夬 ①芥邁 ②[邁]話夬快
15.灰 ①回杯恢	14.賄 ①罪猥賄	18.隊 ①配佩背繢對碎
16.咍 ①來哀才開	15.海 ①愷乃亥改宰殆	19.代 ①代戴碍愛
		20.廢

		①[肺]	
		②肺廢吠穢	

17.眞(諄)	16.軫(準)	21.震(稕)	5.質(術)
①隣賓人珍眞	①忍盡軫引眕	①刃晉遵	①蜜吉必質栗 悉日七[乙]逸
②屯倫句匀 遵純脣均春	②尹準	②峻閏舜	②恤律聿出[蜜]
③巾隣[珍]	③[殞][引]	③[遵]覲	③密筆乙
④筠[倫]麇	④隕殞閔	④韻捃	④[律][筆]

(『切韻』에서는 眞軫震質과 諄準稕術을 구별하지 않았으나 『廣韻』에서 이를 나누었다.)

18.臻			6.櫛
①詵臻			①瑟櫛

19.文	17.吻	22.問	7.物
①文云分	①吻粉	①回運	①勿物弗佛

20.殷(欣)	18.隱	23.焮	8.迄
①欣斤	①蓮隱近	①慁靳	①乞訖迄

21.元	19.阮	24.願	9.月
①言軒	①偃幰	①萬建	①謁歇
②煩袁元	②遠阮晩	②怨萬販願勸	②伐越發月

			厥(劣)
22.魂	20.混	25.慁	10.沒
①昆奔渾尊	①忖本損	①悶困寸鈍	①沒勃骨忽
23.痕	21.很	26.恨	
①根痕恩	①很墾	①恨艮	
24.寒(桓)	22.旱(緩)	27.翰(換)	11.曷(末)
①寒單干安	①旱但秆滿	①案半旦干粲	①割達曷末葛
②潘官[安] 端丸	②管[旱]纂	②漫[半]/亂玩 段算煥	②[末]活潑 [割]括

(『切韻』에서는 寒旱翰曷과 桓緩換末을 나누지 않았으나 『廣韻』에서 이를 나누었다.)

25.刪	23.潸	28.諫	12.鎋
①奸顏	①板	①雁諫晏澗	①鎋瞎殺[八]
②還班關	②綰[板]	②患[晏]慣	②刮[割]
26.山	24.產	29.襉	13.黠
①閑間山	①限簡	①辦	①拔八黠
②頑鰥		②盼辨	②滑[八]
27.先	25.銑	30.霰	14.屑
①[玄]田賢前	①典殄峴	①見電	①結篾屑

先憐干 ②玄涓	②泫犬	②縣練	②穴決玦

28.仙	26.獮	31.線	15.薛
①連便延仙然	①緬善衮展演 踐淺輦	①扇面戰箭産 賤線膳	①列滅別薛 熱[結]
②緣專泉宣員 川	②[衮][免]轉	②卷戀選絹 [變]眷囀釗掾	②劣惙悅絕 雪燕
③乾焉[延]	③免蹇辯輦	③[眷]變扇	③[列]竭烈
④員權	④[轉]篆	④倦弁卷[眷]	④[劣]

29.蕭	27.篠	32.嘯
①聊雕蕭堯么	①了鳥皓	①嘯弔叫

30.宵	28.小	33.笑
①遙昭宵焦招	①少沼兆少紹	①妙笑召照曜要
②喬瀌	②矯表[兆]	②廟[召]

31.肴	29.巧	34.效
①交肴茅	①巧飽絞	①教貌孝效稍罩

32.豪	30.皓	35.號
①毛褒袍勞 高刀曹	①抱浩道掃 早皓老	①耗報導到

33.歌(戈)	31.哿(果)	36.箇(過)
①何河俄歌柯	①火可我	①箇[臥]佐邏賀
②戈和過禾	②果顆[火]	②過臥貨
③呿迦		
④波[戈]		

(『切韻』에서는 歌哿箇와 戈果過를 나누지 않았으나 『廣韻』에서 이를 나누었다.)

34.麻	32.馬	37.禡
①加巴霞牙	①下雅	①駕霸嫁亞訝
②瓜花華	②寡瓦	②化罵[霸]坬
③邪耶嗟奢遮車	③野也[雅][下]者	③夜謝

35.陽	33.養	38.漾	16.藥
①長方良張 將羊庄章	①兩獎掌	①妄亮[浪]放 讓狀向	①獲灼略雀 爵藥若虐
②王[方][長]	②往昉兩罔	②忘[放]妨	②縛

36.唐	34.蕩	40.宕	17.鐸
①旁郞[光]當岡	①朗黨	①曠浪宕盎	①各洛落
②光	②晃廣	②[浪]光	②博郭

37.庚	35.梗	41.敬	18.陌
①盲庚[京]行	①杏冷打梗	①孟鞭敬更	①白百格陌戟
②橫[盲]	②猛	②[孟]	②伯虢

③[榮]兵卿京 ④榮[兵]	③[永]影丙景 ④永[丙]	③病[敬]映 [孟][更] ④柄	③逆[碧]刷 [戟]却 ④[陌][百]
38.耕 ①萌耕莖 ②宏[萌]	36.耿 ①幸耿[杏]	42.諍 ①諍迸 ②[迸]	19.麥 ①厄麥革[獲] 責核 ②獲[麥]
39.淸 ①盈并貞淸精 [營]征成 ②營傾	37.靜 ①郢井靜整 ②潁頃	43.勁 ①政聘正鄭 性盛 ②[政]	20.昔 ①益辟亦炙迹 昔織石隻尺 ②[役]隻
40.靑 ①丁經靈形 ②螢[丁]	38.迥 ①鼎[迥]挺醒 冷娗 ②[鼎]迥	44.徑 ①定徑 ②[定]	21.錫 ①激歷擊狄
41.蒸 ①陵氷應升矜 膺承兢	39.拯 ①[拯]	45.證 ①孕甑證應	22.職 ①側逼力直卽 翼職([逼])
42.登 ①騰崩登滕恒	40.等 ①等肯	46.嶝 ①鄧亘蹭贈嶝	23.德 ①墨北特則

②弘肱			德勒 ②或國
43.尤 ①鳩尤謀浮求流 周由游秋州[愁]	41.有 ①久酒柳酉有	47.宥 ①副救富究 祐僦秀又	
44.侯 ①溝侯鉤	42.厚 ①垢厚口後斗	48.候 ①豆候遒	
45.幽 ①休彪幽蚪[愁]	43.黝 ①糾黝	49.幼 ①幼謬	
46.侵 ①心尋林深淫 岑今金針 ②音[金]吟	44.寢 ①甚稔錦稟朕 [瘮]枕 ②飲[甚][錦]	50.沁 ①禁浸鴆妊潛 ②蔭[禁]	24.緝 ①[縶][急][立] 入執 ②立急及[縶]
47.覃 ①含南	45.感 ①感禫	51.勘 ①紺暗	25.合 ①合閤答沓
48.談 ①酣甘三談	46.敢 ①敢覽	52.闞 ①濫瞰暫	26.盍 ①盍蠟
49.鹽	47.琰	53.艶	27.葉

①廉鹽詹 ②[廉]淹	①冉琰漸斂 ②[冉]儼檢險儉	①[驗]厭艶贍 ②驗	①輒涉葉接攝 ②[輒][涉]
50.添 ①兼甛	48.忝 ①忝點玷簟	54.㮇 ①念店僭	28.帖 ①篋協頰
51.咸 ①咸讒	49.豏 ①減斬	55.陷 ①陷韽	29.洽 ①洽夾
52.銜 ①銜監	50.檻 ①檻黤	56.鑒 ①鑒懺	30.狎 ①甲狎
53.嚴 ①嚴𩎖	51.儼 ①儼埯	57.釅 ①淹[欠・劍]	31.業 ①怯劫業
54.凡 ①凡芝	52.范 ①范	58.梵 ①梵泛[欠・劍]	32.乏 ①乏法

운모의 음가를 추측하는 데에 있어 주요한 근거는 다음 네 가지가 있다.

첫째, 반절하자를 계련한 결과이다. 『切韻』계 운서에서 각 운은 다시 몇 개의 작은 부류로 나누어진다. 이 작은 부류는 각기 서로 다른 운모를 대표하고 있기 때문에 음가를 추측하는 데에 있어 주요 근거가 된다.

둘째, 당말에서 송대에 이르기까지의 등운도를 들 수 있다. 등

운도는 그 작자가 자기 시대(唐末, 五代, 宋)의 실제 어음의 입장에 서서 『切韻』계 운서를 이해하는데 도움을 주고자 만든 것이기 때문에 그 당시의 음을 주로 반영하고 있다고 할 수 있다. 그리고 등운도는 운서가 편찬된 시대와 가까운 시기의 음운학자들이 만든 것이며, 또한 어음의 변화는 규율이 있는 체계를 이루기 때문에 자연히 수당 음계의 음가를 추측하는데 제일 가치 있는 정보를 제공해 준다. 예를 들면 운도는 206운을 43轉(圖), 十六攝으로 나누고 있는데, 같은 攝, 같은 轉의 각 운끼리는 반드시 공통된 어음 특색을 띠게 된다. 이들은 운미가 같은 종류이거나 운복이 서로 비슷하다든가 하는 기본 조건을 갖추고 있다. 운도는 운모를 開合과 四等에 따라 나누고 운서의 반절을 배열하였기 때문에, 서로 다른 등에 열거된 운목은 『切韻』 시대에 서로 어떤 차이가 있었던 것이다.

셋째, 현대의 여러 방언 및 우리 나라와 일본 등의 역음 자료는 『切韻』 음계의 운모 음가를 추측하는 데에 중요한 자료가 된다. 현대 방언은 고대의 공동 모어가 발전하여 분화된 것이다. 비록 현대의 모든 방언이 모두 『切韻』 음계에서 발전되어온 것이라 말할 수는 없지만 그들 사이에는 반드시 어떠한 대응 규율이 존재한다. 현대 방언과 『切韻』 음계를 비교해 보는 것은 수당 시기의 운모의 음가를 추측하는데 중요한 근거가 된다. 十六攝의 '止遇蟹效果假流' 일곱 攝은 현대 방언에서는 모두 음성운으로 읽힌다. 이것은 수당 시기에도 이 일곱 攝의 각 운이 역시 음성운으로 읽혔을 가능성을 얘기해 준다. '通江宕梗曾臻山深咸' 아홉 攝의 평상거성 각 운은 현대 방언에서는 거의 모두 양성운으로 읽히며, 그 안에 포함된 입성 각 운은 오늘날 북방 방언의 대부분

차방언을 제외하고 粵語, 閩語, 客家語, 吳語, 湘語, 贛方言과 북방의 일부 차방언에서 역시 입성운으로 읽히고 있다. 이것은 『切韻』 시기에도 역시 입성운으로 읽혔음을 말해 준다. 오늘날 다수 방언의 양성운은 [-n], [-ŋ] 두 종류의 운미를 가지고 있고, 입성운에는 색음운미가 있다. 이 가운데 부분적인 방언의 양성운에는 [-m], [-n], [-ŋ] 세 종류의 운미가 있고, 이와 대응되는 입성에는 [-p], [-t], [-k] 세 종류의 운미가 있어 이들은 위 아홉 攝의 구별과 밀접하게 대응된다. 따라서 수당 음계에도 역시 이와 같았으리라고 추측된다. 그리고 역음 자료로는 우리 나라의 한자음, 일본의 漢音과 吳音, 越南音 등을 들 수 있다. 우리 나라의 역음 자료는 그 시대와 지점이 불명확하지만 고대 중국어의 음성운, 양성운과 입성운의 각 운미가 그대로 보존되어 있다.41) 그리고 일본의 漢音은 당대 長安, 洛陽일대의 음이며, 일본 吳音은 漢音이 수입되기 전 수백 년간 차용된 음으로 이 두 가지 역음을 『切韻』과 비교해 보면, 특히 漢音의 분운 상황은 『切韻』과의 대응관계가 가지런하다. 따라서 이들 역음 자료는 『切韻』의 운모 체계를 추측하는데 중요한 자료라 할 수 있다.

넷째, 상고 음계도 빼놓을 수 없는 자료이다. 수당 음계는 상고 음계가 발전한 것으로 이들 사이에는 반드시 계승하는 관계가 있기 때문에 수당 음계를 이해하는 데에는 그 이전 단계의 음계에 대한 이해가 필요하다고 하겠다. 그러나 이 책에서는 상고 음계에 대한 토론을 뒤로 미루어 놓았기 때문에 필요에 따라 참고할 수 있을 것이다.

---

41) 고대 중국어의 입성운미 중 [-t]는 우리 나라 독음에서는 모두 [-l]로 변하였다.

이러한 자료들을 이용하여 수당 시기의 운모에 대한 음가를 추측한 결과를 보면 다음과 같다.

開口				合口			
一等	二等	三等	四等	一等	二等	三等	四等
東 oŋ 屋 ok		東 ioŋ 屋 iok		冬 uɔŋ 沃 uɔk		鍾 iuɔŋ 燭 iuɔk	
	江 ɔŋ 覺 ɔk						
唐 ɑŋ 鐸 ɑk		陽 iɑŋ 藥 iɑk		唐 uɑŋ 鐸 uɑk		陽 iuɑŋ 藥 iuɑk	
	庚 ɐŋ 陌 ɐk 耕 æŋ 麥 æk	庚 iɐŋ 陌 iɐk 清 iɛŋ 昔 iæk	青 Ieŋ 錫 Iek	庚 uɐŋ 陌 uɐk 耕 uæŋ 麥 uæk	庚 iuɐŋ 陌 iuɐk 清 iuæŋ 昔 iuæk	青 iueŋ 錫 iuek	
登 əŋ 德 ək		蒸 iəŋ 職 iək		登 uəŋ 德 uək			
寒 ɑn 末 ɑt	刪 an 鎋 at 山 æn 黠 æt	元 iɐn 月 iɐt 仙 iæn 薛 iæt	先 Iɛn 屑 Iɛt	寒 uɑn 末 uɑt 黠 uæt	刪 uan 鎋 uat 山 uæn	元 iuɐn 月 iuɐt 仙 iuæn 薛 iuæt	先 Iuɛn 屑 Iuɛt
痕 ɐn 沒 ɐt	臻 en 櫛 et	眞 ien 質 iet 殷 iən 迄 iət		魂 uɐn 沒 uɐt		眞 iuen 質 iuet 文 iuən 物 iuət	
		侵 iəm 緝 iəp					
談 ɑm 盍 ɑp 覃 Am 合 Ap	銜 am 狎 ap 咸 ɐm 洽 ɐp	鹽 iɛm 葉 iɛp 嚴 iɐm 業 iɐp	添 Iem 帖 Iep			凡 iuɐm 乏 iuɐp	

開口				合口			
一等	二等	三等	四等	一等	二等	三等	四等
歌 ɑ		戈 ia		歌 uɑ		戈 iua	
	麻 ɐ	麻 iɐ			麻 uɐ		
豪 ɑo	肴 ɔo	宵 iɔo	蕭 Ieo				
侯 o		尤 io 幽 iɤ					
		魚 iɔ		模 uɔ		虞 iuɔ	
泰 ɑi 咍 ɐi	夬 ai 皆 æi 佳 æ	廢 iɐi 祭 iæi	齊 Iɛi	泰 uɑi 灰 uɐi 佳 uæ	夬 uai 皆 uæi	廢 iuɐi 祭 iuæi	齊 Iuɛi
		支 iɛ 脂 iei 之 iə 微 iəi				支 iuɛ 脂 iuei 微 iuəi	

이 도표는 각 운의 반절하자를 계련한 결과를 기초로 하고 이들 중 후대에 동일하게 발전한 운들을 묶어 그들 사이의 관계를 살피기 편리하게 배열한 것이다. 이렇게 동일하게 변화한 운들을 묶은 결과는 후대 송대 등운도의 十六攝과 일치하며, 개구호이든 합구호이든 주요모음이 배열된 순서를 보면 개구도가 큰 것으로부터 작은 것으로 되어 있는데, 이것 또한 등운도의 等에 따른 운모의 차이를 고려한 것이다.

5. 聲調

沈約, 謝朓 등이 사성설을 제창한 이후, 중고 운서들은 대부분 성조를 평상거입의 네 종류로 분류하였고, 이러한 방법은 수당 시기의 성조를 구분하는 전통적인 방법이 되었다. 그러나 평상거입 각각의 성조는 성모의 청탁에 따라 음조와 양조의 구별이 있게 되어 실제로 여덟 종류로 나누어진다. 같은 성조의 음조와 양조는 절대 음고가 다르다. 즉 같은 힘으로 발음을 할 때 탁성모인 음절은 청성모인 음절을 발음할 때보다 성대를 진동시키는 데에 힘이 어느 정도 소모되기 때문에 음고가 낮아질 수밖에 없다. 따라서 음조가 양조보다 높다고 하겠으나 당시 각 성조의 절대적인 조치가 어떠하였는지는 현재의 자료만으로는 알기 어렵다.

평상거입이 각각 성모의 청탁에 따라 음조와 양조로 나누어진 것은 여러 측면에서 알 수 있다.

첫째, 앞에서 사성설은 불교의 영향을 받아 출현한 것이라 말하였다. 이 이전에는 사람들은 음악에 있어서의 五聲으로 성조를 구분하였다. 여기에서 성조는 본래 네 종류만 있었던 것이 아니었음을 알 수 있다. 후의 자료를 통해서도 중국어의 성조는 성모의 청탁에 따라 음평과 양평, 음상과 양상, 음거와 양거, 음입과 양입으로 나누어졌음을 알 수 있다. 孫愐의 『唐韻』序 「後論」에 "『切韻』은 사성을 기본으로 하였으나, 각 글자의 調를 보면 각각 청탁의 차이가 있다"42)라고 한 것에서도 알 수 있다.

둘째, 그 이후 성조의 발전도 성모의 청탁과 밀접한 관계가 있

42) "切韻者, 本乎四聲, 引字調音, 各自有清濁."

다. 『中原音韻』에서는 평성을 음평, 양평으로 나누어 원대에는 평성이 이미 서로 다른 두 개의 조류로 나누어졌음을 보여주고 있고, 또 중고 전탁성모인 상성자를 거성에 분류하여 탁성모가 청화할 때 성조에까지 변화를 일으켰음을 보여주고 있다. 그리고 입성을 평성, 상성, 거성에 나누어 분류하였는데, 그렇게 나누어 분류한 근거도 바로 성모의 청탁이다. 전탁성모인 상성자는 당대에 이미 거성으로 변하였다. 그것은 唐代 시인들이 시를 쓸 때 원래의 상성자와 거성자를 같이 압운한 데에서 알 수 있다.[43] 이러한 사실에서 唐代의 성조에도 청성모인 상성과 탁성모인 상성의 구분이 있었음을 말해준다. 또 상성이 이미 청탁으로 나누어졌다는 사실로부터 平去入聲에서도 이러한 구별이 있었음을 추측할 수 있을 것이다.

셋째, 현대의 방언에서도 이러한 현상을 볼 수 있다. 예를 들면 潮州語 같은 방언에서는 평상거입의 네 개의 성조가 성모의 청탁으로 인하여 각각 음양으로 나누어져 모두 여덟 종류의 조류가 있다. 이러한 사실로부터 수당 시기의 성조에는 여덟 종류의 조류가 있었음을 알 수 있다.

그러나 운서나 운도에서 왜 여덟 종류로 나누지 않고 네 종류로만 구분하였는가 하는 의문이 생길 수 있을 것이다. 그것은 陸法言 등의 『切韻』을 대표로 하는 운서가 사성설을 받아들여 사성으로만 구분하였기 때문인 것으로 보인다. 아울러 이러한 운서들이 점점 관운서의 지위를 얻게 되자 사람들은 그것을 하나의 법칙으로 받들게 되어 그 세부적인 것에는 신경을 쓰지 않았을 가

43) 10쪽에서 예로 든 崔顥의 「贈輕車」 참조.

능성이 크다고 하겠다. 또 최초로 성조를 분류할 때에는 성모 자체에 청탁의 구별이 있었기 때문에 의미를 변별하는 기능은 성모가 주로 담당하였다. 따라서 성모의 청탁으로 인한 높낮이의 차이는 무시되고 간략하게 되었던 것으로 생각된다. 그러나 후에 전탁성모가 모두 청화하여 소실된 후에 이전의 성모가 담당하던 기능을 성조가 담당하게 되자 음양조의 변별 작용이 비로소 두드러지게 나타난 것으로 보인다.

제5장

等韻圖와 五代·宋音系

Ⅰ. 등운도의 성질

1. 등운도의 체제

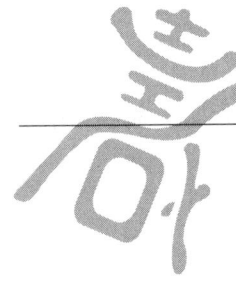

송대의 학자들은 등운도(혹은 운도라고 칭하기도 한다)라는 도표로써 중국어의 음절 독음을 분석하였다. 등운도란 성운 결합표, 즉 음절표로서 五音, 七音 혹은 36자모를 가로로 하고, 사성으로써 운을 나누고 다시 운모의 차이에 따라 等으로 나눈 것을 세로로 하고 있다. 이는 중국어의 어음 체계를 도표로 배열하여 음을 찾거나 분석하기에 편리하게 만들어진 것이다. 조기 운도의 하나인 『韻鏡』의 일부를 보기로 하자.

	牙音				舌音			
	清濁 [ŋ]	濁 [g]	次清 [kh]	清 [k]	清濁 [n]	濁 [d]	次清 [th]	清 [t]
寒[ɑn]	豻	○	看	干	難	壇	灘	單
刪[an]	顏	○	馯	姦	○	○	○	○
仙[iɛn]	妍	乾	愆	甄	○	纏	脠	邅
先[ien]	研	○	牽	堅	年	田	天	顚

표 중 [ ]의 음가는 원래의 운도에 있었던 것이 아니라 이해의 편의를 위하여 현대 음운학자들이 추측한 것을 붙여 놓은 것이다. 그리고 왼쪽의 '寒刪仙先'은 『廣韻』의 운목이다. 이것을 운모의 차이에 따라 等으로 나누어 '寒'은 一等韻, '刪'은 二等韻, '仙'은 三等韻, '先'은 四等韻이라 한다. 가로는 七音에 따라 분류하고 각 음을 '淸, 次淸, 濁, 淸濁'으로 분류하였는데 예를 들어 아음은 각각 [k], [kh], [g], [ŋ]으로 추측할 수 있다. 이 도표를 이용하여 '牽'의 독음은 아음 次淸의 [kh]와 '先'운의 운모 [ien]을 결합시켜 [khien]이 되며, '牽'과 같은 성모와 '先'과 같은 운모가 결합한 글자들은 모두 이와 같은 음으로 읽힌다는 것을 알 수 있다. '○'으로 표시한 칸에는 해당하는 음절이 없다는 것이다. 즉 [gɑn]으로 읽히는 음절은 없다. 바로 이것이 등운도이며, 이러한 방법으로 중국어의 음운 구조를 연구하는 학문을 등운학이라 한다.

『切韻』이나 『廣韻』에서 사용한 반절이 체계적이지 못하다는 점은 이미 언급하였다. 구체적으로 말하자면 전통적인 운서의 편제는 사성에 의해 분권하고, 권내에서 운을 나누었으며, 동일한 운 내에서는 다시 성모가 같은 것끼리 소운들을 나누었다. 따라서 운서는 당시 성모의 종류나 성질을 명확히 나타내지 못했고, 또한 실제 운모의 종류와 그들 사이의 관계를 나타내지도 못하였다. 반절에 근거하면 비록 당시 성모와 운모의 개략적인 체계는 귀납할 수는 있지만, 여전히 각 성모와 운모 사이의 구체적인 관계를 뚜렷이 나타낼 수는 없다. 예를 들어 반절상자에서 계련해 낸 40~50종류 중 각 종류는 대체 어떤 성모를 대표하는 것이며, 각 운의 반절하자를 계련해 낸 것들 사이에는 각각 도대체 어떠한 차이가 있으며 그들 사이의 관계는 무엇인가 등의 문제는 운서의 반절로써는 설명할 길이 없다. 운도는 곧 이러한 문제를 해결하기 위하여 만들어진 것이다. 그리하여 운도의 편자는 범문과 불경을 중국어로 옮겨 읽는 데에서 계시를 받아 성모의 조음 위치, 청탁을 자세히 구별한 후 순서대로 배열하여 자모로써 표시하고, 운서의 각 운을 자세히 비교하여 그들의 주요모음의 실제 상황에 의해 네 종류의 운모로 나누어 네 개의 등차로 배열하였다. 그리고 四等과 四聲의 결합 관계에 의해 몇 개의 운모를 하나의 '轉'[1]으로 합친 후, 가로는 자모를 열거하고 세로로는 四聲과 四等을 나누는 방식으로 도표를 만들어 운서의 글자들을 하나하나 채워 넣었다. 그리하여 도표의 종횡의 교차점을 찾아 하나로 합치면 누구든지 반절의 중고 독음을 알 수 있다.

이러한 등운학은 대략 만당에서 시작되어 송원대에 발달 홍성하였다.[2] 제일 먼저 등운학을 창립한 사람에 대해서는 고증할 수 없으나, 대부분의 학자들은 등운은 불교에서 불경을 轉唱하는 데

1) '轉'이란 성모와 운모가 결합하여 字音을 이룬다는 의미이다.
2) 晩唐 이전에 이미 『玉篇』뒤에 붙어 있는 '神珙之四聲五音九弄圖' 등과 같은 각종 '反切圖'가 있었다. 이들은 체계적이지는 않지만 等韻의 맹아라 할 수는 있다.

에서 암시를 받아 싹튼 것으로, 등운학의 최초 창립자는 승려 혹은 불교와 밀접한 관계를 가졌던 문인임에 틀림없다고 여기고 있다. 만당 때 불경을 대량으로 번역하면서 중국인들은 범어의 병음 원리를 깨닫게 되었고, 이것을 운용하여 한자의 字音을 분석하고 반절의 주음 방법을 해석하고자 등운도를 만들게 되었다. 또 唐 玄宗 開元 初年(716~720)에 불교의 한 종파인 密宗이 정식으로 중국에 유입되었는데, 이 밀종은 巫術을 행하고 주문 외는 것을 중시하는 것이 특징이었다고 한다. 따라서 신자들은 주문을 욈으로써 사악함을 쫓고 병을 치료하며, 장수와 부귀를 누릴 수 있다고 여겼다. 그런데 주문을 욀 때에는 반드시 범어로 하며, 만약 음이 틀리게 되면 이러한 희망들을 이룰 수가 없다고 여겼기 때문에 특히 음에 대한 연구가 활발하였다고 한다.[3] 이러한 밀종의 전파도 바로 등운도가 나오게 된 배경이 될 수 있다고 하겠다.

현존하는 운도 가운데 가장 이른 운도인 『韻鏡』, 『七音略』은 비록 송대 사람들이 만든 것이지만 이들은 이미 상당히 완정되고 성숙되어 있어 초창기의 것이라고 보기는 어렵다. 『韻鏡』, 『七音略』이전에 『七音韻鑑』(佚傳)이 있었는데, 일반적으로 이것이 『韻鏡』과 『七音略』의 모본일 것으로 보고 있다. 鄭樵는 "七音의 韻은 서역으로부터 나와 중원에 들어왔다. …… 梵僧은 이 교를 천하에 전하고자 하여 이 책을 지었다 …… 胡僧에게는 이 묘의가 있었으나 儒者들은 이것을 들은 적이 없었다"[4]라 하고 있다. 胡

3) 胡奇光. 『中國小學史』, 156쪽.
4) "七音之韻起自西域入中夏, …… 梵僧欲以其教傳天下, 故爲此書, …… 胡僧有此妙義, 而儒者未之聞."

僧이 傳敎의 목적으로 제작한 운도가 중국 문인들의 손에 오자 이들은 자연히 과거를 치를 때 알아야만 했던 운서와 경전의 注疏에 사용된 반절을 생각했을 것이다. 반절을 이해하는데 있어서 어려운 점이란 음은 변하였으나 옛 반절을 고칠 방법이 없다는 데 있다. 이러한 점은 송대에도 마찬가지였을 것이다. 즉 당시의 음으로 읽으면 같은 음이지만 『切韻』 혹은 『廣韻』의 반절은 다른 음으로 注音된 경우도 있었을 것이고, 혹은 그와 반대되는 현상도 있었을 것이다. 이러한 문제를 해결할 좋은 방법 중 하나는 당시의 음을 하나의 틀로 하여 성운 결합표를 만든 후, 당시에는 같은 음으로 읽히지만 옛 반절에는 음이 다르게 표기된 글자들을 표에서 하나하나 지위를 부여하고 아울러 설명을 가하는 방법을 생각할 수 있을 것이다. 조기의 운도는 대체로 이와 같은 것이었다.

2. 韻攝

등운학자들은 『廣韻』을 해석하기 위하여 『廣韻』의 206운 가운데 주요모음(운복)이 비슷한 운끼리 하나로 묶어 도표로 작성하였다. 이렇게 비슷한 운끼리 분류된 하나하나를 韻攝이라 한다. 그러나 초기의 운도에는 도표만 있고 운섭이라는 명칭으로 표시하지는 않았다. 예를 들면, 鄭樵의 『七音略』과 작자 미상의 『韻鏡』에서는 43개의 도표를 만들고 이것을 43轉이라 칭하였다. 또 『切韻指掌圖』에서도 20개의 도표만 그려 놓고 운섭이란 명칭을 사용하지는 않았다. 맨 처음 운섭이라는 명칭을 사용한 운도는 『四聲等子』이며, 元代 劉鑑의 『經史正音切韻指南』(이를 『切韻指南』으로 簡稱하기도 한다)에서도 운섭을 사용하였다. 이들은 모두『廣韻』의 운목을 16섭으로 나누었으며, 명칭도 비슷하다. 그 명칭은 '通, 江, 止, 遇, 蟹, 臻, 山, 效, 果, 假, 宕, 梗, 曾, 流, 深, 咸'이며, 흔히 말하는 운섭이란 이 16섭을 두고 한 것이다. 현재 대부분의 음운학자들은 攝은 발음이 유사한(운복이 비슷하고 운미가 같은) 운을 하나로 합친 것이라고 여기고 있다. 어떤 학자는 한 걸음 더 나아가 "주요한 것은 당송 시기의 음은 후대에 이르러 발전 변화하였기 때문에 송원 시기의 운류의 구분은 전기와 달라졌으며, 운서 가운데의 운부의 독음도 이미 서로 같거나 혹은 유사하게 변하였다. 따라서 운도의 작자들은 이들을 하나의 攝으로 귀납시켰다"[5]고 하였다. 하나의 攝으로 합쳤다는 것은 운모 중 운두를 제외하고 주요모음과 운미의 독음이 대동소이해졌음을 말해 준다.[6]『四聲等子』에서는 16섭의 명칭은 사용하였으나 江攝을 宕攝에, 梗攝을 曾攝에, 그리고 假攝을 果攝에 합쳐 놓아 실제로는 13섭밖에 없다. 이것은 당시『四聲等子』가 근거로 한 방언에서는 이들 각 攝사이에 근본적인 구별이 없었음을 말해 준다. 그 뒤에 나온『切韻指南』에서는 오히려 16섭으로 분류하고 있는데 이것은 한편으로는『切韻指南』의 작자가 더 보수적이었다는 것을 보여주고 있고[7], 다른 한편으로는 16섭으로 합친 것은 응당『四

---

5) 李新魁.『漢語等韻學』, 17-18쪽.

6) 양성운과 입성운 사이에는 운미의 구별이 여전히 존재하였다. 조기 운도의 제작 시에 입성의 세 가지 서로 다른 운미의 구별이 아직 없어지지 않았기 때문에 이들을 나누어 양성운 각 섭에 대응시켜 배열하여 독립된 입성운의 攝을 만들거나 음성운과 대응시켜 배열하지 않고 있다.

7) 이러한 점은『切韻指南』에서 圖를 나눈 방식과 성모의 배열 방식으로부터도 알 수 있다.

聲等子』 이전으로 즉, 송초의 어음에 이미 16부류로 합쳐지는 경향이 있었음을 말해 준다.

각 운섭에 포함된 운목의 수는 모두 다른데, 어떤 운섭은 하나의 운목만을 포함하며 어떤 운섭은 8~9개의 운을 포함하기도 한다. 『廣韻』의 206운이 16개의 운섭으로 분류된 상황은 다음과 같다.

(一) 通攝 11韻

1.東	1.董	1.送	1.屋
2.冬		2.宋	2.沃
3.鍾	2.腫	3.用	3.燭

(二) 江攝 4韻

4.江	3.講	4.絳	4.覺

(三) 止攝 12韻

5.支	4.紙	5.寘
6.脂	5.旨	6.至
7.之	6.止	7.志
8.微	7.尾	8.未

(四) 遇攝 9韻

9.魚	8.語	9.御
10.虞	9.麌	10.遇
11.模	10.姥	11.暮

(五) 蟹攝 19韻

12.齊	11.薺	12.霽
		13.祭

		14.泰	
13.佳	12.蟹	15.卦	
14.皆	13.駭	16.怪	
		17.夬	
15.灰	14.賄	18.隊	
16.咍	15.海	19.代	
		20.廢	

(六) 臻攝　25韻

17.眞	16.軫	21.震	5.質
18.諄	17.準	22.稕	6.術
19.臻			7.櫛
20.文	18.吻	23.問	8.物
21.欣	19.隱	24.焮	9.迄
23.魂	21.混	26.慁	11.沒
24.痕	22.很	27.恨	

(七) 山攝　28韻

22.元	20.阮	25.願	10.月[8]
25.寒	23.旱	28.翰	12.曷
26.桓	24.緩	29.換	13.末
27.刪	25.潸	30.諫	14.鎋
28.山	26.產	31.襉	15.黠
29.先	27.銑	32.霰	16.屑
30.仙	28.獮	33.線	17.薛

(八) 效攝　12韻

---

8) 운목의 번호는 『廣韻』에서의 운목의 순서를 나타낸다.

31.蕭	29.篠	34.嘯	
32.宵	30.小	35.笑	
33.肴	31.巧	36.效	
34.豪	32.皓	37.號	

(九) 果攝　6韻

35.歌	33.哿	38.箇	
36.戈	34.果	39.過	

(十) 假攝 3韻

37.麻	35.馬	40.禡	

(十一) 宕攝 8韻

38.陽	36.養	41.漾	18.藥
39.唐	37.蕩	42.宕	19.鐸

(十二) 梗攝 16韻

40.庚	38.梗	43.映	20.陌
41.耕	39.耿	44.諍	21.麥
42.淸	40.靜	45.勁	22.昔
43.靑	41.迥	46.徑	23.錫

(十三) 曾攝 8韻

44.蒸	42.拯	47.證	24.職
45.登	43.等	48.嶝	25.德

(十四) 流攝 9韻

46.尤	44.有	49.宥	
47.侯	45.厚	50.候	
48.幽	46.黝	51.幼	

(十五) 深攝 4韻

49.侵	47.寢	52.沁	26.緝

(十六) 咸攝 32韻

50.覃	48.感	53.勘	27.合
51.談	49.敢	54.闞	28.盍
52.鹽	50.琰	55.艷	29.葉
53.添	51.忝	56.㮇	30.帖
54.咸	52.豏	57.陷	31.洽
55.銜	53.檻	58.鑑	32.狎
56.嚴	54.儼	59.釅	33.業
57.凡	55.范	60.梵	34.乏

운들이 攝으로 분류되는 데에는 일정한 원칙이 있다. 즉 운미는 같아야 하고 주요모음(운복)이 비슷한 운이라야 하나의 攝으로 분류될 수 있다. 예를 들면 通攝의 東冬鍾 세 운은 운미가 모두 [ŋ]으로 같으며, 東韻의 주요모음은 [u], 冬鍾 두 운의 주요모음은 [o]이나, [u]와 [o]는 모두 후설고모음으로 조음 위치가 서로 가깝다.[9] 이렇게 攝으로 분류한 결과, 『廣韻』 206운의 복잡한 체계는 간단하게 정리된 셈이다. 그리하여 운섭의 작용은 바로 음체계를 해석하고, 운과 운 사이의 관계를 분석하는 것임을 알 수 있다.

---

9) 이 攝은 송대 등운학자들이 인위적으로 분류한 것이지만 사실 당대의 시인들의 용운 상황을 귀납 분석하면 모두 이 16섭과 일치한다. 따라서 이 16섭은 당송 시기의 실제 운모 체계라는 것을 알 수 있다. 史存直『漢語音韻學綱要』第一章 참조.

3. 等呼

‘等’과 ‘呼’는 전통 음운학자들이 운모의 구조를 분석할 때에 제시하였던 두 가지 중요한 개념이다. ‘呼’는 주로 운두의 성질에 따라 구분되고 ‘等’은 운복의 성질에 따라 구분되는 것이나, 이들 양자 사이에는 밀접한 관계가 있다.

‘呼’는 최초에는 開合 두 종류로만 구분하였다. 오늘날의 인식으로 말하자면, 운두가 후설 고모음 [u-]이거나 운복이 [u]인 운을 합구호, 운두나 운복이 [u]가 아닌 운은 개구호에 속한다고 할 수 있다.10) 예를 들어 현대 표준어의 ‘干’과 ‘官’은 발음이 각각 [kan]과 [kuan]이다. 이 두 글자의 독음은 운복과 운미는 같으나, 전자는 운두가 없는 개구호이고, 후자는 운두 [u]가 있는 합구호라는 차이가 있을 뿐이다. 따라서 원래의 ‘呼’는 운두의 성질에 따라 구별한 것임을 알 수 있다.

‘等’도 운모의 구조를 분석하는 방법의 하나이다. 앞에서 제시한 『韻鏡』의 일부에서 볼 수 있듯이 동일한 운도, 동일한 성조에 속하는 운모를 네 칸으로 나누어, 이를 각각 一等, 二等, 三等, 四等이라 칭하였다. 서로 다른 等에 속하는 운모는 성모와 결합하는 상황도 다르다. 아음의 청음은 ‘寒, 刪, 仙, 先’운 모두

---

10) 開合을 달리 표시한 경우도 있다. 鄭樵의 『通志 · 七音略』에 열거된 운도에서는 각 도에 개합을 표시하지 않고 ‘重’과 ‘輕’으로 표시하였는데, ‘重中重’, ‘重中輕’, ‘輕中重’, ‘輕中輕’, ‘重中重內重’, ‘重中重內輕’, ‘輕中重內輕’, ‘輕中輕內輕’ 등이 그것이다. 羅常培의 연구에 의하면 ‘重’과 ‘輕’은 실제 ‘開合’의 異名이라 할 수 있다. 『四聲等子』의 序에 ‘審四聲開合以權其輕重’이라 하고 있는데, 여기에서 開合, 重輕은 呼를 서로 다른 각도에서 인식한 것임을 알 수 있다. ‘重中重’, ‘輕中輕’이라고 말한 것은 開合의 정도에 대한 분석이다.

와 결합하지만, 탁음은 '仙'운 하고만 결합할 뿐이며, 설음의 모든 성모는 두 번째 칸의 刪韻하고는 결합하지 않는다는 것을 알 수 있다.

동일한 운도, 동일한 성조, 동일한 개합, 동일한 성모에서 네 개의 等次에 따라 서로 다른 음절이 나올 수 있다는 것을 통해 等의 구별이 주로 운복(주요모음)의 차이에 의한 것임을 알 수 있다. 그러나 등운학자들은 等과 等 사이에 어떠한 관계가 있는지에 대해서는 설명을 하지 않았다. 清代 江永은 等은 주요모음의 차이에 따라 나눈 것이라고 여겼다. 그는 "一等洪大, 二等次大, 三四皆細, 四等尤細"라 하였는데, 그가 말한 洪과 細가 가리키는 것은 주요모음의 開口度의 大小이다. 그러나 동일한 等에 속한다고 하여 모든 운모의 주요모음의 음색이 동일한 것은 아니다. 예를 들면, '唐, 魂, 模'운은 모두 一等에 열거되어 있다. 그렇다고 해서 이들 세 운의 운복이 동일하다고는 할 수 없다. 수당음계의 실제에서 보든, 오늘날의 여러 방언에서 보든 이들의 주요모음은 서로 다르다. 그리하여 '洪細'는 다만 동일한 운도 내에서 네 개의 等에 나뉘어 속해 있는 각 운끼리 서로 비교하여 말한 것이다. 따라서 甲圖에서 一等에 있는 운이 乙圖의 二等의 모음보다 반드시 '洪大'하다고 말할 수 없고, 甲圖의 二等韻이 乙圖의 一等韻보다 '細小'하다고 할 수도 없다. 현대 다수의 언어학자들의 연구 결과에 의하면 대체로 一, 二, 三, 四等韻의 주요모음은 大에서 小로, 後에서 前으로 변화한다고 할 수 있다. 그것을 그림으로 나타내면 다음과 같다.

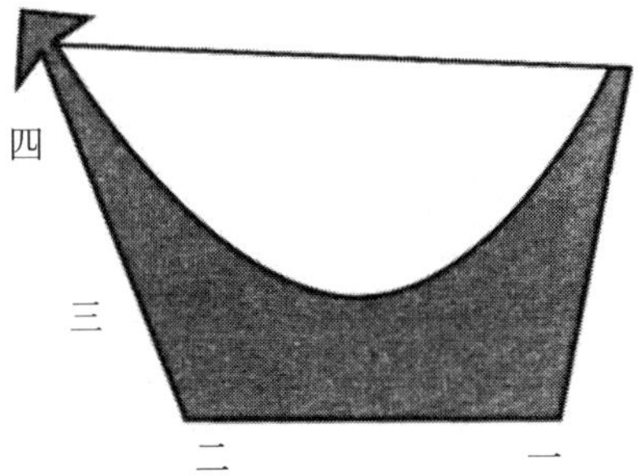

四等이 다 갖추어져 있으면서 네 개의 서로 다른 운부에 속하는 것, 즉『韻鏡』23도 寒刪仙先, 25도 豪肴宵蕭, 40도 談銜嚴鹽에서 각 圖의 네 운은 一等, 二等, 三等, 四等에 나뉘어 배열되어 있다. 그리고 이들 각 운의 주요모음은 현대 방언과 기타 자료를 근거로 하면, 혀의 위치가 앞으로 이동하고 개구도는 점점 감소하고 있다. 따라서 각 等의 주요모음은 一等[ɑ], 二等[a], 三等[ɛ], 四等[e]로 추측할 수 있다. 25도 豪肴宵蕭를 예로 들면 豪[ɑu], 肴[au], 宵[iɛu], 蕭[Ieu]로 추측할 수 있다. 그러나 四等을 다 갖추지 못한 것에서는 그렇지 않다. 하나의 圖에 하나의 운부만 포함되어 있을 경우에는 각 等의 주요모음은 원칙상 같으며, 等을 나눈 것은 단지 운두, 즉 개음의 차이에 의한 것이다.

그리고 三等韻에는 一二四等과 다른 독특한 성질이 있다. 그것은 三等과 기타 等과의 구별이 다만 주요모음의 차이에만 있지 않다는 것으로, 현대 음운학자들은 대체로 三等韻에는 모두 [i]개음이 있었다고 여기고 있다. 예를 들면『韻鏡』1도 東의 一等韻은 [uŋ], 三等韻은 [iuŋ]이다. 40도 三等 鹽은 [iɛm], 21도 三等 元은 [iɐn]이다. 그러나 四等韻에 [i]개음이 있었느냐 하는 문제에 대해서는 학자들 사이에 의견이 일치하지 않고 있다. 『韻鏡』과 같은 조기 운도에서는 [i]가 없었다는 견해가 우세하며, 있다 하더라도 [i]보다 낮은 전설 고모음인 [I]가 있을 수 있다고 보고 있다. 이러한 조건을 고려하면 동일한 운도의 네 等의 각 운은 대체로 다음과 같다.

一	二	三	四
後低	前低	i+前中	I+前高

兩呼와 四等에 대한 개념은 중고 중국어의 운모 구조를 분석하는데 매우 적합하다.

앞에서 『切韻』에는 모두 61운부가 있다고 하였다. 그런데 이들 61운부가 운도에서 모든 等에 나타나는 것은 아니다. 즉 그 운모의 성질에 따라 배열되는 等은 모두 다르다. 『切韻』의 61운부가 운도에서 배열된 상황은 다음과 같다.

一等韻 : 歌, 模, 泰, 咍, 灰, 豪, 侯, 痕, 魂, 寒, 桓, 冬, 唐, 登, 覃, 談

二等韻 : 佳, 皆, 夬, 肴, 臻, 刪, 山, 江, 耕, 咸, 銜

三等韻 : 魚, 虞, 支, 脂, 之, 微, 祭, 廢, 宵, 尤, 幽[11], 眞, 諄, 文, 欣, 元, 仙, 鍾, 陽, 淸, 蒸, 侵, 鹽, 嚴, 凡

四等韻 : 齊, 先, 蕭, 靑, 添

一三等韻 : 東, 戈

二三等韻 : 麻, 庚

11) '幽'운은 四等에 배열되어 있으나 실은 三等韻이다.

그러나 실제 『韻鏡』을 보면 모두 위와 같이 배열되지 않고 있다는 것을 볼 수 있다. 예를 들면 東韻은 一等과 三等에만 배열되어 있지 않고 四等에도 배열되어 있다.[12] 이것은 조기 운도가 특수하게 글자를 배열하였기 때문에 생긴 현상이라 할 수 있다. 『韻鏡』 각 圖의 위에는 '脣音, 舌音, 牙音, 齒音, 喉音, 舌音齒[13]'의 여섯 개의 큰 칸으로 나누고, 각 칸은 또 발음 방법에 따라 '淸, 次淸, 濁, 淸濁'으로 나누어 가로에는 모두 23칸이 있으며, 매 칸은 하나의 성모를 나타낸다. 36자모를 23개의 칸에 배열하였으므로 13개의 자모는 당연히 다른 자모와 같은 자리에 배열될 수밖에 없다. 그 배열 방법은 중순음 '幫滂並明'에 속하는 글자는 開口圖나 合口圖 一二四等의 자리에, 경순음 '非敷奉微'에 속하는 글자들은 合口圖의 三等에 배열하였다. 즉 이 두 組의 성모는 나타나는 等이 다르므로 굳이 圖를 따로 나누어 배열할 필요가 없었던 것이다. 또 설두음 '端透定泥'에 속하는 글자들은 설음 칸 아래 一等과 四等에 배열하고, 설상음 '知徹澄娘'에 속하는 글자들은 같은 설음 칸 아래 二等과 三等에 배열하였다. 그리고 치두음 '精淸從心邪'에 속하는 글자들은 치음 칸 아래 一等과 四等에,[14] 정치음 '照穿牀審禪'에 속하는 글자들은 같은 치음 칸 아래 二等과 三等에 배열하였다.[15] 이렇게 배열한 결과 어떠한 글자들

12) 190-191쪽 그림 참조. 이후의 설명을 쉽게 이해하기 위해서는 운도와 하나하나 대조해 가면서 볼 필요가 있다.

13) 『韻鏡』에서는 '來, 日' 두 자모를 합하여 '舌音齒'라 표시하고 있는데, 이것은 '半舌音'과 '半齒音'을 가리키는 말이다.

14) '邪'모에는 一等字가 없다.

15) 제4장 139-140쪽에서 언급한 바와 같이 반절상자를 계련한 결과, '莊初崇生俟'계의 성모는 二等에, '章昌船書常'계의 성모는 三等에 분류하였다.

은 다만 자모에 의해서만 배열되고 운모에 따라 속하는 等에 위치하지 못하고 다른 等에 배열되는 경우도 있게 되었다. 예를 들면 東韻은 원래 이치대로 라면 一等과 三等에만 배열되어야 한다. 그러나 평성 東韻 치음 칸의 '崇'은 원래 '鋤弓切'로서 반절상자 '鋤'는 '崇'계의 성모이고, '弓'은 三等韻의 글자이다. 따라서 운모에 의거한다면 三等에 배열되어야 하나, 三等은 '章'계의 글자를 배열하기 위한 것이기 때문에 '章'계 글자들과 충돌을 피하여 어쩔 수 없이 성모에 따라 二等에 배열되어 있다. 그리고 '嵩'자는 '息中切'이다. 반절상자인 '息'은 '心'모에 속하는 글자이며, 반절하자 '中'은 三等韻이다. 따라서 운모에 의한다면 이 글자는 三等에 배열되어야 하나 마찬가지로 三等은 이미 '章'계의 글자들을 배열하기 위한 칸이기 때문에 성모에 의해 四等에 배열되어 있다. 결과적으로 이들 글자들은 운모의 성질에 의해서는 원래 三等에 배열되어야 하는 글자들인데 二等 혹은 四等으로 밀려나게 된 셈이다. 이렇게 二等이나 四等이 아니면서 억지로 二等이나 四等에 배열된 글자들을 각각 '假二等', '假四等'이라 한다. 따라서 우리가 『韻鏡』을 볼 때 이러한 글자들은 역시 三等의 글자, 즉 개음 [i]를 취하는 글자로 보아야 할 것이다.

'等'과 '呼'는 원래 서로 다른 개념이었으나, 후에 음이 변화함에 따라 원래의 兩呼와 四等은 四呼로 합류되었다. 송원 이후에는 開口 一二等韻이 개구호로, 開口 三四等韻이 제치호로,16) 合口 一二等韻이 합구호로, 合口 三四等韻이 촬구호로 합류되어 중고 중국어의 운모 체계는 매우 간단하게 되었다. 따라서 현대 중

16) 이때에는 四等韻의 개음 [I]도 [i]에 합류하였다.

국어의 음체계를 분석할 때에는 이 開齊合撮의 四呼의 개념을 사용하며, '等'은 사용하지 않게 되었다. 중고의 兩呼와 근대의 四呼와의 관계를 다음과 같이 간단히 나타낼 수 있다.

開口 ─┬─ 開口(一二等)
　　　└─ 齊齒(三四等)

合口 ─┬─ 合口(一二等)
　　　└─ 撮口(三四等)

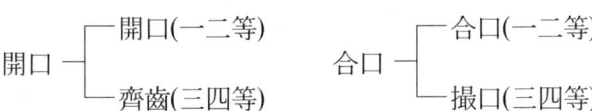

즉, 중고의 兩呼, 四等과 근대의 四呼를 비교해 보면 대체로 중고의 開口一二等은 개구호, 開口三四等은 제치호에 해당하며, 合口一二等은 합구호에, 合口三四等은 촬구호에 해당된다.

4. 字母

앞에서도 언급하였듯이 고대에는 음성을 표기할 수 있는 부호가 없었기 때문에 성모를 나타낼 때에는 '字母'로써 표기하였다. 『切韻』계 운서에서 '韻目'이 그 글자의 성모와는 상관없이 운모만을 대표하는 것과는 반대로 '字母'는 운모와는 관계없이 성모를 대표한다. 예를 들어 36자모 중 '幫'[paŋ]자는 [p]를 성모로 취하는 글자들을 대표한다. 즉 운모 [ɑŋ]은 고려의 대상이 되지 않는다. [p]라는 성모는 '巴'[pa], '布'[pu] 혹은 '比'[pi] 등의 글자를 가지고서도 나타낼 수 있을 것이다. 그러나 습관적으로 이 36자모를 사용해 왔기 때문에 후대의 학자들도 다른 글자로 고치지 않고 그대로 사용하였던 것이다.

운서의 반절상자를 계련하면 같은 성모의 글자들을 한군데에 모을 수 있다. 옛날에는 이를 '雙聲'이라고 칭하였다. 쌍성자들을 총괄하는 명칭은 붙이지 않았으나, 당 중엽 이후에 이르러 이들에게 대표자를 뽑아 붙이기 시작하였다. 지금 전하고 있는 가장 이른 자모는 대략 당말에 守溫이라는 승려가 인도의 범문의 원리에 근거하여 제정한 30자모이다. 이것은 전통적인 반절과 당시 통용되던 운서들을 자료로 하여 귀납한 것이라 할 수 있다. 1907년 돈황에서 발견된 『守溫韻學殘卷』과 守溫보다 이른 唐寫本『歸三十字母例』에도 이 30자모가 기재되어 있는데 순서의 차이만 있을 뿐이다. 守溫의 30자모의 내용은 다음과 같다.

脣音	不芳並明
舌音	端透定泥是舌頭音
	知徹澄日是舌上音
牙音	見(君)溪羣來疑等字是也[17]
齒音	精清從是齒頭音
	審穿禪照是正齒音
喉音	心邪曉是喉中音清
	匣喻影亦是喉中音濁

---

17) '來'를 牙音에 열거하고 있는데 그것은 분명히 잘못 옮겨 쓴 것이라 할 수 있다. 그리고 '君'모를 '見'모와 분리시켜 놓은 것도 36자모에서 이들을 한 류로 분류하고 있는 것으로 보아 착오인 듯하여 괄호 안에 넣었다. 30자모에서 이들을 분리한 것은 '見'계 성모의 三等字가 개음 [i]의 영향을 받아 구개음화의 추세에 있었기 때문이라고 설명할 수 있을 것 같으나, 실제 구개음화가 일어난 것은 17-18세기이기 때문에 설득력이 부족하다.

30자모의 특징은 다음과 같이 요약할 수 있다.

첫째, 순음에 경순음과 중순음이 섞여있다. 이것은 당시에는 경순음과 중순음이 아직 분화하지 않았음을 말해주고 있다.

둘째, '日'모를 설상음으로 분류하고 '泥'모와 대응되는 위치에 두고 있다. 이것은 당시에는 '日'모에 비음 성분이 있었음을 말해준다.

셋째, '心邪曉'모를 후음에 분류하였는데 이중 '心邪'모를 여기에 분류한 것은 아마도 찰음에 대한 인식이 부족하였기 때문인 것으로 보인다.

후에 송대에 이르러 여기에 누군가가 여섯 개의 자모를 더하여 '36자모'를 제시하였는데, 송대 등운도에서는 바로 이 36자모를 가지고 중국어 성모를 분석하였다. 36자모의 내용은 다음과 같다.

脣音	重脣	幫滂並明	
	輕脣	非敷奉微	
舌音	舌頭	端透定泥	
	舌上	知徹澄娘	
齒音	齒頭	精清從	心邪
	正齒	照穿牀	審禪
牙音		見溪羣疑	
喉音		影	喻曉匣
半舌			來
半齒			日

36자모를 30자모와 비교하면 경순음의 네 성모가 분화하였고, '牀'모와 '娘'모가 증가하였다. 『切韻』의 반절상자를 귀납한 결과

와 비교해 보면 순음에 중순음과 경순음의 구별이 생겼고, '泥'모에서 '娘'모가 분화하였으며, '章'계와 '莊'계가 '照'계[18]로 합쳐진 점이 다르다고 하겠다.

36자모의 각 자모에 해당하는 글자들은 다음과 같다.

1.見母: 公江該居	19.奉母: 馮肥房婦
2.溪母: 空苦欺區	20.微母: 微文亡物
3.羣母: 窮共奇狂	21.精母: 子總箭進
4.疑母: 我傲銀魚	22.淸母: 村餐千親
5.端母: 東當顚端	23.從母: 存殘錢籍
6.透母: 通泰探退	24.心母: 掃送算昔
7.定母: 杜道亭談	25.邪母: 隨松祥夕
8.泥母: 寧年奴農	26.照母: 震戰終諸
9.知母: 追征張竹	27.穿母: 充出川叉
10.徹母: 抽捶畜寵	28.牀母: 崇狀巢舌
11.澄母: 陳傳鄭治	29.審母: 詩書少說
12.娘母: 粘女濃娘	30.禪母: 成臣是受
13.幫母: 包奔邊拜	31.曉母: 呼希虛海
14.滂母: 匹攀普配	32.匣母: 效含行學
15.並母: 別白旁貧	33.影母: 安煙憂衣
16.明母: 門母莽馬	34.喻母: 爲余用友
17.非母: 風甫方分	35.來母: 劉靈里連
18.敷母: 芳芬撫肺	36.日母: 而柔入肉

18) 정치음에는 '照穿牀審禪' 다섯 개의 자모가 있다. 이들을 통틀어 '照'계라 한다. 또 '精'계는 치두음 '精淸從心邪'의 다섯 개 자모를 가리킨다.

36자모는 대략 당송(9～11세기) 시기 중국어의 36개 성모를 나타내는 것으로, 당시의 음체계를 연구하는데 없어서는 안 될 중요한 자료이다. 그것의 추측 음가는 다음과 같다.

造音方式舊名			全淸	次淸	全濁	次濁	又次淸	又次濁
造音方式新名			淸音	送氣音	濁音	鼻音 等	淸擦音	濁擦音
造音位置新名	造音位置舊名							
雙脣音 輕脣音	脣音	重脣音 輕脣音	幫[p] 非[f]	滂[ph] 敷[fh]	並[b] 奉[v]	明[m] 微[ɱ]		
舌尖中音 舌尖後音	舌音	舌頭音 舌上音	端[t] 知[ʈ]	透[th] 徹[ʈh]	定[d] 澄[ɖ]	泥[n] 娘[ɳ]		
舌尖前音 舌面前音	齒音	齒頭音 正齒音	精[ts] 照[tʃ]	淸[tsh] 穿[tʃh]	從[dz] 牀[dʒ]		心[s] 審[ʃ]	邪[z] 禪[ʒ]
舌面後音	牙音		見[k]	溪[kh]	羣[g]	疑[ŋ]		
舌面後音 喉音	喉音		影[ʔ]			喩[0]	曉[x]	匣[ɣ]
邊音	半 舌 音					來[l]		
	半 齒 音					日[ɳʑ]		

'等'이 운모의 '洪細'에 따라 구분한 것임은 이미 언급하였다. 성모를 발음하는 데에는 원래 '洪細'의 차이가 없음에도 불구하고 운도에서는 성모의 等을 따지기도 한다. 그 이유는 현대 중국어에서 어떠한 성모는 모든 운모와 결합하지 않고 특정한 운모와만 결합하는 것과 같이 중고에도 '幫, 滂, 並, 明, 見, 溪, 疑, 曉, 影, 來' 등의 자모는 一二三四等의 운모와 모두 결합할 수 있으나, '非, 敷, 奉, 微, 日'과 같은 자모는 三等韻하고만 결합하기 때문이다. 또한 '匣'모는 一二四等韻과, '羣'모는 三等과 四等韻과

결합한다. 또 앞에서도 언급하였듯이 운도에서는 일반적으로 가로로 36자모를 배열하였으나 『韻鏡』, 『七音略』과 같은 운도에서는 23칸으로 나누어 이들을 배열하고 있다. 즉 설음의 두 組(설두음과 설상음)와 치음의 두 組(치두음과 정치음)는 칸을 따로 하지 않고 等으로써만 구분하였다. 설두음 '端透定泥'와 치두음 '精淸從心邪'('邪'모는 一等字가 없다)는 一等과 四等에, 설상음 '知徹澄娘'과 정치음 '照穿牀審禪'은 二等과 三等에 배열하여 구분하였다. 36자모의 정치음 '照穿牀審禪'은 『切韻』에서 개음 [i]와 결합할 수 있는 '章'계와 그렇지 않은 '莊'계로 구분하였고, 운도에서도 '莊'계를 二等에, '章'계를 三等에 배열하여 구분하였다. 또 '喩'모에도 두 종류가 있었는데 운도에서는 이들을 三等과 四等에 배열하여 구분하였다.

Ⅱ. 宋代의 대표적 운도

지금까지 전하는 최초의 운도는 모두 송대 사람들이 만든 것이다. 송대의 운도는 대체로 두 가지 부류로 나눌 수 있다. 하나는 『韻鏡』, 『七音略』 등 五代・宋初의 음체계를 반영하고 있는 것이고[19], 다른 하나는 『四聲等子』, 『切韻指掌圖』 등 대략 송 중엽의 음을 반영하고 있는 것이다.

19) 이들을 흔히 早期韻圖라 칭한다.

1. 『韻鏡』·『七音略』

『韻鏡』의 작자는 알 수 없고 모두 43轉으로 분류하였는데 이것은 곧 43개의 성운 결합표라 할 수 있다. 각 장의 圖 앞에 開合을 표시하고 있으며, 각 도의 가로로는 脣, 舌, 牙, 齒, 喉, 舌音齒(半舌, 半齒)의 七音이 열거되어 있고, 또 각각 청탁을 분류하여 모두 23행으로 나누고 36자모로써 성모를 나타내고 있다. 세로로는 네 칸을 나누었는데 위로부터 각각 평상거입의 성조를 나타낸다. 각 칸의 내부에는 다시 네 열로 나누어져 있는데 이것은 네 等의 운모를 대표한다. 종횡이 교차하는 곳에 하나의 음절로 채워 놓은 것은 운서에 나오는 음절을 대표하는 글자를 나타낸 것이고 '○'을 그려 놓은 곳도 있는데 그것은 음은 있을 수 있으나 글자가 없다는 것을 나타낸 것이다.

『七音略』은 宋 紹興 壬午 전후(1162 전후)에 鄭樵가 만든 것으로 대략 『韻鏡』과 같은 시기의 것으로 보이며, 반영하는 음계도 대체로 같다. 『七音略』은 『韻鏡』과 마찬가지로 43도로 나누었으며 각 도도 역시 23행으로 나누었다. 그리고 글자들을 四聲, 四等에 의해 열거하고 『廣韻』의 206운을 모두 포함하고 있다. 『韻鏡』과 서로 다른 점은 가로로 23행은 36자모로써 나타냈고, 자모의 아래에 '宮, 商, 角, 徵, 羽, 半徵, 半商'으로 七音을 주하였으며, '重輕'으로써 開合을 표시하였다는 점이다. 그리고 입성운인 鐸藥을 양성운인 陽唐과 음성운 豪肴와 동시에 대응되게 배열하고 있다. 이 점은 입성운미의 소실 과정에 대해 하나의 중요한 단서를 제공해 주는 것이라 할 수 있다. 중고 운미 [k]였던 입성자 가운데 '通, 江, 宕'섭의 입성자는 현대에는 운미가 [u]로 변하였다. 예를 들면 '藥, 學, 覺, 角, 脚' 등은 현재 모두 운미가 [u]이다.

『韻鏡』

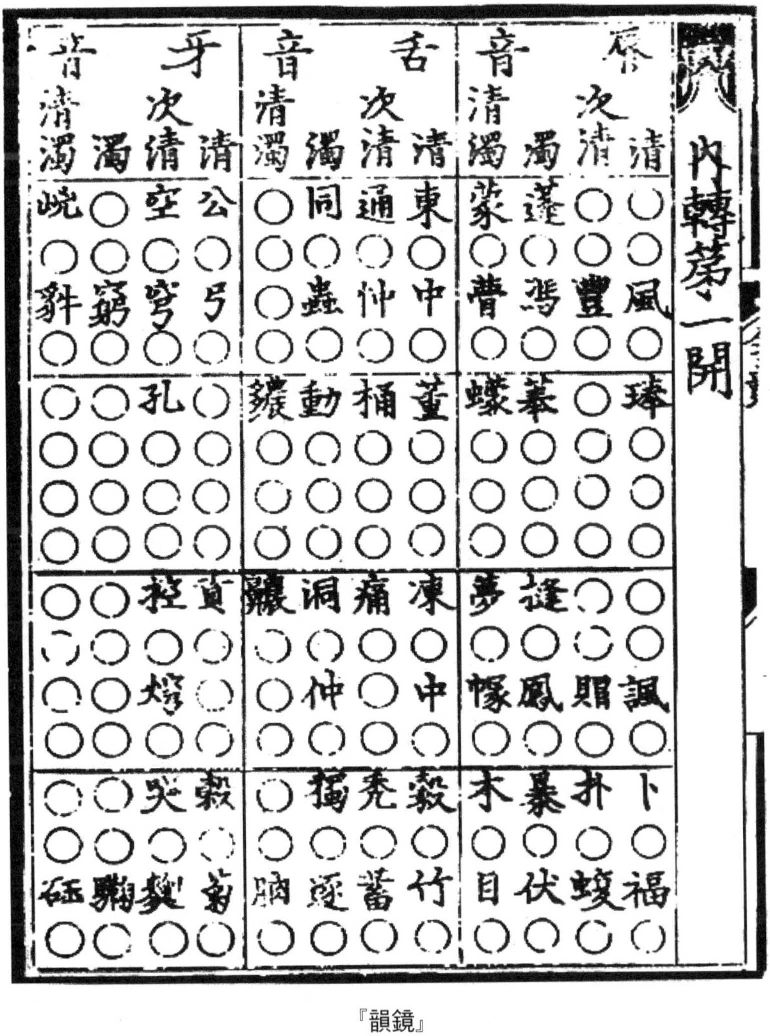

內轉第一開

脣音 清	脣音 次清	脣音 濁	脣音 清濁	舌音 清	舌音 次清	舌音 濁	舌音 清濁	牙音 清	牙音 次清	牙音 濁	牙音 清濁
○	○	蓬	蒙	東	通	同	○	公	空	○	㟍
○	○	○	○	○	○	○	○	○	○	○	○
風	豐	馮	瞢	中	忡	蟲	○	弓	穹	窮	豻
○	○	○	○	○	○	○	○	○	○	○	○
琫	○	菶	蠓	董	桶	動	貜	○	孔	○	○
○	○	○	○	○	○	○	○	○	○	○	○
○	○	○	○	○	○	○	○	○	○	○	○
○	○	○	○	○	○	○	○	○	○	○	○
○	○	逢	夢	凍	痛	洞	齈	貢	控	○	○
○	○	○	○	○	○	○	○	○	○	○	○
諷	賵	鳳	幪	中	○	仲	○	○	焪	○	○
○	○	○	○	○	○	○	○	○	○	○	○
卜	扑	暴	木	穀	禿	獨	○	穀	哭	○	○
○	○	○	○	○	○	○	○	○	○	○	○
福	蝮	伏	目	竹	蓄	逐	朒	菊	麴	驧	砡
○	○	○	○	○	○	○	○	○	○	○	○

『韻鏡』

『七音略』에서 입성자를 이렇게 배열하였다는 것은 이들 입성자의 일부가 당시에 이미 운미 [k]와 조음 위치가 같은 모음 [u]로 변하였음을 말해 준다.

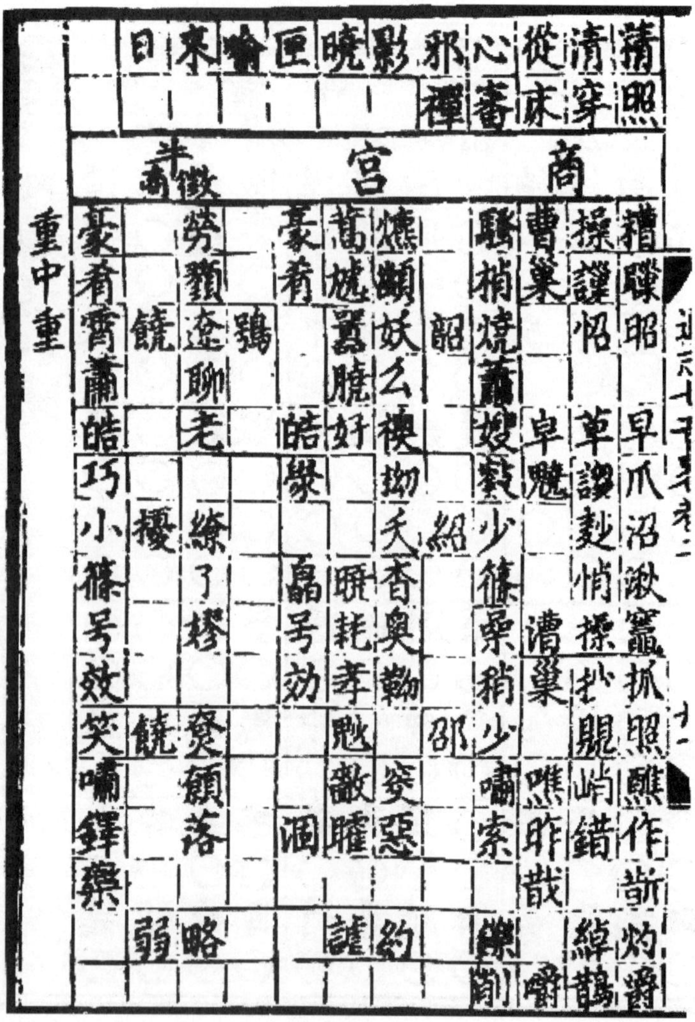
精清從心邪影曉匣喻來日
照穿床審禪
商 宮 半徵 半商
重中重

『七音略』

『韻鏡』과 『七音略』의 가치는 이들이 간행된 시기가 이르다는 것 외에 『切韻』계 운서의 체계를 그대로 보존하고 있다는 점이다. 운서에서 서로 다른 음으로 표기된 글자들은 이 두 운도에서도

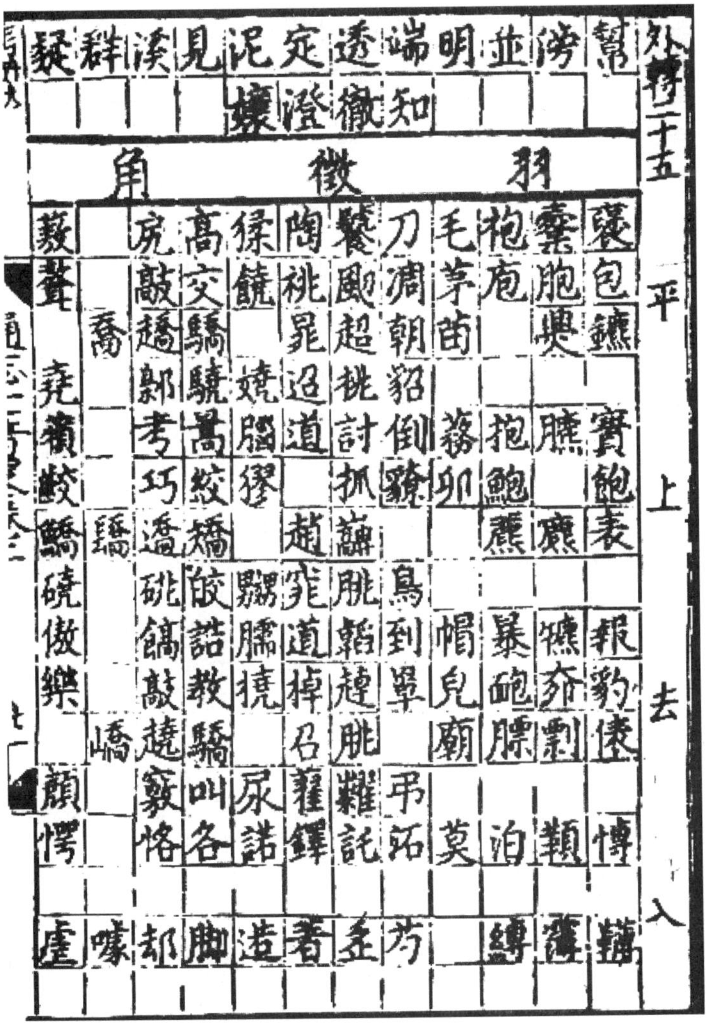

『七音略』

서로 다른 자리에 위치하고 있다. 또한 운서의 내용 중 누락된 부분이 적고 비교적 체계적으로 정리되어 있다. 따라서 이 두 운도는 확실히 운서의 잘못을 바로 잡고 운서의 부족함을 보충하는데 좋은 자료가 된다. 『韻鏡』과 『七音略』의 43圖와 그것들이 포함하는 『廣韻』의 운목을 열거해 보면 다음과 같다.[20]

圖序	內外轉[21]	開合	韻目															
			平				上				去				入			
			一	二	三	四	一	二	三	四	一	二	三	四	一	二	三	四
1	內	開	東		東		董				送		送		屋		屋	
2	內	開合	冬		鍾		腫				宋		用		沃		燭	
3	外	開合		江				講				絳				覺		
4	內	開合			支				紙				寘					

20) 도표 중 각 성조마다 네 칸으로 구분한 것은 等을 나타낸 것이다.

21) '轉'은 자음과 모음이 서로 결합한다는 의미이다. 『韻鏡』이 모두 43轉으로 되어 있다는 것은 43개의 성운 결합표로 구성되어 있음을 뜻한다. 또한 이 43轉은 內轉 20전과 外轉 23전으로 구분되는데, 내전과 외전이 각각 무엇인지는 설명되어 있지 않다. 내외전의 구분에 대한 현대 학자들의 대표적인 견해는 다음의 두 가지이다. 첫 번째는 『四聲等子』의 '辨內外轉例'에 있는 내외전에 관한 설명을 근거로 하여 二等字의 유무로 내외전을 구분한다고 보는 것이다. 즉 내전은 치음 이외에는 모두 二等字가 없고, 외전은 五音 모두에 二等字가 있어 四等이 고루 갖추어져 있는 운을 말한다고 주장한다. 두 번째는 내외전이 주요모음 고저의 차이로 구분된다고 보는 것이다. 내전은 후설모음 [u] [o], 중설모음 [ə] 및 전설 고모음 [i] [e]를 가진 운이고, 외전은 전설모음 [e] [ɛ] [æ], 중설모음 [ɐ] 및 후설 저모음 [ɑ] [ɔ]를 가진 운이라고 하는데, 후설모음은 발음할 때 혀가 수축되고 고모음은 입이 가려 덮이기 때문에 '內'라고 하며, 전설모음은 발음할 때 혀가 펴지고 저모음은 입이 벌어지기 때문에 '外'라고 칭한다고 주장한다. 위의 두 가지 견해가 내외전에 관한 대표적인 설명이지만, 아직까지도 내외전에 관한 명확한 정설은 없다고 할 수 있다.

圖序	內外轉	開合	韻目															
			平				上				去				入			
			一	二	三	四	一	二	三	四	一	二	三	四	一	二	三	四
5	內	合			支				紙				寘					
6	內	開			脂				旨				至					
7	內	合			脂				旨				至					
8	內	開			之				止				志					
9	內	開			微				尾				未				廢	
10	內	合			微				尾				未				廢	
11	內	開			魚				語				御					
12	內	開合	模		虞		姥		麌		暮		遇					
13	外	開	咍	皆		齊	海	駭		薺	代	怪	祭	霽		夬		
14	外	合	灰	皆		齊	賄	駭			隊	怪	祭	霽		夬		
15	外	開		佳				蟹			泰	卦		祭				
16	外	合		佳				蟹			泰	卦		祭				
17	外	開	痕		臻	眞	很		軫	軫	恨		震	震	沒		櫛	質
18	外	合	魂		諄	諄	混		準	準	慁		稕	稕	沒		術	術
19	外	開			欣				隱				焮				迄	
20	外	合			文				吻				問				物	
21	外	開		山	元	仙		產	阮	獮		襇	願	線		鎋	月	薛
22	外	合		山	元	仙		產	阮	獮		襇	願	線		鎋	月	薛
23	外	開	寒	刪	仙	先	旱	潸	獮	銑	翰	諫	線	霰	曷	黠	薛	屑
24	外	合	桓	刪	仙	先	緩	潸	獮	銑	換	諫	線	霰	末	黠	薛	屑
25	外	開	豪	爻	宵	蕭	晧	巧	小	篠	號	效	笑	嘯				
26	外	合				宵				小				笑				
27	內	合	歌				哿				箇							
28	內	合	戈				果				過							
29	內	開		麻				馬				禡						
30	外	合		麻				馬				禡						

圖序	內外轉	開合	韻目															
			平				上				去				入			
			一	二	三	四	一	二	三	四	一	二	三	四	一	二	三	四
31	內	開	唐		陽		蕩		養		宕		漾		鐸		藥	
32	內	合	唐		陽		蕩		養		宕		漾		鐸		藥	
33	外	開		庚	清	清		梗	靜	靜		敬	勁	勁		陌	昔	昔
34	外	合		庚	清	清		梗	靜	靜		敬	勁	勁		陌	昔	昔
35	外	開		耕	清	靑		耿	靜	迥		諍	勁	徑		麥	昔	錫
36	外	合		耕		靑		耿		迥		諍		徑		麥		錫
37	內	開	侯		尤	幽	厚		有	黝	候		宥	幼				
38	內	合			侵				寑				沁				緝	
39	外	開	覃	咸	監	添	感	豏	琰	忝	勘	陷	艶	㮇	合	洽	葉	帖
40	外	合	談	銜	嚴	監	敢	檻	儼	琰	闞	鑒	釅	艶	盍	狎	業	葉
41	外	合			凡				范				梵				乏	
42	內	開	登		蒸		等		拯		嶝		證		德		職	
43	內	合	等												德		職	

2. 『四聲等子』·『切韻指掌圖』

『四聲等子』는 저자를 알 수 없으나 남송의 승려가 지은 것으로 추측된다. 『四聲等子』는 20도로 되어 있다. 『韻鏡』과 『七音略』에서는 여러 개의 圖에 나뉘어 배열되었던 글자들이 『四聲等子』에서는 하나의 圖에 나타나기도 하였다. 예를 들면, 1도와 2도를 합쳐 1도로 하고(東冬鍾), 3도, 31도, 32도를 합쳐 두 개의 圖로 한 것(唐江陽開合) 등이다. 圖를 합치게 됨에 따라 원래 쓰였던 음절, 즉 음절 대표자의 일부도 없어졌다. 이것은 원래 여러 개

운의 독음이 이미 하나의 음으로 같아졌음을 설명해 주고 있다. 『四聲等子』는 운을 분류하는 기준으로 '攝'의 개념을 제시하였으며, 주요모음이 서로 유사한 운부를 한군데에 모았다. 『四聲等子』는 가로로 36자모를 열거하였으며, 牙舌脣齒喉의 순서로 되어 있다. 세로로 네 칸은 네 等을 나눈 것이고, 하나의 等 내에서 다시 평상거입을 구분하고 있다. 『四聲等子』는 입성을 음성운, 양성운과 동시에 대응시켜 배열해 놓았는데, 이것도 입성 운미의 성질이 이미 변하였거나 변하는 과정에 있음을 보여 주는 것이다.

『四聲等子』를 『韻鏡』과 비교해 보면 몇 가지 특징을 발견할 수 있다. 즉 '東, 冬, 鍾', '江, 陽, 唐', '家, 戈, 麻', '登, 蒸, 青, 淸, 庚, 耕'이 각각 합쳐져 있다는 점이다. 그리고 '侵'운과 그에 상응하는 上去入聲은 『韻鏡』에서는 합구에 배열되어 있으나 『四聲等子』에서는 개구로 되어 있으며, 攝名이 없이 咸攝의 뒤에 열거되어 있다. 또한 '豪, 肴, 宵, 蕭'의 합구가 개구로 변해 있는 등 차이가 많은데, 이러한 현상들은 이들 운의 독음이 이미 같아졌거나 비슷해졌음을 말해 주는 것으로, 모두 후대 『中原音韻』 등과 같은 북방 운서의 음계에 매우 근접해 있다. 만약 『韻鏡』과 같은 종류의 조기 운도가 아직까지 『切韻』계 운서의 음계에 얽매어 있다고 한다면, 『四聲等子』는 기본적으로 이러한 틀을 깨고 실제 어음에 근거하여 攝을 나누고 글자를 열거하는 독자적인 방법을 택하였다고 할 수 있다. 따라서 『四聲等子』는 후대 등운학의 발전에 중대한 영향을 끼쳤다고 할 수 있다.

精照	糟早竈作	䚄爪笊斮	昭沼照灼	焦勦醮雀
清穿	操草操錯	抄炒鈔○	怊麨覞綽	鍬悄陗鵲
從牀	曹皁漕昨	巢䰫巢斮	○○○○	樵濮嶕嚼
心審	騷嫂喿索	梢㪣稍○	燒少少爍	蕭篠嘯削
邪禪	○○○○	○○○○	韶紹邵杓	○○○○
曉	蒿好耗郝	虓嘐孝吒	囂○歊謔	膮曉謞○
匣	豪晧號涸	肴㶊效學	○○○○	○皛顤○
影	爊襖奧惡	顱拗靿握	妖夭○約	幺杳窔○
喻	○○○○	猇○○○	鴞○○○	遙鷕燿藥
來	勞老澇落	顟○○○	燎繚尞略	聊了料○
日	○○○○	○○○○	饒遶饒若	○○○○
	豪晧號鐸	肴巧效覺	宵小笑藥	
	本無入聲		蕭并入宵類	

『四聲等子』

效攝外五 全重無輕韻

	一等	二等	三等	四等
見	高杲告各	交絞教角	嬌矯驕腳	澆皎叫○
溪	尻考靠恪	敲巧敲殼	趫槁趬卻	郹磽竅○
羣	○○櫂○	○○○○	喬驕嶠豦	翹狢翹○
疑	敖積傲咢	磝咬樂岳	○○䖈虐	堯磽翹○
端知	刀倒到沰	嘲獠罩○	朝○○芍	彫鳥弔○
透徹	叨討套託	颩○趠○	超巐朓皀	祧朓糶○
定澄	桃道導鐸	桃○棹○	晁兆召著	條窕藋○
泥孃	猱堖腦諾	鐃䫜閙○	○○○逽	嬈嫋尿○
幫	褒寶報博	包飽豹剝	鑣表裱○	標褾標○
滂	橐麃爊䫮	胞○砲朴	藨麃○○	漂縹剽○
並	袍抱暴泊	炮鮑鞄雹	瀌藨○○	瓢摽驃○
明	毛蓩帽莫	猫卯貌邈	苗○廟○	蜱眇妙○

『四聲等子』

『切韻指掌圖』는 司馬光이 지은 것으로 여겨 이것을 운도의 시조로 받들었으나, 司馬光이 썼다는 自序까지도 모두 후인의 위작임이 밝혀졌다. 다만 송대 사람의 저작이라는 사실만은 긍정할 수 있으며, 그 실제 내용을 보면 『四聲等子』와 매우 근접해 있어 동일한 계통의 운도임을 알 수 있다.

『切韻指掌圖』는 20도로 되어 있는데 각 도의 가로는 牙, 舌, 脣, 齒, 喉, 半舌, 半齒의 순서로 36자모를 열거하였다. 이전의 운

敷	非	明	並	滂	幫	娘	澄	徹
		毛	袍	橐	褒			
		茅	庖	胞	包	鐃	祧	颵
○	○	苗	○	○	鑣	○	晁	超
		蜱	瓢	飄	飆			
		蓩	抱	○	寶			
		卯	鮑	○	飽	獿	○	○
○	○	○	藨	麃	表	○	肇	[illegible]
		眇	摽	縹	標			
		冃	暴	○	報			
		貌	靤	奅	豹	橈	棹	趠
○	○	廟	驃	○	裱	○	召	朓
		妙	○	剽	○			
		莫	泊	頮	博			
		邈	雹	璞	剝	搦	濁	逴
○	○	○	○	○	○	逽	着	[illegible]
		○	○	○	○			

『切韻指掌圖』

도에서는 端과 知, 精과 照, 그리고 幫과 非의 각 자모를 각각 舌音, 齒音, 脣音 칸 안에서 등차로써만 구별하였는데 『切韻指掌圖』에서는 이들을 모두 나누어 배열하였다. 세로는 먼저 평상거입의 네 칸으로 나누고, 각 칸 내에서 다시 四等에 의해 음절을 배열하였다. 『切韻指掌圖』는 攝의 개념은 사용하였지만 攝이란 명칭은 없고, 각 도는 內外轉을 나타내지 않고 단지 개합만을 밝혔다. 『切韻指掌圖』는 내용상 『四聲等子』와 거의 일치하고 있다. 예를

知	泥	定	透	端	疑	羣	溪	見	一獨
	猱	陶	饕	刀	敖	○	尻	高	
嘲					聱	○	敲	交	平
朝					○	喬	趫	驕	
	○	迢	祧	貂	堯	翹	鄡	驍	
	腦	道	討	倒	[illegible]	○	考	暠	
獠					齩	○	巧	絞	上
○					鱎	蹻	槁	矯	
	嬲	窕	朓	鳥	磽	○	磽	皎	
	腝	導	韜	到	傲	○	鎬	誥	
罩					樂	○	敲	教	去
○					[illegible]	嶠	趬	驕	
	尿	藋	糶	弔	顤	翹	竅	叫	
	諾	鐸	託	○	咢	○	恪	各	
斲					嶽	○	殼	覺	入
芍					虐	噱	卻	腳	
	○	○	○	○	○	○	○	○	

『切韻指掌圖』

들면 20도로 나눈 것(圖의 순서는 제외), 圖마다 운부가 분합된 것, 입성운이 양성운, 음성운과 동시에 대응되게 배열된 점 등이 그러하다. 『切韻指掌圖』의 판본은 매우 많고 유포된 지역도 넓었으며 후대의 운서나 운도에 대한 영향도 『四聲等子』에 비하여 훨씬 컸다. 그 까닭은 이것이 司馬光이 지었다고 전해진 점도 있겠지만, 『切韻』 혹은 『唐韻』과 같은 전통 운서의 틀을 과감히 뛰어

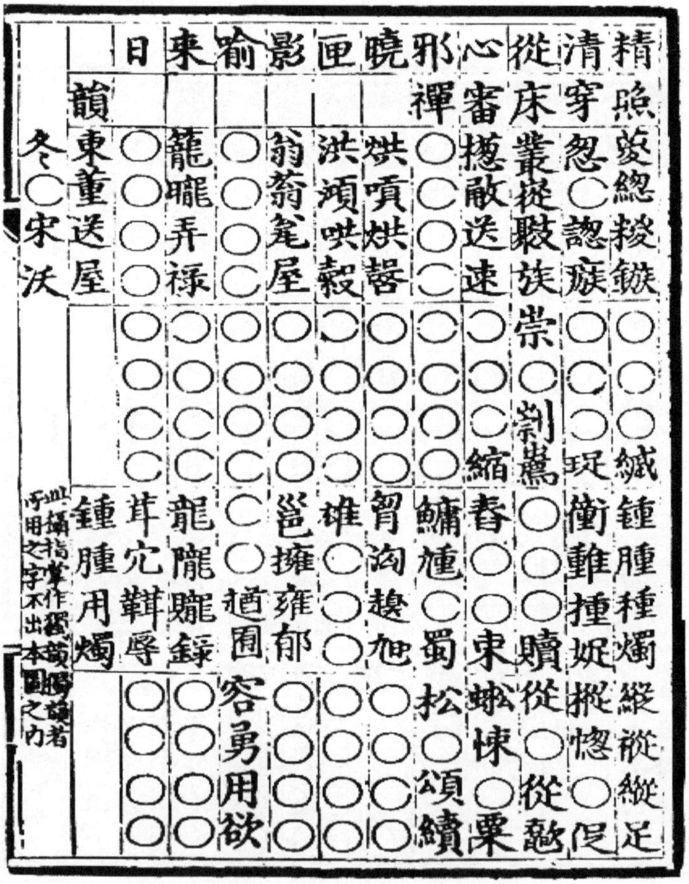

精	清	從	心	邪	曉	匣	影	喻	來	日		
照	穿	床	審	禪							韻	
㚇	怱	叢	檧	○	烘	洪	翁	○	籠	○	東	冬
總	○	從	敵	○	嗊	澒	蓊	○	曨	○	董	○
糉	謥	敤	送	○	烘	哄	瓮	○	弄	○	送	宋
鏃	瘯	族	速	○	嚳	縠	屋	○	祿	○	屋	沃
○	○	崇	○	○	○	○	○	○	○	○		
○	○	○	○	○	○	○	○	○	○	○		
○	○	[illegible]	○	○	○	○	○	○	○	○		
縅	珿	[illegible]	縮	○	○	○	○	○	○	○		
鍾	衝	○	舂	鱅	胷	雄	邕	○	龍	茸	鍾	此攝指掌作獨韻者呼用之字不出本圖之內
腫	䡴	○	○	尰	洶	○	擁	○	隴	宂	腫	
種	揰	○	○	○	[illegible]	○	雍	[illegible]	贚	[illegible]	用	
燭	娖	贖	束	蜀	旭	○	郁	[illegible]	錄	辱	燭	
縱	樅	從	蜙	松	○	○	○	容	○	○		
縱	愡	○	悚	○	○	○	○	勇	○	○		
縱	○	從	○	頌	○	○	○	用	○	○		
足	促	[illegible]	粟	續	○	○	○	欲	○	○		

『經史正音切韻指南』

넘어 당시의 입장에서 이 운서들을 해석하였기 때문이라고 할 수 있다.

이 외에 元代 劉鑒이 지은 『經史正音切韻指南』이 있다. 이것은 至元 2년(1336)에 완성되었고, 운부의 분류와 실린 글자들은 『四聲等子』와 약간 차이가 있으나, 대체로 『四聲等子』의 체계와 가깝다고 할 수 있다.

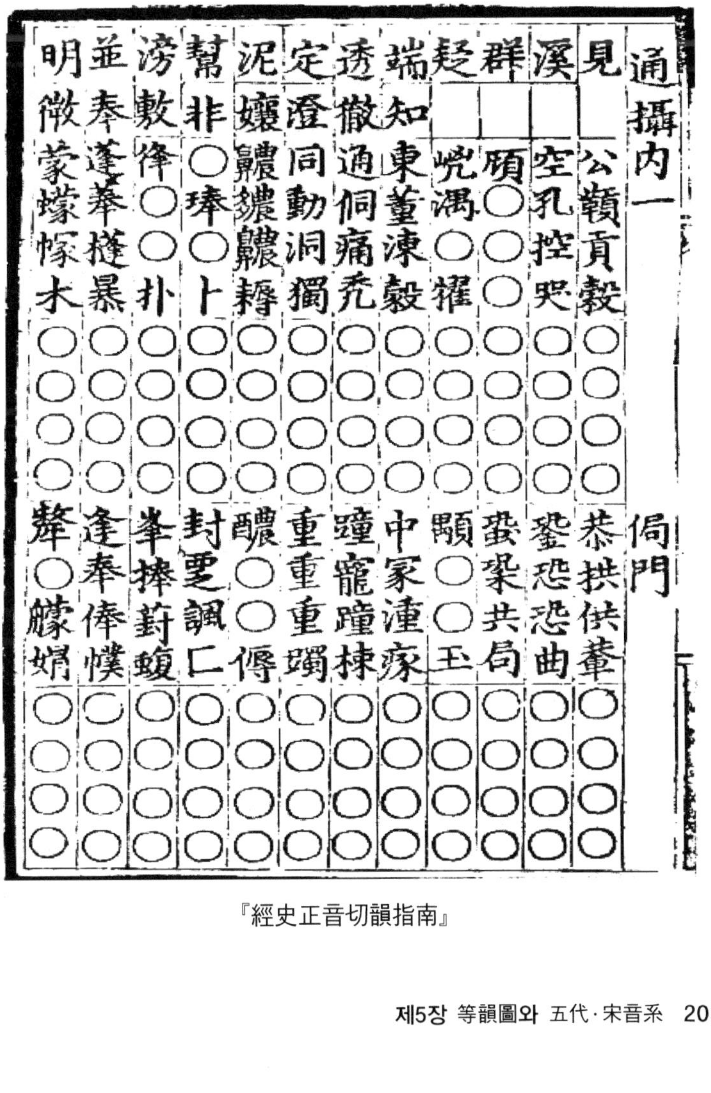

『經史正音切韻指南』

Ⅲ. 운도에 반영된 어음 체계

전통 음운학자들은 음운학의 연구 분야를 모두 等韻學과 今音學(廣韻學), 古音學으로 나누어 등운학을 하나의 독립된 분야로 보았다. 그들은 운도가 等을 나누어 『切韻』 및 『廣韻』 등 전통 운서와 거기에 쓰인 반절을 객관적으로 해석하기 위한 것이라 믿었기 때문이다. 그렇다면 운도는 곧 중고음 체계를 객관적으로 반영한 것이라야 할 것이다. 그러나 등운학의 기본 내용을 자세히 관찰하면 그것은 사실과 다르다는 것을 알 수 있다. 운도는 『切韻』(혹은 『廣韻』)에 대하여 순수하게 객관적으로 도해한 것이 아니며, 반절의 구조를 안 다음 만들어낸 도표도 아니다. 다만 오대 북송과 남송시대의 실제 어음의 입장에서 당시의 음을 이용하여 이미 지나간 음을 해석한 것이라 할 수 있다. 말하자면, 이미 알고 있는 것으로써 알지 못하는 것을 추구하려는 것이었다. 운도 편찬의 목적은 당시 독서인들로 하여금 이미 완전히 구어에서 벗어났지만 반드시 파악해야만 했던 전통적인 문언 음계를 비교적 쉽게 이해하고 파악하도록 하기 위한 것이었다. 음을 표기하는 부호가 없었던 五代와 宋代에 전통 운서와 옛 반절을 이해하기 위해 실제 당시 구음의 어음을 기본 틀로 하고 운서의 옛 반절을 이 틀에 넣어 설명을 한 것은 정말 교묘한 방법이라 할 수 있다.

만약 운도가 옛 반절을 이해하기 위해서만 만들어졌다고 한다면 송대 이후에 나온 모든 운도가 반영하는 음계는 똑같아야 할 것이다. 그러나 송대의 운도만 보더라도 초기에 나온 운도와 후기의 운도가 반영하는 음계는 많은 차이가 있을 뿐 아니라, 『韻鏡』으로부터 청대까지 남아 있는 약 120여 종의 운도는 대부분 당시의 음 체계를 약간씩 반영하고 있다. 그리고 운도가 반영하고 있는 음계는 오히려 五代와 南北宋의 구어에 가까운 작품으로부터 귀납한 실제 어음의 특징에 상당히 근접하다는 점에 주의를 기울일 필요가 있다. 그것은 운도가 반영하는 음계가 당시 어음의 실제 상황과도 부합하고 있다는 것을 말해 준다.

그러므로 운도가 반영하는 음계는 곧 운도를 작성할 당시의 실제 어음의 기본적인 윤곽이며, 운도의 발전 변화도 어음 변천의 어떠한 상황을 나타내 주고 있다고 할 수 있다. 이러한 관점에서 운도를 보면 모든 현상들이 쉽게 해석될 수 있다.

1. 성모

『韻鏡』에서 『切韻指南』에 이르기까지 성모는 모두 36자모에 의해 배열되었다.[22] 『韻鏡』, 『七音略』, 『四聲等子』, 『切韻指南』은 전통적인 五音七音說에 구속되어 幫과 非, 端과 知, 精과 照를 함께 배열하였는데, 이들을 구별하기 위하여 '幫'계는 一, 二四等 칸에, '非'계는 三等 칸에 배열하였고, '端精'계는 一等과 四等 칸에, '知照'계는 二等과 三等 칸에 배열하였다. 이는 36자모를 경

22) 조기 운도에서는 五音과 七音에 淸濁을 배합하여 성모를 나타냈다. 그것은 그 때에는 36자모가 아직 창제되지 않았거나, 혹은 아직 통행되지 않아서 이전에 익히 사용되었던 五音·七音으로 잠시 대체한 때문일 것이다.

제적으로 모두 잘 배열할 수 있는 방법일 뿐 아니라, 또 운서에서 사용한 반절이 반영하는 중고 성운의 결합 상황과도 부합한다고 할 수 있다. 그러므로 최소한 조기 운도가 대표하는 五代宋初 시기에는 36자모가 확실히 당시의 성모 체계를 반영했다고 할 수 있다.

36자모에서는 照二(莊初崇生俟)와 照三(章昌船書常)을 구분하지 않았는데, 운서에서는 대체로 이 두 종류에 속하는 글자들을 구분하여 배열하였다. 그렇다면 이것은 『切韻』시기에는 이들 두 종류의 성모에 뚜렷한 구별이 있었으나, 운도 시기에 이르러서는 이들이 합류하는 추세를 보여 의미 변별 기능은 담당하지 않았음을 말해주는 것이다.

喻三과 喻四를 칸을 나누어 배열한 것도 반절을 계련한 결과와 일치한다. 그러나 '娘'모를 따로 배열한 것에 대해서 대부분의 학자들은 체계를 가지런하게 하기 위한 것일 뿐, 사실은 '泥'모와 같은 음이라고 여기고 있다.

2. 운모

조기 운도에 반영된 운모를 귀납해 보면 크게 16종류로 나눌 수 있다. 그리고 각 운류의 운미는 동일하고(입성운은 같은 조음 위치의 양성운과 대응), 주요모음도 서로 같거나 유사하다고 할 수 있다. 그러나 『韻鏡』에서는 이들을 43종류로 세분하였는데 이들의 각각에는 주요모음과 운미가 동일한 하나 혹은 두 개의 운모가 있었다. 구체적으로 말하자면, 一等과 二等에 배열된 것은 한 종류의 운모로서 개음 [i]가 없었고, 三等과 四等에 배열된 것은 또 다른 한 종류의 운모로서 개음 [i]가 있었다. 성모와 운모의 결합 관계를 가지고 보면 三等의 개음 [i]와 四等의 개음 [I]의 차이는 이미 의미를 변별하는 기능이 없어졌던 것 같다. 즉 一二等이 한 종류로서 '洪音'이며, 三四等이 다른 한 종류로서 '細音'이라 할 수 있다.

等次		切韻	韻圖	字母
洪	一	ɑ	a	端精
	二	a		知莊(照二)
細	三	iɛ	ia	知章(照三)
	四	Ie		端精

조기 운도의 36자모 중 치음과 설음은 두 종류로 구분되어 있지 않지 않다. 그러므로 어떤 글자들은 본래 三等에 배열되어야만 하는데도 二等과 四等에 배열되어 있기도 하다. 이러한 상황에서는 二等, 三等, 四等은 곧 같은 종류의 운모가 되며, 一等만 다른 운류가 된다.

송대의 운도가 반영하는 운모 체계의 음가는 다음과 같이 추측될 수 있다.

『韻鏡』과 『七音略』音系 (五代・宋初)				『四聲等子』와 『切韻指掌圖』音系 (宋代 中葉)			
東uŋ	中iuŋ	屋uk	菊iuk	東uŋ	鍾iuŋ	屋uk	菊iuk
冬uoŋ	鍾iuoŋ	沃uok	燭iuok				

<table>
<tr><th colspan="4">『韻鏡』과 『七音略』音系
(五代・宋初)</th><th colspan="4">『四聲等子』와 『切韻指掌圖』音系
(宋代 中葉)</th></tr>
<tr><td>江ɔŋ</td><td></td><td>覺ɔk</td><td></td><td rowspan="3">唐ɑŋ
黃uɑŋ</td><td rowspan="3">陽iɑŋ
王iuɑŋ</td><td rowspan="3">鐸ɑk
郭uɑk</td><td rowspan="3">藥iɑk
縛iuɑk</td></tr>
<tr><td>唐Aŋ</td><td>陽iAŋ</td><td>鐸Ak</td><td>藥iAk</td></tr>
<tr><td>光uAŋ</td><td>王iuAŋ</td><td>郭uAk</td><td>縛iuAk</td></tr>
<tr><td>庚ɐŋ</td><td>淸iɐŋ</td><td>陌ɐk</td><td>昔iɐk</td><td rowspan="6">登əŋ
泓uəŋ</td><td rowspan="6">蒸iəŋ
兄iuəŋ</td><td rowspan="6">德ək
國uək</td><td rowspan="6">職iək
域iuək</td></tr>
<tr><td>橫uɐŋ</td><td>兄iuɐŋ</td><td>穫uɐk</td><td>役iuɐk</td></tr>
<tr><td>耕eŋ</td><td>靑ieŋ</td><td>麥ek</td><td>錫iek</td></tr>
<tr><td>宏ueŋ</td><td>迥iueŋ</td><td>獲uek</td><td>闃iuek</td></tr>
<tr><td>登əŋ</td><td>蒸iəŋ</td><td>德ək</td><td>職iək</td></tr>
<tr><td>弘uəŋ</td><td></td><td>國uək</td><td>域iuək</td></tr>
<tr><td>寒an</td><td>先ian</td><td>曷at</td><td>屑iat</td><td rowspan="4">寒an
桓uan</td><td rowspan="4">仙ian
元iuan</td><td rowspan="4">曷at
末uat</td><td rowspan="4">屑iat
月iuat</td></tr>
<tr><td>桓uan</td><td>玄iuan</td><td>末uat</td><td>穴iuat</td></tr>
<tr><td>山æn</td><td>仙iæn</td><td>鎋æt</td><td>薛iæt</td></tr>
<tr><td>幻uæn</td><td>元iuæn</td><td>茁uæt</td><td>月iuæt</td></tr>
<tr><td>痕ən</td><td>眞iən</td><td>沒uət</td><td>質iət</td><td rowspan="4">痕ən
魂uən</td><td rowspan="4">眞iən
文iuən</td><td rowspan="4">沒ət
骨uət</td><td rowspan="4">質iət
橘iuət</td></tr>
<tr><td>魂uən</td><td>諄iuən</td><td>骨uət</td><td>橘iuət</td></tr>
<tr><td></td><td>欣ien</td><td></td><td>迄iet</td></tr>
<tr><td></td><td>文uen</td><td></td><td>物uet</td></tr>
<tr><td>覃am</td><td>炎iam</td><td>合ap</td><td>帖ia</td><td rowspan="3">覃am</td><td rowspan="3">凡iam</td><td rowspan="3">合ap</td><td rowspan="3">葉iap</td></tr>
<tr><td>談ɑm</td><td>嚴iɑm</td><td>盍ɑp</td><td>葉iɑp</td></tr>
<tr><td></td><td>凡iuɑm</td><td></td><td>乏iuɑp</td></tr>
<tr><td></td><td>侵iəm</td><td></td><td>緝iəp</td><td></td><td>侵iem</td><td></td><td>緝iep</td></tr>
<tr><td>歌ɑ</td><td></td><td></td><td></td><td rowspan="4">歌a
瓜ua</td><td rowspan="4">麻ia</td><td rowspan="4"></td><td rowspan="4"></td></tr>
<tr><td>戈uɑ</td><td></td><td></td><td></td></tr>
<tr><td></td><td>麻ia</td><td></td><td></td></tr>
<tr><td>瓜ua</td><td></td><td></td><td></td></tr>
<tr><td>豪au</td><td></td><td>蕭iau</td><td></td><td rowspan="2">高au</td><td rowspan="2">蕉iau</td><td rowspan="2"></td><td rowspan="2"></td></tr>
<tr><td></td><td></td><td>宵iuau</td><td></td></tr>
<tr><td>侯ou</td><td></td><td>尤iou</td><td></td><td>侯ou</td><td>尤iou</td><td></td><td></td></tr>
</table>

<table>
<tr><th>『韻鏡』과 『七音略』音系
(五代・宋初)</th><th>『四聲等子』와 『切韻指掌圖』音系
(宋代 中葉)</th></tr>
<tr><td>魚io</td><td rowspan="2">孤u 抱iu</td></tr>
<tr><td>模u 虞iu</td></tr>
<tr><td>泰Ai</td><td rowspan="4">咍ai 齊iai
灰uai 圭iuai</td></tr>
<tr><td>外uAi</td></tr>
<tr><td>咍ai 齊iai</td></tr>
<tr><td>灰uai 圭iuai</td></tr>
<tr><td>支iI</td><td rowspan="7">支iəi, iI
微iuəi, iuI</td></tr>
<tr><td>爲iuI</td></tr>
<tr><td>脂iei</td></tr>
<tr><td>錘iuei</td></tr>
<tr><td>之ie</td></tr>
<tr><td>機iəi</td></tr>
<tr><td>歸iuəi</td></tr>
</table>

Ⅳ. 詩韻과 詞韻

1. 詩韻

『切韻』은 수대에 쓰인 이후 봉건 사대부의 인정을 받아 당송대를 거치면서 관운서의 위치를 차지하여, 詩文을 짓는데 꼭 지켜야 할 준칙 또는 법도로 수백 년 동안 활용되었다. 물론 그 사이에 수차례 증보를 거쳤으나 『廣韻』, 『集韻』에 이르기까지 줄곧 『切韻』의 옛 체계를 그대로 유지하여 왔다.

이러한 『切韻』 계통의 옛 운서들은 원래 종합적인 체계를 반영한 것이기 때문에 어느 한 지역의 실제 음체계와도 맞지 않았을 뿐 아니라, 수백 년이 지나는 사이에 실제 음에도 변화가 생겨 이들이 반영하는 음계와 당시의 실제 음 사이에 적지 않은 모순이 있게 되었다. 즉 당시 사람들이 입으로 하는 말과 詩文을 쓸 때의 用韻과는 큰 차이가 있는 경우가 많았고, 특히 실제 발음으로는 구별이 되지 않는 음이 운서에서는 두 개 이상의 운으로 구분되기도 하였다. 그러나 오랜 기간 동안 지켜오던 관례를 완전히 고칠 수는 없었고, 또 실제 음을 고려하지 않을 수도 없어 어떤 방법을 고안해 내지 않을 수 없었다. 따라서 그들이 생각해낸 방편은 발음상으로 구별이 되지 않는 음들을 합치는 방법이었다. 唐 封演의 『封氏聞見記』에 기재된 바에 의하면 이러한 방법은 당 초기에 이미 제안되었다고 한다. 그는 『切韻』이 완성된 후 "문장을 쓰는 선비들이 모두 그것이 너무 심하게 세분된 것에 대해 괴로워하며, 國初에 許敬宗 등이 窄韻[23]들을 합쳐서 사용하자고 上奏하였다"[24]라고 하였다. 그러나 許敬宗 등이 합쳐서 사용하자고 한 구체적인 방법은 전하지 않고 있다. 현존하는 각 唐寫本 운서에도 역시 합용의 상황을 밝히지 않고 있어 알 도리가 없다. 그러나 현존하는 『切韻』계 운서 중 가장 영향력이 있었던 『廣韻』의 각종 판본의 운목 밑에 어떤 운은 '獨用'하고, 어떤 운은 다른 어떤 운과 '同用'한다는 등으로 注를 하여 밝히고 있다. 宋 王應麟의 『玉海』에 의하면 이러한 同用獨用例는 宋 景

---

23) 『切韻』에 운목으로 구분되어 있으나 그 운에 포함되어 있는 글자들이 적은 운을 말한다.

24) "屬文之士共苦其苛細, 國初, 許敬宗等詳義, 以其韻窄, 奏合而用之."

德年間 邱雍이 제창한 것이라 한다. 이것은 늦어도 11세기에 이르러서는 음의 변화가 이미 官韻이 제정한 용운의 체례를 바꾸지 않으면 안 될 지경에 이르렀다는 것을 말해주고 있다. 그러나 이렇게 법령의 허락 하에 인접한 운을 동용하는 것은 원래의 음운체계를 진정으로 고치는 것은 아니어서, 실제 음과 모순되는 것을 근본적으로 해결할 수는 없었다.

宋 景祐 4년(1037) 仁宗은 丁度 등에게 詔令을 내려 『廣韻』과 『廣韻』의 簡編本인 『韻略』을 새로 편찬하게 하여 『集韻』과 『禮部韻略』을 완성하였다. 『集韻』은 『廣韻』을 기초로 하여 수정한 것으로 운목의 수는 『廣韻』과 같으나, 대신 글자의 수가 많다. 음계도 대체로 『廣韻』을 계승하였으나, 각 운에 분류되어 있는 글자들이 『廣韻』과 약간 차이가 있으며, 글자들의 異讀音을 『廣韻』보다 많이 실었고, 반절도 적지 않게 고쳤다. 이러한 수정은 실제어음의 변화를 반영한 것이라 할 수 있다. 또 『廣韻』의 '同用'의 예를 기초로 하여 13곳을 증보하였다.[25] 『禮部韻略』은 과거시험용으로 편찬되어 주로 상용자를 싣고 주석이 간단해진 점을 제외하면, 분운 상황이나 동용, 독용의 예는 모두 『集韻』과 같다.

그로부터 200여 년이 지난 후, 江北의 金과 江南의 宋에서 거의 동시에 두 가지의 『韻略』이 나왔다. 이들의 공통점은 원래

---

25) 『集韻』이 증보한 13곳은 당시 어음 변화의 실제를 반영한 것이다. 예를 들면 唐詩의 용운에서 '欣'운은 늘 '眞'운과 통용하였으나, 『廣韻』에서는 獨用이라 주하고 있다. 그리고 宋代에는 '欣'운은 '文'운과 가까웠기 때문에 '文'운과 '欣'운을 合用으로 고쳤다. 또 '代'운, '隊'운과 '廢'운은 고음에서는 완전히 달랐으며, 唐詩에서도 '廢'운은 '祭'운, '霽'운에 가까웠다. 그러나 송대에는 '廢'운은 '代'운, '隊'운에 가까워져 '廢'운, '代'운, '隊'운의 3운을 동용으로 고친 것 등이 그 예이다.

『廣韻』에서 동용할 수 있다고 한 운들을 모두 하나로 합쳤다는 것이다. 강북의 것은 金 王文郁이 편한 『平水韻略』(『新刊韻略』)으로서, 책 앞에 許古가 金 哀宗 正大6년(1229)에 쓴 序가 있다. 이 책에서는 모두 106운으로 나누었다. 강남의 것은 平水人 劉淵이 편한 『壬子新刊禮部韻略』이다. 壬子는 宋 理宗 淳祐12년(1252)으로, 이 책은 王文郁의 것보다 23년 늦으며 모두 107운으로 나누었다. 이들 두 책은 지금은 전하지 않으나, 元 熊忠의 『古今韻會擧要』에서 劉淵의 운목을 그대로 사용하고 있고, 또 간단히 소개를 하고 있어 이들의 개략적인 면을 알 수 있다. 元 陰時夫의 『韻部群玉』에서도 劉淵의 체제를 그대로 사용하고 있으나, 다만 상성 '迥'운과 '拯'운을 하나로 합쳐 모두 106운으로 분류한 점이 다르다. 이후 詩를 쓸 때의 용운은 106운을 표준으로 하였으며, 이를 '平水韻'으로 부르게 되었다. 淸 康熙年間에 이르러서는 張玉書 등에게 詔令을 내려 『佩文韻部』를 편찬하게 하였는데, 이것의 분운 상황도 『韻部群玉』과 같다. 이로써 '平水韻'은 드디어 官이 정한 용운의 표준이 되었다. 아래의 표는 詩韻의 운목과 『廣韻』에서 동용할 수 있다고 한 운들을 합친 것을 비교한 것이다.

『廣韻』 韻目	『廣韻』 注	詩韻 韻目
東董送屋	獨用	東董送屋
冬○宋沃 鍾腫用燭	同用	冬腫宋沃
江講絳覺	獨用	江講絳覺

『廣韻』韻目	『廣韻』注	詩韻 韻目
支紙寘 脂旨至 之止志	同用	支紙寘
微尾未	獨用	微尾未
魚語御	獨用	魚語御
虞麌遇 模姥暮	同用	虞麌遇
齊薺霽 祭	同用	齊薺霽
泰	獨用	泰
佳蟹卦 皆駭怪 夬	同用	佳蟹卦
灰賄隊 咍海代 廢	同用	灰賄隊
眞軫震質 諄準稕術 臻○○櫛	同用	眞軫震質
文吻問物 欣隱焮迄	同用	文吻問物
元阮願月 魂混慁沒 痕很恨	同用	元阮願月

『廣韻』 韻目	『廣韻』 注	詩韻 韻目
寒旱翰曷 桓緩換末	同用	寒旱翰曷
刪潸諫鎋 山産襉黠	同用	刪潸諫黠
先銑霰屑 仙獮線薛	同用	先銑霰屑
蕭篠嘯 宵小笑	同用	蕭篠嘯
肴巧效	獨用	肴巧效
豪皓號	獨用	豪皓號
歌哿箇 戈果過	同用	歌哿箇
痲馬禡	獨用	痲馬禡
陽養漾藥 唐蕩宕鐸	同用	陽養漾藥
庚梗映陌 耕耿諍麥 淸靜勁昔	同用	庚梗敬陌
靑迥徑錫	獨用	靑迥徑錫
蒸拯證職 登等嶝德	同用	烝迥徑[26]職

26) '迥徑'의 글자들은 일부는 '靑迥徑錫'에, 일부는 '烝迥徑職'에 들어갔다.

『廣韻』 韻目	『廣韻』 注	詩韻 韻目
尤有宥 侯厚候 幽黝幼	同用	尤有宥
侵寑沁緝	獨用	侵寑沁緝
覃感勘合 談敢闞盍	同用	覃感勘合
鹽琰艶葉 添忝桥帖	同用	鹽儉艶葉
嚴儼釅業 凡范梵乏	同用	鹽儉艶洽 咸豏陷洽[27]
咸豏陷洽 銜檻鑒狎	同用	咸豏陷洽

평수운과 송대의 16섭을 서로 비교해 보면 대체로 같으나 평수운의 '元阮願月'은 『廣韻』의 '元', '魂', '痕'(이에 대응하는 상성, 거성, 입성자 포함)이 합쳐진 것이고, '16섭에서는 '元'은 '山'攝에, '魂', '痕'은 '臻'攝에 포함되어 있는 것이 다르다. 현대 표준어의 독음에 비추어 본다면 16섭에서의 분류가 오히려 합리적인 것 같다.

평수운이 『廣韻』이나 『集韻』 등의 『切韻』계 운서에서 동용할 수 있는 운목을 합친 것이라면, 『五音集韻』이나 『古今韻會擧要』 등은 『廣韻』이나 『集韻』의 기초 위에서 당시의 어음을 참조하여 만든 개혁이라 할 수 있다.

---

27) '嚴儼釅'은 시운에서 '鹽儉艶'에 들어가 있고 '業'은 '洽'에 들어가 있다. 또 '凡范梵乏'은 시운에서 '咸豏陷洽'에 들어가 있다.

『五音集韻』은 金 韓道昭의 저작으로 金 泰和8년(1208) 혹은 崇慶元年(1212)에 완성되었다. 모두 160개의 운으로 나누고 동용, 독용의 예도 『廣韻』과는 크게 달라 당시 어음의 실제 상황을 고

欽定四庫全書　五音集韻　卷一

禮記大道之行天下為公注公猶共也又父曰公列子
家公執席前郊祀志天子為天下父故曰鉅公爾雅婦
謂舅曰公又尊稱曰公又相呼曰公史記毛遂傳公等碌
碌又事也詩夙夜在公注夙夜在視濯溉饎爨之事又
星名隋志七公七星主七政又謚法立志及衆曰公又
漢莱曰此六七公皆亡恙也亦姓漢時而有主爵都尉
公儉又漢複姓八十五氏左傳魯有公冉務人公斂陽
公何藐公父歜公賓庚公思展公鉏極公申叔子貴窐
公山弗擾公申叔公巫名伯衛有公文要戰國策齊威
王時有左執法公旗著左傳齊悼子公旗之後左傳季
武子庶子公鉏後以為氏孟子有公行子著書左傳晉
成公以卿之庶子為公行大夫其後氏焉孔子家語魯
有公冶長又公索氏將祭而亡其牲者魯有公慎氏出
姪妻又有公罔之裘揚觶者孔子弟子齊人公晳哀陳
人公良儒公西赤公祖句茲公肩定漢書藝文志有
公擣子著書又有公勝生著書濟南公玉帶上明堂圖

『五音集韻』

려한 것이라 할 수 있다. 그러나 전체적인 체제나 거기에 반영된 음계는 전통 운서의 관례를 아직 크게 벗어나지는 못하였다.

『古今韻會擧要』는 元 熊忠이 1279년(大德元年) 같은 시대의 사

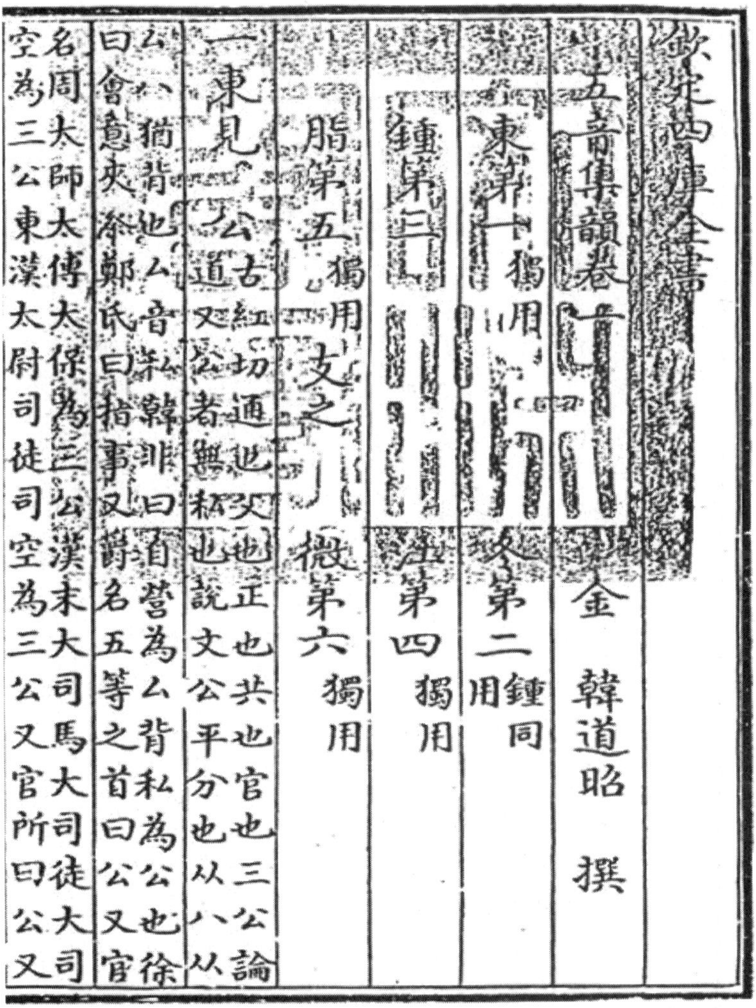
欽定四庫全書
五音集韻卷一　金　韓道昭　撰
東第一　獨用　冬第二　鍾同用
鍾第三　江第四　獨用
脂第五　獨用　支之　微第六　獨用
一東見　古紅切　通也　又也　正也　共也　官也　三公論
道　又公者無私也　說文公平分也　从八从厶
厶八猶背也　厶音私　韓非曰自營為厶　背私為公也　徐
曰會意　夾漈鄭氏曰指事　又爵名　五等之首曰公　又官
名　周太師太傅太保為三公　漢末大司馬大司徒大司
空為三公　東漢太尉司徒司空為三公　又官所曰公　又

『五音集韻』

람 黃公紹의 『古今韻會』를 근거로 하여 쓴 간편본이다. 이것은 비록 평수운의 운목을 그대로 사용하고 있으나, 각 운의 운자를 배열하는데 있어서는 원래의 체제에서 벗어나 실제 어음을 참조하여 자신이 같은 운이라고 생각되는 글자들을 한군데에 분류하였으므로, 당시 북방 어음의 실제를 반영한 것이라고 할 수 있다.

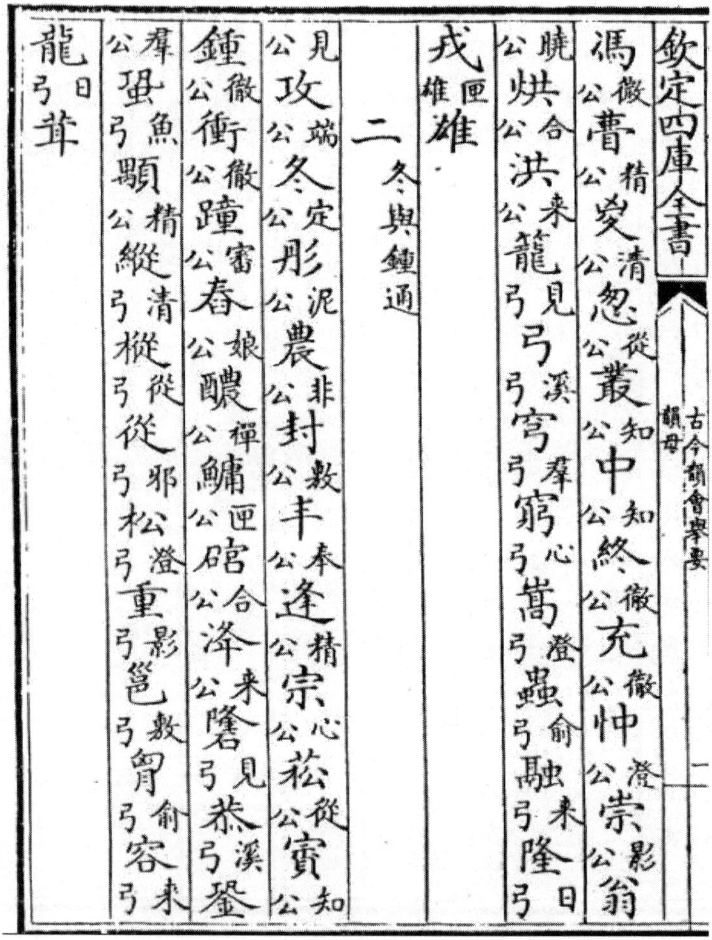

『古今韻會擧要』

저자는 송대 洪邁, 吳棫 등의 말을 인용하여 『禮部韻略』은 실제 어음과 거리가 있음을 지적하고, 또한 전통 운서에 분류된 각 운의 글자들을 당시의 실제음에 근거하여 새롭게 분류하였다. 따라서 그가 분류한 결과는 당시의 음체계에 대한 개략적인 면을 보여주기도 하는데, 특히 [p], [t], [k] 세 종류의 입성운미를 가진

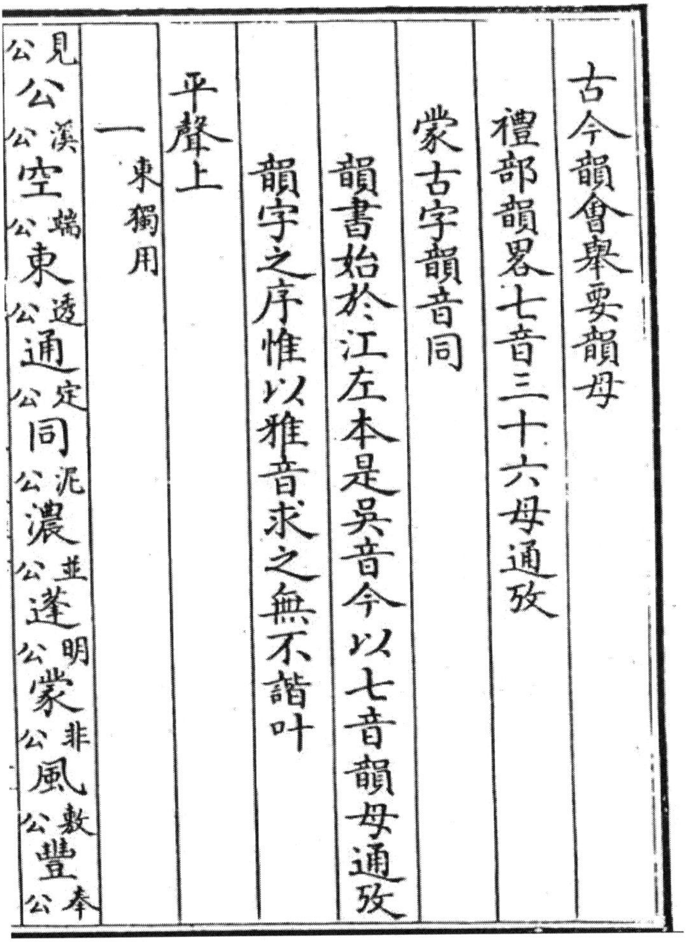
古今韻會舉要韻母
禮部韻畧七音三十六母通攷
蒙古字韻音同
韻書始於江左本是吳音今以七音韻母通攷
韻字之序惟以雅音求之無不諧叶
平聲上
一 東獨用
見公公 溪公空 端公東 透公通 定公同 泥公濃 並公蓬 明公蒙 非公風 敷公豐 奉公

『古今韻會舉要』

입성자들이 운미와 관계없이 주요모음만 같으면 하나의 운으로 분류되고 있는 점은 입성자의 소실 과정을 연구하는데 중요한 암시를 준다. 즉 중고 입성자의 세 가지 운미는 완전히 탈락하였거나 혹은 후색음운미 [?]으로 변하였음을 말해 준다. 따라서 이 책은 당시의 어음을 연구하는데 있어 가치 있는 자료라 할 수 있다.

2. 詞韻

등운도와 『古今韻會擧要』 등의 운서로부터 확실히 알 수 있는 것은 오대 이후 실제 어음에 매우 많은 변화가 있었다는 점이다. 그러나 체계적으로 정리된 자료는 적고 전인들의 연구도 그다지 충분하지 않아 전체적인 음 체계를 귀납할 방법이 없다.

洪邁의 『容齋隨筆』에서는 "『禮部韻略』에서 분류한 글자들 중에 절대로 인정에 가깝지 않은 것이 있다"28)라 하고 있다. 그러나 문인들이 시를 지을 때에는 이러한 인정에 가깝지 않지만 그 궤도를 절대로 벗어날 수가 없었다. 다만 과거시험과 관계가 없었던 詞나 비록 소수이기는 하지만 속문학 작품 중의 운문 등으로부터 송대 어음의 특색을 조금 알 수 있을 뿐이다.

詞를 쓰는 것은 詩를 쓰는 것과는 다르다. 詞는 독서인이 출세하는 도구가 되지 못하였으며, 초기에는 음악과 밀접한 관계가 있어서 그것을 읊거나 노래로 부를 때에는 적어도 성운이 조화를 이루기만 하면 되었다. 그래서 詩韻을 사용하는 것이 습관이 된 문인도 詞를 쓸 때에는 어쩔 수 없이 자기 구음의 특색을 나타낼

28) "禮部韻略所分字, 有絕不近人情者."

수밖에 없었다.

원명 이전에는 詞韻을 정리한 운서가 없었다. 紹興 二年(1132)에 『菉斐軒詞林要韻』이 나왔다. 이것은 평성을 19개 운부로 나누고 그 다음에 상성과 거성을 배열하였으며, 입성은 평상거성에 나누어 분류하였다. 이것은 元 이후 북곡의 윤곽을 나타낸 것이며, 宋詞 용운의 실제와는 거리가 있었다. 후인들의 연구 결과에 의하면 이것은 원명 사이의 위작임이 밝혀졌다. 명청 시기에 오대와 송대의 詞에 쓰인 운자를 귀납하여 정리한 詞韻書가 비로소 출현하게 되었다. 명대에 나온 것으로 胡文煥의 『會文堂詞韻』과 沈濂의 『詞韻略』 등이 있고, 가장 큰 영향을 준 것으로는 淸 仲恒의 『詞韻』과 戈載의 『詞林正韻』이 있다. 이들은 詞韻을 19부로 나누었는데, 평상거성이 14부, 입성이 5부이다.

第一部	東 董 送, 冬 腫 宋[29]
第二部	江 講 絳, 陽 養 漾
第三部	支 脂 寘 微 尾 未 齊 薺 霽, 灰 賄 隊의 合口字, 泰의 合口字
第四部	魚 語 御 虞 麌 遇
第五部	佳 蟹 卦의 合口字, 灰 賄 隊 泰의 開口字(蟹韻의 글자는 전부)
第六部	眞 軫 震, 文 吻 問, 元 阮 願 중 원래 『廣韻』에서 魂 混 痕 恨에 속했던 글자
第七部	寒 旱 翰, 刪 潸 諫, 先 銑 霰, 元 阮 願 중

29) 여기에서 사용된 운은 詩韻의 韻目이다.

	원래 『廣韻』에서 元 阮 願에 속했던 글자
第八部	蕭 篠 嘯, 肴 巧 效, 號 皓 號
第九部	歌 哿 箇
第十部	麻 馬 禡, 佳 卦의 合口字
第十一部	庚 梗 敬, 青 迥 蒸, 徑
第十二部	尤 有 宥
第十三部	侵 寢 沁
第十四部	覃 感 勘
第十五部	屋 沃
第十六部	覺 藥
第十七部	質 陌 錫 職 緝
第十八部	物 月 曷 黠 屑 葉
第十九部	合 洽

그러나 이 19부가 바로 송대의 실제 어음 체계를 반영한 것이라고는 볼 수 없다. 왜냐하면 첫째, 이것은 후인들이 대량의 詞에 쓰인 용운자를 귀납한 결과로, 시간이나 지역의 관념이 엄격하지 않았고, 또 귀납한 사람들이 잠재적으로 전통 운서의 영향을 받았기 때문이다. 둘째, 詞의 용운은 실제 언어의 운모 체계에 비해 훨씬 자유롭다. 따라서 이들 詞韻을 정확히 귀납하였다 하더라도 각 운부에 포함된 운모 역시 하나에 그치지 않을 가능성이 크다.

『詞林正韻』에 반영된 음계의 특징은 다음과 같다.

첫째, 체제상 平上去聲을 하나의 운부로 분류하고 입성을 따로 분류하였다. 이것은 詞에서는 平上去聲이 서로 통압할 수 있었던 것과 관계가 있다.

둘째, 舒聲韻 14개 운부는 『切韻指掌圖』의 十三攝과 거의 유사하다는 점이다. 하지만 『詞林正韻』의 제9부와 제10부가 十三攝에서는 하나의 攝을 이루고 있다는 것이 서로 다른점이다.

셋째, 송대 입성자의 색음미는 이미 합류하는 추세에 있었다는 사실을 알 수 있다. 이 점은 『廣韻』에서 서로 다른 운미였던 입성자들이 詞韻 제17부와 제18부에서 하나의 운부에 분류된 사실에서도 알 수 있으며, 실제 宋詞의 용운 상황으로부터도 알 수 있다.

넷째, 『廣韻』의 '元阮願'운이 제6부에 속하지 않고 제7부에 속해 있다. 이것은 이들이 十三攝의 臻攝에 속하지 않고 山攝에 속하고 있음을 의미하는 것으로, 詩韻과 다른 점이다.

다섯째, 『廣韻』의 泰韻은 일부는 제3부에 속하고 일부는 제5부에 속해 있다. 또, '佳', '卦' 두 韻도 일부는 제5부에 속하고 일부는 제10부에 속한다. 이것은 후대의 『中原音韻』에서 분류한 것과 거의 일치하는데, 즉 시간이 흐름에 따라 운부의 경계도 변하고 있음을 보여주는 것이다.

제6 장

近古音系

Ⅰ.『中原音韻』에 반영된 元代 北曲音系

1.『中原音韻』의 성질

『中原音韻』은 원대 周德淸이 당시 大都(지금의 北京)에서 활약하던 저명한 희곡 작가들의 작품을 근거로 하여 그 운각을 귀납하여 편찬한 北曲 운서로서 元 泰正 元年(1324)에 완성되었다. 周德淸은 字가 挺齋이며 江西 高安 사람이다.

『中原音韻』의 가치는 전통적인 운서의 체제에서 벗어나 당시 실제 어음을 근거로 하여 쓴 첫 번째 운서라는 점이다. 周德淸의 生平에 관한 자료는 거의 전해지지 않으나, 그는 소위 正途 출신의 문인학사는 아니었고 학문도 그다지 높지 않았으며 단지 樂府와 音律에 능한 희곡 작가였던 것으로 추측된다.[1] 이러한 까닭으

1) 趙誠.『中國古代韻書』, 271쪽.

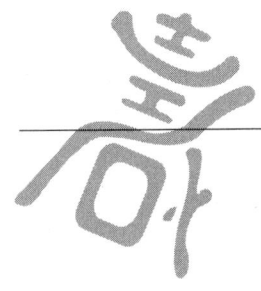

로 그는 실제를 중시하고 전통에 얽매이지 않아 전통 운서의 영향을 받지 않고 『中原音韻』을 편찬할 수 있었으며, 그 결과 『中原音韻』의 체제는 이전의 운서와는 확연히 다를 수 있었다. 그러나 『中原音韻』이 어느 지역의 어음 체계를 대표하는 것인지에 관해서는 아직까지 이견이 분분하다. 王力은 "이것은 의심할 여지 없이 당시(13~14세기) 大都의 실제 어음 체계를 대표하고 있다"[2]라 하고 있다. 李新魁는 "이것이 13~14세기 洛陽을 중심으로 하는 河南音系를 대표하는 것"이라 여기고 있다. 왜냐하면 元初의 大都에서는 아직 문화의 중심지였던 洛陽일대에서 이미 형성된 共同語인 문학 언어 음계를 바탕으로 했기 때문이라는 것이다.[3] 楊耐思는 당시에 이미 북방의 넓은 지역에서 통용되던 共同語가 형성되었다고 믿고 원대 孔齊의 말을 인용하여 "북방의 성음은 잘 정돈되어 있어 그것을 中原雅音이라 하였는데, 지금의 汴·洛, 中山 등의 지역이 여기에 해당한다"[4]고 하고 있다.

이렇게 학자들에 따라 서로 다른 의견을 제시하고 있으나, 『中原音韻』은 大都를 중심으로 하는 북방 음계를 대표한다고 보는 것이 타당할 것 같다.

우선 元初부터 周德淸이 『中原音韻』을 쓸 때까지 확실히 정음(官話 혹은 通語)체계인 中原之音이 존재하였다. 그리고 원대의 사대부들은 歌詠을 할 때 반드시 正聲을 구하려고 하였는데, 周德淸이 『中原音韻』을 편찬한 것도 이러한 사회 분위기와 관계가 있는 것으로 추측된다. 최근 寧忌浮가 발견한 자료에 의하면, 周

2) 王力. 『中國語言學史』, 78쪽.
3) 李新魁. 『中原音韻音系硏究』, 7-14쪽.
4) 楊耐思. 『中原音韻音系』, 69쪽.

德淸은 당시 大都에서 열린 정음회의에 수차례 참석한 후에 『中原音韻』을 편찬하였다는 사실이 밝혀졌는데 이를 통해서도 이러한 사실을 짐작할 수 있다. 또 周祖謨의 고증에 의하면 원대에 이르러서는 『中原音韻』이 반영하는 음계가 당시 중국 민족의 共同語로서의 위치를 차지하고 있었다고 한다. 周德淸이 『中原音韻』을 편찬할 때에는 원곡의 운각을 자료로 취하였지만, 그가 음을 분류할 때에는 당시 이미 통용되고 있던 共同語를 표준으로 삼았을 것으로 보인다. 이는 그가 "우리의 성스러운 왕조가 북방에서 홍한 후 50여 년 동안 말하는 사이에는 반드시 중원의 음을 바른 것으로 삼았다"[5]라 한 것과, "음이 하나로 된 것이 오래 되어 사방은 같은 음을 사용하고, 위로는 벼슬아치가 治道를 강론할 때나, 국어 번역, 국학을 교수할 때의 언어로부터 아래로는 訟事와 백성을 다스리는 데까지 중원의 음이 아닌 것이 없다"[6]라고 한 것에서도 짐작할 수 있다. 관화는 필연적으로 당시 정치, 경제, 문화의 중심지를 둘러싸고 형성되는 것이다. 원대에는 정치적인 통치가 매우 엄하였기 때문에 政令의 문장, 관리의 말 등은 모두 大都語를 표준으로 했으리라고 상상할 수 있다. 우리 나라 조선시대에 중국어 학습 교재로 쓰였던 『老乞大』, 『朴通事』 등에서도 大都語가 표준어의 위치를 차지하고 있었음을 볼 수 있다.

『中原音韻』은 曲韻으로서 당시 저명한 희곡 작가들의 작품에 쓰인 운자를 기초로 하여 완성되었다. 그리고 원 잡극은 大都에서 홍성하였고, 關漢卿, 馬致遠, 王實甫, 白樸 등 유명한 작가들도

5) "唯我聖朝, 興自北方, 五十餘年, 言語之間必以中原之音爲正"
6) "混一日久, 四海同音, 上自縉紳講論治道, 及國語飜譯, 國學敎授言語, 下至訟庭理民, 莫非中原之音."

모두 大都人이었기 때문에, 이것이 반영하는 음계는 당시 大都音을 기초로 삼았을 가능성이 크다. 그러나 共同語인 바에는 꼭 大都 한 지역에만 얽매일 필요는 없을 것이다. 따라서 『中原音韻』이 반영하는 음계는 大都를 핵심으로 하는 北方語音系, 즉 近古音系라고 보는 것이 더 정확할 것 같다.

2. 『中原音韻』의 체제와 음계 분석 방법

『中原音韻』의 체제상 특징은 『廣韻』등과 같은 『切韻』계 운서의 속박에서 벗어나 순수히 당시 실제로 사용되던 음을 근거로 하여 편성된 운서라는 점이다. 따라서 『中原音韻』에서는 사성에 따라 분권하지도 않았고, 또 각 글자에 대하여 뜻풀이 혹은 반절과 같은 음표기를 하지 않아 그 체제가 전통적인 『切韻』계 운서와는 전혀 다르다. 『中原音韻』에서는 먼저 북곡의 압운자를 모두 19개의 운부로 나누고, 각 운부 내에서 다시 평상거성에 따라 글자를 분류하였다. 이는 원곡에서 사성이 통압한 것과 관계가 있는 것 같다. 성조는 평성을 음평과 양평으로 나누고, 중고 입성자는 '入聲作某聲'이라 하여 평상거성에 나누어 분류하였다. 그리고 각 운 내에서는 각 성조별로 동음자끼리 배열시켰는데(이를 동음자군이라 한다), 동음자군 사이에는 圓으로써 구별해 놓았다. 이렇게 구별된 동음자군은 모두 1,600여 개가 있다. 이것은 바로 『中原音韻』에는 모두 1,600여 개의 발음이 있었음을 의미한다. 글자의 수가 비교적 적은 '車遮'운을 예로 들면 다음과 같다.

平聲

<陰> 嗟罝 ○ 奢賒 ○ 車 ○ 遮 ○ 爹 ○ 靴 ○ 些

<陽> 爺耶琊鄊呆 ○ 斜邪 ○ 蛇佘 ○ 倈

入聲作平聲

協穴俠挾 ○ 傑竭碣 ○ 疊迭牒揲喋諜垤絰凸蝶跌 ○ 钁攫 ○ 折舌涉 ○ 捷截睫 ○ 別 ○ 絕

上聲

野也冶 ○ 者赭 ○ 寫瀉 ○ 捨舍 ○ 惹若喏 ○ 姐 ○ 且

入聲作上聲

屑薛紲泄媟褻燮疶 ○ 竊切妾沏 ○ 結潔刦頰鋏莢 ○ 怯挈篋客 ○ 節接楫癤 ○ 血歇嚇蝎 ○ 厥缺闋 ○ 抉决訣譎蕨鴃 ○ 鐵餮帖貼 ○ 瞥撇鱉別 ○ 拙輟 ○ 轍撤澈掣 ○ 哲褶摺折浙 ○ 設攝 ○ 啜 ○ 雪 ○ 說

去聲

舍社射麝貰赦 ○ 謝卸榭瀉 ○ 夜射 ○ 柘鷓炙蔗 ○ 借藉 ○ 偖

入聲作去聲

捏聶躡鑷齧囓臬孽 ○ 滅蔑篾 ○ 拽噎謁葉燁 ○ 業鄴額 ○ 裂洌獵鬣列 ○ 月悅說閱軏越鉞樾刖 ○ 熱 ○ 爇 ○ 劣

『中原音韻』의 19운부는 희곡의 운각을 귀납한 결과를 기초로 분류한 것이다. 희곡의 용운은 근체시를 쓸 때와는 달리 비교적 자유롭기 때문에 曲韻의 수는 실제 어음 체계의 운모보다 적다. 예를 들면 '魚模'운은 『中原音韻』 이전의 『韻會擧要』나 이후의 『韻略易通』 등에서는 모두 두 개의 운부로 나누고 있는데, 『中原音韻』에서는 '烏/魚, 盧/驢' 등의 대립이 존재하였으나 하나의 운

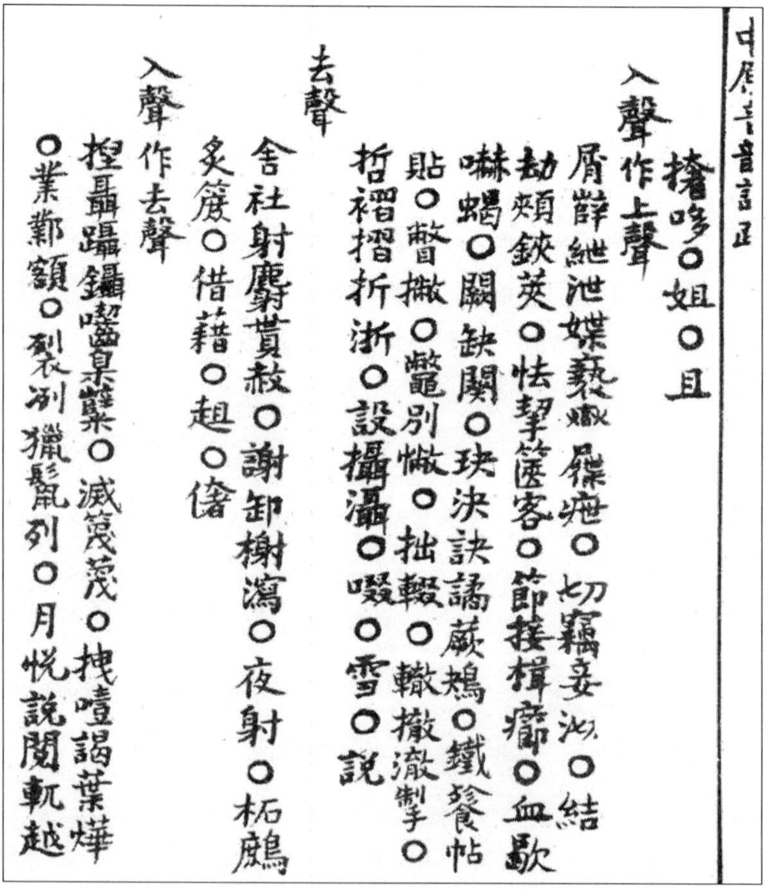

中原音韻正

撦哆○姐○且

入聲作上聲

屑薛紲泄媟褻爇[illegible]○切竊妾沏○結

刼頰鋏莢○怯挈篋客○節揲楫癤○血歇

嚇蝎○闋缺闕○玦決訣譎蕨鴂○鐵餮帖

貼○瞥撇○鼈別憋○拙輟○轍撤澈掣○

哲摺摺折浙○設攝灄○啜○雪○說

去聲

舍社射麝貰赦○謝卸榭瀉○夜射○柘鷓

炙簸○借藉○趄○偖

入聲作去聲

揑聶躡鑷囓臬糵○滅篾蔑○拽噎謁葉燁

○業鄴額○裂冽獵鬣䫶列○月悅說閱軏越

『中原音韻』

부에 분류하고 있다. 이것은 하나의 운부에 두 개 혹은 그 이상의 운모를 포함하고 있음을 의미한다.

성모는 반절 등과 같은 주음을 하지 않아 그것을 귀납하는 일은 쉽지 않다. 『中原音韻』의 성모 체계를 분석하는 데에는 羅常培 등이 큰 공헌을 하였다.[7] 성모를 분석하는데 근거로 하는 원칙과 방법은 대체로 다음과 같다.

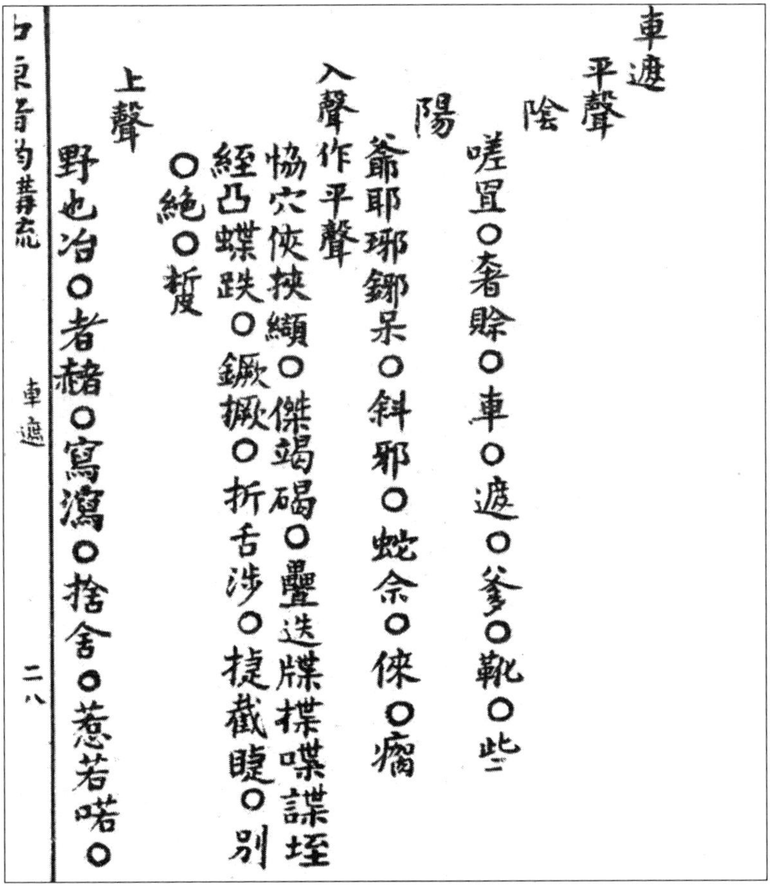
車遮
平聲
陰
嗟罝○奢賒○車○遮○爹○靴○些
陽
爺耶琊鎁呆○斜邪○蛇佘○俫○瘸
入聲作平聲
協穴俠挾纈○傑竭碣○疊迭牒揲喋諜垤
絰凸蝶跌○鐝撅○折舌涉○捷截睫○別
○絶○[illegible]
上聲
野也冶○者赭○寫瀉○捨舍○惹若喏○
中原音韻葺志　車遮　二八

『中原音韻』

첫째, 周德清의 「正語作詞起例」에 의하면 "『中原音韻』에서는 각 ○ 내에 있는 글자들은 모두 같은 음이다. 알기 쉬운 글자를 맨 앞에 두었고, 그 글자를 따라 발음하면 되기 때문에 따로 반절 같은 것으로 나타내지는 않았다"[8]라 하고 있다. 이에 의하면 각 운의 '○'아래의 글자들은 모두 성모와 운모가 같다는 것을 알 수 있다. 하나의 동음자군 내에 만약 36자모의 두 자모 이상의 글자가 포함되어 있으면, 중고의 그 자모들은 『中原音韻』에 이르러서 동일한 성모로 변하였음을 알 수 있다. 예를 들면, '東鍾'운에서 '風, 楓, 豊, 封, 峰, 鋒, 烽, 蜂' 등은 같은 음이다. 중고에서는 '風, 楓, 封'은 '非'모에, 그 나머지는 '敷'모에 속하였으나, 『中原音韻』에서 이들 글자가 같은 음인 것으로 보아 이 두 자모, 즉 '非'모와 '敷'모는 『中原音韻』에 이르러 하나의 음으로 합류하였음을 알 수 있다.

둘째, 周德清은 또 "陰陽調에 해당하는 글자는 평성에는 있으나, 상성과 거성에는 없고, 상성과 거성은 각각 하나의 성조만 있다"[9]라고 말하였다. 원래의 평성자는 성모의 청탁에 따라 음평과 양평으로 나누어졌지만, 상성과 거성은 성모의 청탁에 따라 두 류로 나누어지지 않은 사실로부터 평성의 음양 두 류에도 성모의 청탁의 대립은 이미 존재하지 않았으리라 짐작할 수 있다. 즉 중고 청탁의 대립을 음조와 양조의 대립이 대신한 것이라 할 수 있다. 실제 원래 상성의 전탁성모인 음절은 거성으로 분류하였고, 거성(원래 상성으로부터 변한 것도 포함)의 전탁성모인 음절은

---

7) 「中原音韻聲類考」『歷史語言研究所集刊』2-4, 1932
8) "音韻內每空是一音, 以易識字爲頭, 止依頭一字呼吸, 更不別立切脚."
9) "陰陽字平聲有之, 上去具無, 上去各止一聲."

전청성모에 분류하였으며, 평성의 전탁성모인 음절은 차청에 분류하고 있다. 이것은 평성의 '同, 平' 등 원래 전탁성모인 음절이 『中原音韻』에서는 성모가 각각 송기인 [th]와 [ph]로 변하였음을 말해준다.

운모를 분석하는 데에도 이와 같은 원칙을 사용한다. 19개 운부에는 각각 단 하나만의 운모가 포함되어 있는 것은 아니다. 만약 동일한 성모의 글자가 동일한 운부에 있으면서도 동일한 성조 내에서 두 개 혹은 그 이상의 동음자군에 속해 있다면, 그 운부에는 반드시 두 개 이상의 운모가 있다는 것이 된다. 예를 들면 『中原音韻』에서의 중고 '見'모에는 단 하나의 성모만 있지만 '江陽'운에는 다음과 같이 대립되는 동음자군이 있다.

○ 姜江杠釭薑疆韁殭僵

○ 岡剛鋼綱缸扛玒亢

○ 光胱

같은 운 안에서의 '溪'모의 글자를 보더라도 역시 이렇게 세 류로 나누어진다. 여기에서 '江陽'운에는 주요모음과 운미는 같으나 운두가 다른 세 종류의 운모가 포함되어 있다는 것을 알 수 있다.

그러나 이러한 방법이 완전한 것은 아니며 약간의 예외도 있다. 예를 들면 성모 '疑'모와 '影喻'모의 분합 문제, 전탁색음과 전탁색찰음이 모두 전청으로 읽혔는가 혹은 차청으로 읽혔는가 하는 문제 등은 위의 방법으로는 해결할 수가 없는 것들이다. 이러한 문제는 周德淸이 책의 체제에 대하여 설명한 것과 함께 전체적인 어음 체계를 주의해서 고찰해야 하고, 아울러 『中原音韻』과 관련 있는 다른 북음 계통의 운서 및 당시의 다른 자료들을 참고하여야 할 것이다.

3. 성모

『中原音韻』의 성모는 모두 21류로 귀납되는데 그것은 다음과 같다.

幫[p]	滂[ph]	明[m]	
非[f]			微[ɱ][10]
端[t]	透[th]	泥[n]	來[l]
精[ts]	淸[tsh]	心[s]	
章[tʃ]	昌[tʃh]	山[ʃ]	日[ʒ]
見[k]	溪[kh]	疑[ŋ]	曉[x]
云[0]			

『中原音韻』의 성모에 관해서 학계에서는 아직까지 이론이 분분하다. 대체로 첫째, 36자모의 '疑'모 [ŋ]가 독립하여 존재하였는가 하는 문제와 둘째, '知照'계 성모의 분합과 그 음가를 어떻게 추측해야 하느냐의 문제에 집중되어 있다. 구체적으로 살펴보면

10) 이 '微'모의 음가에 대해서 王力 등 많은 학자들은 이것을 [v]로 추측하나 앞에서 36자모의 음가를 추측할 때 이 '微'모의 음가를 이미 [ɱ]로 하였기 때문에 여기에서도 그대로 [ɱ]였던 것으로 보기로 한다.

다음과 같다.

첫째, 중고의 '疑'모는 『中原音韻』에서는 대부분 '影喩'모의 글자와 합류하였다. 그리하여 羅常培는 『中原音韻』에는 20개의 성모가 있다고 하였다. 그러나 원래 '疑'모인 글자가 일부분 독립하여 존재하고 있다는 사실과[11] 또 같은 시기의 몽고 八思巴[12] 字音에서도 이러한 현상이 보존되어 있다는 사실로부터 '疑'모의 변별 작용은 아직 완전히 소실되지 않았음을 알 수 있다.[13] 그리하여 趙蔭棠, 陸志韋 등과 같은 학자는 여전히 '疑'모를 독립시켜 놓고 있는데 이렇게 보는 것이 타당할 것 같다.

둘째, 중고 '知照'계의 글자들이 『中原音韻』에서 합류되는 현상을 뚜렷이 볼 수 있다. 예를 들면 江陽韻 평성 '章(照)과 張(知)', 蕭豪韻 거성 '罩(知)와 笊(照)'는 각각 동음이다. 그러나 어음 변화의 측면에서 보면 '照'계의 성모는 중고 때에는 '莊初崇生(照二)'과 '章昌船書(照三)'의 두 종류로 나뉘어 있었고, '知'계는 비록 두 종류로 나뉘어 있지는 않았지만 [i]개음을 가진 운모와 결합하느냐의 여부에 따라 二等과 三等 두 개의 等에 배열되었다. 『中原音韻』에서는 어떤 운부에서는 知莊章이 모두 혼용되고(東鍾), 어떤 운부에서는 知二와 莊이, 知三과 章이 혼용되고(江陽, 魚模, 尤侯, 歌戈, 侵尋 등), 知와 章이 혼용되거나(齊微), 知와 照

---

11) 예를 들면 江陽운의 仰(疑), 養(喩)의 두 동음자군이 대립되고 있고, 簫豪운의 傲(疑)와 奧(影)의 두 동음자군이 대립되고 있다.

12) 중국 元代 세조 때 티베트의 승려로 임금의 스승이 된 파스파가 황제의 명을 받아 만든 몽골 문자를 가리킨다.

13) 몇 십 년 전까지만 해도 북경어에 [ŋ]성모가 존재하고 있었다. 그것은 1912년 제정한 注音符號에도 이 성모를 표기하는 부호가 있었다는 사실에서 알 수 있다.

(莊章)가 둘로 나누어진 경우(支思)도 있어 상황이 매우 복잡하다. 어떤 학자는 '知二와 莊', '知三과 章'이 구분되어 쓰인 경우가 많다는 점을 들어 이들을 두 류의 성모로, 즉 '照[tʂ]'계와 '章[tɕ]'계로 나누어야 한다고 주장하기도 한다. 그러나 이 두 종류의 성모는 완전히 하나로 혼용되는 현상이 뚜렷이 나타나고 있고, 이들이 구분되는 주요 원인은 운모(서로 다른 운부 혹은 동일한 운부 중에서도 두 가지 이상의 서로 다른 운모)에 있으며, 동일한 운모에서는 뚜렷하게 구분되지 않는다. 그리고 같은 시대의 역음 자료 등 다른 음운 자료에서도 이 두 종류가 합류하여 혼용된 현상을 고려하면, '知照'계는 『中原音韻』에 이르러서는 완전히 하나의 성모로 합류하였다고 보는 것이 타당할 것 같다. 음운 측면에 있어 하나의 성모로 합류하였다는 것이 음가에 있어서도 하나로 합쳐졌다는 것을 의미하지는 않는다. 왜냐하면 어떤 경우에는 개음 [i]를 지닌 운모와 결합할 수 있고, 어떤 경우에는 그렇지 못하기 때문이다. 따라서 '章'계의 성모를 개음 [i]를 지닌 운모와 지니지 않은 운모 모두와 결합할 수 있는 [tʃ]로 추측하기로 한다.

『中原音韻』의 성모와 중고 36자모를 비교해 보면 주된 차이는 다음과 같다.

첫째, 중고 전탁성모가 淸化, 즉 무성음화하였다. 중고 平聲의 전탁색음과 색찰음은 같은 조음 위치의 송기 청음으로 변하였고, 찰음은 같은 조음 위치의 청찰음으로 변하였다. 仄聲 전탁색음, 색찰음은 같은 조음 위치의 불송기 청음으로, 찰음은 같은 조음 위치의 청찰음으로 변하였다. 그것을 정리해보면 다음과 같다.

36자모의	並母[b]	(平)	→ [ph]滂	平瓶旁裒
		(仄)	→ [p]幫	並白部傍
	敷[fh] 奉[v]		→ [f]非	芳芬房婦
	定母[d]	(平)	→ [th]透	頭糖同徒
		(仄)	→ [t]端	豆地道杜
	從母[dz]	(平)	→ [tsh]淸	從存錢曹
		(仄)	→ [ts]精	籍昨嚼漕
	羣母[g]	(平)	→ [kh]溪	渠羣橋奇
		(仄)	→ [k]見	巨共件傑
	匣母[ɣ]		→ [x]曉	匣含行學
	牀母[dʑ]	(平)	→ [tʃh]穿	崇愁岑脣
		(仄)	→ [tʃ]照	狀驟撰饌
	邪母[z]		→ [s]心	隨寺誦俗

둘째, '疑'모는 대부분 '影喻'모에 합류하여 영성모로 변하였으나, 여전히 소수의 운부에서는 [ŋ]으로 읽히고 있었다.

셋째, '知, 照'모가 하나로 합류하였다. 물론 '澄'모도 평성에서는 '穿'모에, 측성에서는 '照'모에 합류하였다.

그리고 『中原音韻』의 성모를 현대 표준어의 성모와 비교해 보면 그 특징은 다음과 같다.

첫째, '微'모 [ɱ]가 존재하고 있었다.

둘째, 현대 표준어의 [tɕ], [tɕh], [ɕ]가 존재하지 않았다. 즉 '見'계와 '精'계의 성모 중 제치호 혹은 촬구호와 결합한 것들이 아직 구개음화하지 않았다.

셋째, '疑'모가 완전히 소실되지 않았다.

다음은 『中原音韻』의 성모와 36자모 및 현대 성모와의 비교표이다.

三十六字母	中原音韻	현대 표준어	예
幇 並(仄)	幇 [p]	[p]	輩 半 倍
滂 並(平)	滂 [ph]	[ph]	配 判 佩
明	明 [m]	[m]	美 昧 貿
非敷奉	非 [f]	[f]	飛 妃 肥
微	微 [ɱ]	[0]	晩 無 尾
端 定(仄)	端 [t]	[t]	堆 隊 東
透 定(平)	透 [th]	[th]	推 投 呑
泥娘疑(일부)	泥 [n]	[n]	努 尼 南
來	來 [l]	[l]	浪 聯 魯
精 從(仄)	精 [ts]	[ts] [tɕ]	在 綜 箭
淸 從(平)	淸 [tsh]	[tsh] [tɕh]	存 槍 妾
心 邪	心 [s]	[s] [ɕ]	三 席 宋
知照(일부)澄(仄일부)牀(仄일부)	章 [tʃ]	[tʂh]	張 爭 中
徹穿(일부)澄(平일부)牀(平일부)	昌 [tʃh]	[tʂh]	場 長 乘
審(일부) 禪(일부)	山 [ʃ]	[ʂ]	勝 上 書
日	日 [ʒ]	[ʐ]	入 辱 讓
見 羣(仄)	見 [k]	[k] [tɕ]	居 干 工
溪 羣(平)	溪 [kh]	[kh] [tɕh]	空 奇 筐
疑	仰 [ŋ]	[0] [ŋ]	仰 我 虐
曉匣喩	曉 [x]	[x] [ɕ]	輝 胡 行
影喩疑	云 [0]	[0] [ʐ]	央 引 榮

4. 운모

『中原音韻』에서는 모두 19개의 운부로 나누고 있다. 각 동음자군을 귀납 분석한 결과에 의하면 각 운부는 다시 몇 개의 운모로 나누어진다. 우선 19개의 운부와 그 안에 포함되는 『廣韻』의 운목을 열거하면 다음과 같다.

『中原音韻』					『廣韻』
一. 東鍾			[uŋ]	[iuŋ]	東冬鍾
二. 江陽	[ɑŋ]	[iɑŋ]	[uɑŋ]		江陽唐
三. 支思	[ɿ]	[ʅ]			支脂(각 일부분)
四. 齊微	[ei]	[i]	[uei]		齊祭廢微之, 支脂灰 (각 일부분)
五. 魚模			[u]	[iu]	魚虞模
六 .皆來	[ai]	[iai]	[uai]		咍佳皆夬泰, 灰(일부분)
七. 眞文	[ən]	[iən]	[uən]	[iuən]	眞諄臻文欣痕魂
八. 寒山	[an]	[ian]	[uan]		寒珊山凡
九. 桓歡			[uon]		桓
十. 先天		[iεn]		[iuεn]	先仙元
十一. 蕭豪	[ɑu]	[iɑu] [iεu]			蕭宵肴豪
十二. 歌戈	[o]	[io]	[uo]		歌戈
十三. 家麻	[a]	[ia]	[ua]		麻(일부분)
十四. 車遮		[ie]		[iue]	麻(일부분)
十五. 庚青	[əŋ]	[iəŋ]	[uəŋ]	[iuəŋ]	庚耕淸靑登蒸
十六. 尤侯	[ou]	[iou]			尤侯幽
十七. 侵尋	[əm]	[iəm]			侵
十八. 監咸	[am]	[iam]			覃談咸銜
十九. 廉纖		[iεm]			鹽添嚴

『中原音韻』에서의 운부의 분류는 『廣韻』이나 詩韻과는 매우 다르며, 오히려 詞韻과 약간 비슷하다. 『廣韻』과 『中原音韻』 사이에 직접적인 계승 관계가 없고, 『中原音韻』은 북방 방음의 특색을 비교적 강하게 띠고 있는데, 이것은 어떤 북방 민족의 영향을 받았기 때문이라 볼 수 있다. 오늘날의 북방 음계는 『中原音韻』에서 직접적으로 유래하였음을 알 수 있다. 『中原音韻』의 운모에 관한 몇 가지 특징은 다음과 같다.

첫째, 『中原音韻』에는 독립된 입성운부가 없으며, 중고 입성자들은 전부 음성운의 각 운부에 나뉘어 분류되었다. 周德淸은 「正語作詞起例」에서 명확히 "『中原音韻』에는 입성이 없고 平上去 세 가지 성조에 파입되었다"[14]라 말하고 있다. 아울러 그는 『廣韻』에 의해서만 입성을 처리하는 것에 대해서 "이렇게 발음하는 것은 알아들을 수 없는 말이 아니고 무엇인가?"[15]라고 비평하였다. 따라서 원대 大都를 중심으로 하는 북방음에는 이미 입성의 구별이 없어졌다고 보아도 좋을 것 같다. 그러나 周德淸이 음성운의 각 운부에 '入聲作某聲'이라고 표기하여 입성자를 따로 열거한 것과, 『中原音韻 · 自序』에서 "다른 세 성조로 파입한 것은 용운의 범위를 넓히기 위해서이다"[16]라 말한 것, 그리고 「正語作詞起例」에서 "말을 할 때에는 아직 입성의 구별이 있었다"[17]고 말한 것으로 인하여 약간의 학자들은 당시 북방음에 여전히 입성이 있었으며, 다만 [p], [t], [k] 세 종류의 운미가 이미 합류하여 후색

14) "音韻無入聲, 派入平上去三聲"
15) "如此呼吸, 非鴃舌而何"
16) "派入三聲者, 廣其韻耳"
17) "呼吸言語之間還有入聲之別"

음인 [ʔ]으로 변하였을 따름이라고 보고 있기도 하다.

그러나 『中原音韻』에 입성이 없다고 할 수 있는 여러 가지 이유가 있다.

① 周德淸 본인이 분명히 없다고 설명하였다.

② 만약 입성이 여전히 존재하고 있었다면 그 파입된 상황으로부터 세 종류의 조치, 즉 양평과 같은 조치, 상성과 같은 조치, 거성과 같은 조치의 아홉 종류의 입성운부로 나누었어야 할 것이다. 이렇게 복잡한 입성자를 단지 압운의 범위를 넓히기 위해서 다른 운부에 분류할 수는 없었을 것이다.

③ 현존하고 있는 원 잡극의 용운 상황은 『中原音韻』과 일치하며, 입성이 독자적으로 운부를 형성하고 있는 예를 찾아 볼 수 없다. 원래는 입성이 있었는데 잡극의 작가들은 약속도 없이 동시에 그 존재를 무시할 수 있었는가 하는 의문이 생길 수 있다. 실제로 현존하는 원명 시대의 북방 지역의 속문학의 용운에서도 역시 입성이 독립하여 운부를 형성하는 현상은 보이지 않는다.

그러면 周德淸은 왜 입성자를 직접 각 운부에 열거하지 않고 '入聲作某聲'이라 하였는가에 대한 의문도 생길 수 있을 것이다. 이 점에 대해 다음과 같이 생각할 수 있다.

① 전통을 완전히 무시할 수 없었기 때문일 것이다. 당시 작곡자들은 동시에 詩나 詞도 썼는데, 詩나 詞를 쓸 때에는 전통적인 詩韻과 입성이 있는 詞韻을 사용하였다. 따라서 입성을 따로 열거함으로써 비교하기 편리하게 한 것으로 보인다.

② 당시 남방의 여러 지역에서는 여전히 입성이 있었으므로 周德淸이 입성자를 음성운부에 분류하면서도 따로 열거한 것은 曲詞를 짓는 데에 편리함을 고려하였기 때문이다.

③ 周德淸은 江西 高安 사람으로 본인의 방언에는 입성이 있었다. 이것 또한 그로 하여금 표준어에서의 중고 입성자의 변천 상황을 중시하게 하였을 것이고, 또한 남북 어음을 비교하기 편리하게 하기 위해서 입성자를 따로 열거하였을 것이다.

한편으로 다음과 같은 해석도 가능할 것이다. 당시 무대에서의 공연을 위한 백화음에서는 입성운미가 소실되었지만, 시문을 쓸 때 사용했던 문언음에서는 여전히 입성운미 [-p], [-t], [-k]가 남아 있을 가능성이 있었던 것으로 볼 수도 있다.

그리하여 입성자의 세 종류의 운미는 백화음에서는 송대에 이미 합류하여 후색음 [ʔ]으로 변하였다가 원대에 이르러서는 이것마저 소실되었으며, 문언음에서는 여전히 후색음 운미가 있었던 것으로 생각할 수 있다.[18]

둘째, 『中原音韻』의 운모는 『切韻』에 비해 훨씬 간단한 체계를 이루고 있다. 이러한 현상은 입성운이 소실된 것 외에도 주요모음이 같거나 비슷하고 운미가 같으면 대부분 하나의 운으로 합류한 데에서 비롯된 것이다. 그러나 이렇게 변천한 과정을 살펴보면 매우 복잡하다. 어떤 운은 합쳐지는 과정 중에서도 나뉘어졌으며(支脂之韻은 합류한 후에도 성모의 변화로 인하여 다시 支思, 齊微 두 운부로 나뉘어졌다), 어떤 운은 나뉘어지는 중에 합쳐지기도 하고(麻韻은 개음의 성질에 따라 두 류로 나뉘어졌으나, 佳韻 및 黠葉 등 10여 韻의 입성자와 합류하여 家麻, 車遮의 두 韻部를 형성하였다), 어떤 운은 합류한 후 다시 주요모음이 다른 운의 일부 글자를 흡수하기도 하였다(東, 冬韻과 鍾韻은 합

18) 266－270쪽 참조.

류하였으나, 동시에 '庚, 耕, 淸, 靑, 登'운의 脣牙喉音字를 흡수하여 東鍾韻이 되었다).

그러나 이렇게 합류한 결과는 대체로 16섭이나 詞韻에 가깝다고 할 수 있다. 이 사실은 『中原音韻』에 반영된 음계는 시기적으로 훨씬 이전에 형성되었음을 보여준다. 또한 등운도에 반영된 음계는 그 시대의 실제 어음을 충분히 고려한 것으로 16섭은 『切韻』이나 『廣韻』과 같은 운서에 반영된 운류를 단순히 간단하게 정리한 것이 아니라는 것을 증명해 주고 있다.

셋째, 『中原音韻』의 운모 체계와 현대 표준어의 운모 체계를 비교해 보면 제일 두드러진 특징은 『中原音韻』에는 아직 쌍순비음 운미가 보존되어 있다는 점이다. 侵尋, 監咸, 廉纖의 세 운부는 현대 표준어에서는 眞文, 寒山, 先天에 완전히 합류하였다.[19] 이러한 합류 현상은 원대 이전에 이미 시작되었다. 원래 순음 성모이면서 운미가 [m]이었던 음절이 『中原音韻』에서는 이미 '眞文, 寒山, 庚靑'운 등 운미가 [n] 혹은 [ŋ]인 운부에 분류되고 있다. 이것은 이들 음절의 [m]운미가 모두 [n]이나 [ŋ]으로 변하였음을 보여주는 것으로서, 이러한 변화는 일종의 이화 현상으로 설명될 수 있다. 하나의 음절 내에서 주요모음의 앞과 뒤가 모두 순음인 자음이면 발음하기에 불편하여 오랫동안 지속되기 어렵기 때문에 다른 음으로 쉽게 변할 수 있다. 성모가 순음인 음절이 이렇게 변하고 난 뒤, 다른 성모의 음절에서도 일종의 유화 현상에 의해 점점 眞文 등과 같이 운미가 [n]인 운에 합류한 것이다.

이 외에 어떤 글자들은 운모가 현대 표준어나 『中原音韻』과

---

19) 부분적으로 庚靑韻에 합류한 예도 있다. 王力『漢語音韻學』490쪽.

다른 것이 있다. 이러한 현상은 '支思, 齊微, 歌戈, 車遮, 皆來, 家麻, 蕭豪'운과 같은 음성운부에서 두드러지게 나타나는데, 원래 입성자였던 음절이 대부분이며, 그 다음으로는 성모가 설음, 치음, 아음인 글자들이다. 이것은 성조의 변화에 따라 일어난 현상으로 각 글자들은 입성자를 구별할 때에 착오를 일으켰기 때문인 것으로 추측된다.

5. 성조

『中原音韻』에는 陰平, 陽平, 上聲, 去聲 네 개의 성조가 있는데, 이는 현대 표준어와 매우 유사하나, 『切韻』 음계와는 크게 다르다. 그 특징을 간추려 보면 다음과 같다.

첫째, 앞에서 서술한 바와 같이 수당 음계에서 성조는 성모의 청탁에 따라 음양으로 나뉘었다. 즉 청성모는 음조, 탁성모는 양조로 읽혔다. 그러나 당시에는 이 음양의 구별이 실제로 변별 작용을 하지 못하여, 『切韻』이나 『廣韻』에서는 단지 平上去入 네 종류의 성조로만 나뉘었던 것이다.

그러나 각 권에 실린 글자들을 오늘날의 독음에 따라 읽어 보면, 같은 권에 있는 글자들끼리도 다른 성조로 읽히는 경우가 많다. 뿐만 아니라, 이러한 현상은 소수에 그치는 것이 아니라 일반적인 현상이다. 만약 극소수 글자의 성조가 변했다면 개별 글자의 변화로 처리하여 체계적으로 설명할 필요가 없을 것이다. 그러나 이러한 변화는 일반적인 현상일 뿐 아니라 자세히 살펴보면 일정한 규율이 있기 때문에 체계적인 변화라 볼 수 있다.

우선 '東董送屋'운의 글자를 보기로 하자. 東韻의 글자는 원래 평성, 董韻은 상성, 送韻은 거성, 屋韻은 입성이었다. 그러나 현대 표준어로 읽어 보면 東韻의 글자에는 두 가지 성조, 즉 음평과 양평이 있음을 알 수 있다. 吳語, 廣東語에서는 東韻 뿐만 아니라, '董', '送', '屋'운에도 두 가지 성조가 있다. 浙江 紹興 같은 지방에서는 평상거입 모두가 각각 두 종류의 성조로 분화하였으며, 표준어에서는 평성만 두 성조로 분화하였다. 따라서 과거의 曲韻書에서 '平分陰陽'이라 한 말은 바로 표준어의 이 현상을 두고 한 말이다. 이렇게 성조가 陰陽으로 분화한 조건은 바로 성모의 청탁으로, 성모가 淸이었던 것은 모두 陰調로, 濁이었던 것은 모두 陽調로 바뀌었다는 것이다. 이것은 현대 표준어에서도 그 흔적을 찾을 수 있다. 즉 양평이면서 송기로 읽히는 글자들은 예외 없이 중고 이전에는 그 성모가 탁성이었다.

唐代부터 전탁상성자는 전탁성모의 거성자와 합류하기 시작하였고, 그 후 600여 년 동안의 변화를 거쳐 『中原音韻』시대에 이르러서는 전탁성모가 완전히 청화함에 따라 성조만이 변별 작용을 담당하게 되었다. 이리하여 평성은 음양으로 나뉘고 탁성모인 상성은 거성으로 변하였으며, 거성의 음양조는 그 조치의 차이가 소실된 것이다.

구체적으로 살펴보면 다음과 같다.

① 원래 평성의 전청, 차청인 성모는 음평으로, 전탁, 차탁인 성모는 양평으로 변하였는데, 이것을 '平分陰陽'이라 한다.

② 상성에는 전청, 차청, 차탁 성모만 존재하게 되었고, 전탁성모인 상성자는 모두 거성으로 변하였다. 이를 '濁上變去'라 하는데 그 예는 다음과 같다.

並母 : 罷, 倍, 被, 抱, 辦, 伴, 棒, 部, 簿, 辨, 並
奉母 : 範, 犯, 憤, 父, 婦, 負
定母 : 待, 道, 稻, 動, 惰, 斷, 弟
澄母 : 丈, 仗, 重, 柱
從母 : 在, 造, 坐, 罪, 漸, 盡, 靜, 聚
邪母 : 似, 象, 像, 序, 敍, 緖
牀母 : 士
禪母 : 是, 氏, 市, 社, 紹, 受, 善, 甚, 上
羣母 : 技, 舅, 件, 近, 拒, 距, 具, 菌
匣母 : 荷, 厚, 後, 旱, 戶, 禍, 匯, 混, 限, 項, 杏, 幸

이러한 글자들은 『廣韻』에서는 모두 상성에 속하였으나 현대 표준어에서는 모두 거성으로 변하여 읽히고 있는데, 이는 이러한 글자들이 성모가 청화함에 따라 성조가 거성으로 변하였기 때문이다. 이러한 濁上聲字와 去聲字가 혼용되는 현상이 발생한 시기는 늦어도 盛唐시기로 추정된다. 왜냐하면 晩唐시기의 李涪가 그의 『刊誤』에서 『切韻』과 당시의 실제음 사이에 일치하지 않는 몇 가지 상황을 제시하면서 『切韻』 중 성모가 전탁인 상성자가 거성으로 읽힌다는 사실을 언급하였고,[20] 또한 盛唐 시인인 孟浩然, 王維, 杜甫, 李白, 韋應物 등의 시에서 쓰인 운각에서도 이들 탁상성자가 거성자와 압운한 예를 많이 찾아 볼 수 있기 때문이다.[21]

③ 거성의 음양 두 조가 서로 합류되었다(원래 전탁상성자가

20) 王力. 『中國語言學史』, 李鍾振 · 李鴻鎭 譯 129쪽.
21) 史存直. 『漢語語音史綱要』, 50-53쪽.

거성으로 변한 것도 포함).

둘째, 원래의 입성자는 성모의 성질에 따라 양평, 상성, 거성으로 변하였다. 그 변한 규율은 전탁성모인 입성자는 양평으로(直, 白, 獨, 學, 讀, 服, 伏 등), 차탁성모인 입성자는 거성으로(日, 立, 木, 欲, 虐, 納, 肉, 睦, 沒, 牧 등) 변하였으며, 기타 전청과 차청성모인 입성자는 모두 상성으로 변하였다(瑟, 汁, 七, 骨, 則, 脚, 菊, 曲, 不, 卜 등). 청성모인 입성자는 모두 상성으로 변하였기 때문에 『中原音韻』에서는 '入聲作上聲'으로된 글자가 특히 많다.

중고의 성조와 『中原音韻』의 성조를 비교해 보면 다음과 같은 도표로 나타낼 수 있다.

<table>
<tr><th colspan="2"></th><th colspan="4">(中古聲調)</th></tr>
<tr><th colspan="2"></th><th>平</th><th>上</th><th>去</th><th>入</th></tr>
<tr><th rowspan="4">(古聲母)</th><th>全清</th><td rowspan="2">陰平</td><td rowspan="3">上</td><td rowspan="4">去</td><td rowspan="2">上</td></tr>
<tr><th>次清</th></tr>
<tr><th>次濁</th><td rowspan="2">陽平</td><td>去</td></tr>
<tr><th>全濁</th><td></td><td>陽平</td></tr>
</table>

Ⅱ.『中原音韻』 이후의 주요 변화

1.『中原音韻』 이후의 주요 운서

『中原音韻』이 쓰인 시기와 같은 시기 혹은 그 이후에 나온 중요한 운서는 성질에 따라 옛 것을 그대로 따른 것, 옛 것과 그 시대의 것을 절충한 것, 그 시대의 것을 반영한 것 등 크게 셋으로 나눌 수 있다. 元明淸代의 여러 詩韻들은 완전히 옛 것을 모방하여 쓴 것으로 음운학상으로 큰 가치가 없다. 전통적인 운서의 제약을 완전히 벗어나지는 않았지만 당시의 실제 음계를 흡수하고 또 전통 운서의 체계를 어느 정도 변화시킨 것이 바로 절충형 운서이다.

『中原音韻』 이후 절충형 운서 중 가장 영향이 컸던 것은 『洪武正韻』이다. 『洪武正韻』은 明 太祖 洪武 8년(1375년)에 완성되었으며, 樂韶鳳, 宋濂 등이 황제의 뜻을 받들어 편찬한 관운서이다. 이 책에는 평상거를 각각 22부로 나누고 입성운 10부는 양성운 10부와 대응시키고 있다.

이 책의 반절상자를 귀납한 결과를 보면 성모가 31류가 있는데 36자모의 '敷, 照, 穿, 牀, 娘'모는 각각 '非, 知, 徹, 澄, 泥'모에 합류되었다. 宋濂의 序에 의하면 그들은 中原雅音을 기준으로 전통 운서의 각 운부, 운자에 대해서 다시 검토하여 새로이 분류하였다고 한다. 그러나 『洪武正韻』의 음계는 이보다 약 50년 앞선 『中原音韻』에 비해 너무나 큰 차이가 있어 이것이 중원 일대의 어음을 객관적으로 반영한 것이라고 보기에는 어렵다.

王力은 이 책을 고금과 남북을 혼합한 것으로 보았는데 그 원인은 다음과 같다. 첫째, 완전히 전통을 부정하지도 못하였다. 둘째, 당시는 아직 北京으로 천도하지 않아 중원의 개념이 불명확할 뿐만 아니라, 편찬에 참가한 11인 중 절대 다수가 남방인으로 자기 방언의 영향을 받지 않을 수가 없었다.

반면 羅常培에 의하면 당시 중원에서 통용되던 어음 체계에는 두 종류가 있었는데, 하나는 관운을 대표하는 것이고, 다른 하나는 방언을 대표하는 것이었다. 즉, 하나는 문언음, 다른 하나는 백화음인데, 『中原音韻』이 백화음을 반영한 반면, 『洪武正韻』은 관화음, 즉 문언음을 반영한 것이다.

그러나 이들에 대한 확실한 증거가 없는 상태이기 때문에, 이 책은 전통 운서의 속박은 벗어나지 않았지만 당시 어음의 실제 상황을 고려한(주로 江南일대) 절충형 운서라고 볼 수 있다.

당시 실제 어음 상황을 그대로 반영한 운서로는 『中原音韻』 이후 元 卓從之의 『中州樂府音韻類編』(흔히 『中州音韻』으로 간칭함)이 제일 먼저 쓰였다. 이 책은 실린 글자의 수와 평성을 음, 양, 음양 세 종류로 나눈 것 이외에는 『中原音韻』과 거의 같다. 『中原音韻』이 인쇄되기 전 여러 지역에 유포되었던 手寫本에는 평성이 원래 음, 양, 음양 세 종류로 나뉘어져 있었다. 寧忌浮는 음양류는 성모와 운모가 같지만 원래 청탁의 차이로 인하여 성조에 차이가 있게 된 평성자를 분류하기 위해 설정한 것으로(주로 전탁과 차청의 同聲, 同韻字로부터 왔다) 고증하였다. 이것이 사실이라면 이는 周德淸이 원고를 완성하기 전에 평성을 음평, 양평 두 류로 분명히 나누지 못하고 주저하였음을 말해 준다. 『中州音韻』은 대략 이 手寫本을 근거로 하여 쓰인 것이다.

『中原音韻』보다 약 100년 후(1442년) 蘭茂가 『韻略易通』을 완성하였다. 蘭茂는 雲南 嵩明 사람으로 이 책은 雲南방언을 기초로 하여 쓰인 것이다. 모두 20운으로 나누었는데 『中原音韻』의 魚模를 居魚와 呼模로 나누었으며, 『中原音韻』에는 없었던 입성이 있다. 이것 외에 나머지는 대체로 『中原音韻』과 같다. 『韻略易

通』의 음계가 『中原音韻』과 유사하다는 것은 명대 西南지구의 방음이 이미 북방어에 접근하였음을 말해 주는 것으로, 북방 관화의 형성과 발전 과정을 연구하는데 큰 의의가 있다고 하겠다.

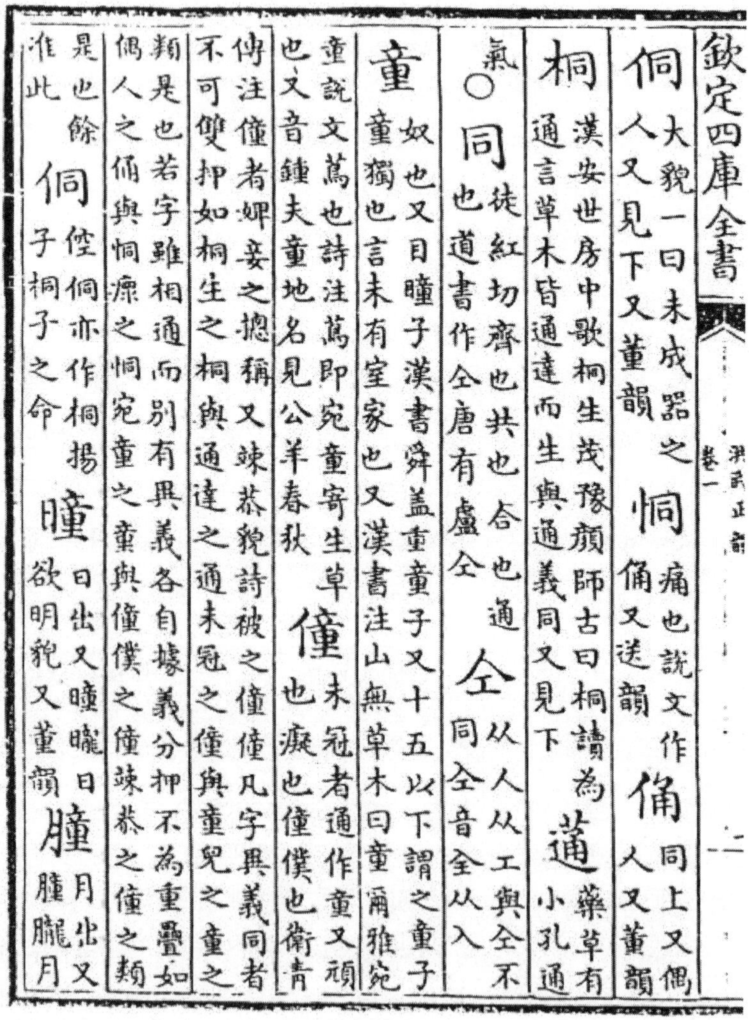
欽定四庫全書

洪武正韻 卷一 二

侗 大貌一曰未成器之人又見下又董韻 恫 痛也說文作俑又送韻 俑 同上又偶人又董韻

桐 漢安世房中歌桐生茂豫顏師古曰桐讀為通言草木皆通達而生與通義同又見下 蓪 藥草有小孔通氣

○同 徒紅切齊也共也合也通也道書作仝唐有盧仝 仝 从人从工與仝不同仝音全从入

童 奴也又目瞳子漢書舜蓋重童子又十五以下謂之童子童獨也言未有室家也又漢書注山無草木曰童爾雅宛童說文蔦也詩注蔦即宛童寄生草也又音鍾夫童地名見公羊春秋

僮 未冠者通作童又頑也癡也僮僕也衛青傳注僮者婢妾之總稱又竦恭貌詩被之僮僮凡字與義同者不可雙押如桐生之桐與通達之通未冠之僮與童兒之童之類是也若字雖相通而別有與義各自據義分押不為重疊如偶人之俑與恫瘝之恫宛童之童與僮僕之僮竦恭之僮之類是也餘准此

侗 倥侗亦作桐揚子桐子之命

曈 日出又曈曨日欲明貌又董韻

朣 月出又朣朧月

『洪武正韻』

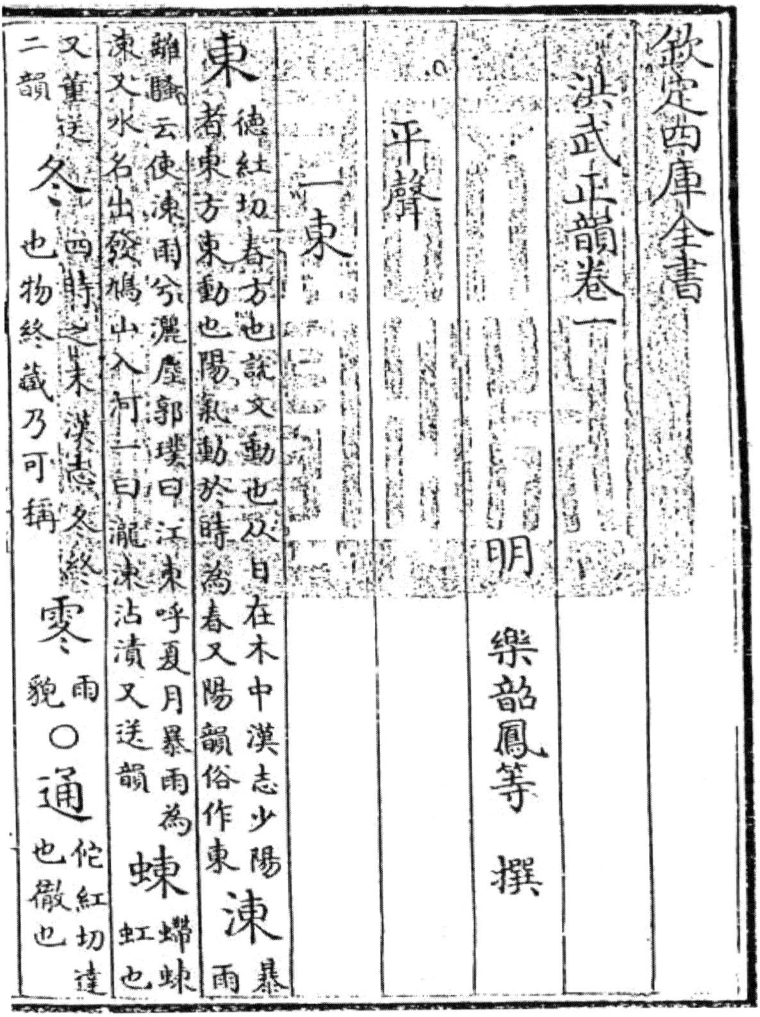

欽定四庫全書
洪武正韻卷一
明 樂韶鳳等 撰
平聲
一東
東 德紅切春方也說文動也从日在木中漢志少陽者東方東動也陽氣動於時為春又陽韻俗作東
涷 暴雨離騷云使涷雨兮灑塵郭璞曰江東呼夏月暴雨為涷又水名出發鳩山入河一曰瀧涷沾漬又送韻
蝀 螮蝀虹也又董送二韻
冬 四時之末漢志冬終也物終藏乃可稱
零 雨貌
○通 佗紅切達也徹也

『洪武正韻』

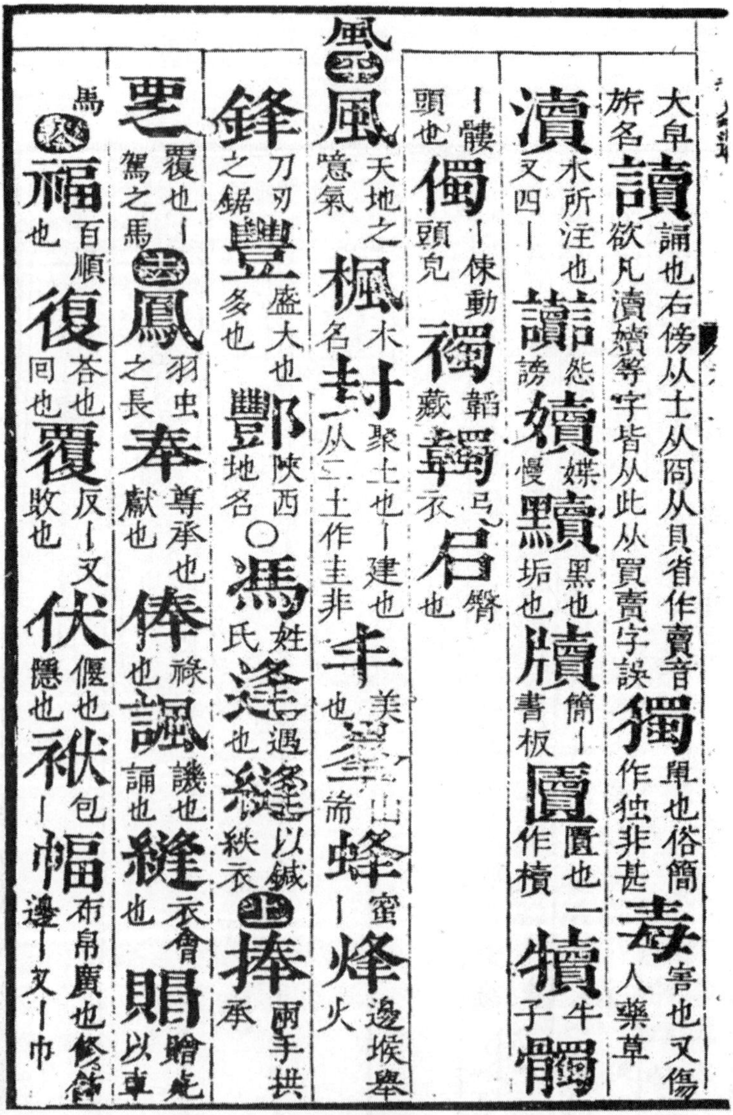
大阜旂名 讀 誦也右傍从士从罒从貝省作賣音欲凡瀆犢等字皆从此从買賣字誤 獨 單也俗簡作独非甚 毒 害也又傷人藥草

瀆 水所注也又四｜ 讟 怨謗 嬻 媟慢 黷 黑也垢也 牘 簡｜書板 匵 匱也作櫝 犢 牛子 髑

｜髏頭也 [illegible] ｜倲動頭皃 襡 韜藏 韣 弓衣 启 臂也

風 風 天地之噫氣 楓 木名 封 聚土也｜建也从ㄓ土作圭非 丰 美也 峯 山｜嵛 蜂 ｜蜜 烽 邊堠舉火

鋒 刀刃之鋸 豐 盛大也多也 酆 陝西地名 ○ 馮 姓氏 逢 遇也 縫 以鍼紩衣 上 捧 兩手拱承

覂 覆也｜駕之馬 去 鳳 羽虫之長 奉 尊承也獻也 俸 祿也 諷 譏也誦也 縫 衣會也 賵 贈死以車

馬 入 福 百順也 復 荅也回也 覆 反｜又敗也 伏 偃也隱也 袱 包｜ 幅 布帛廣也邊｜又｜巾

『韻略易通』

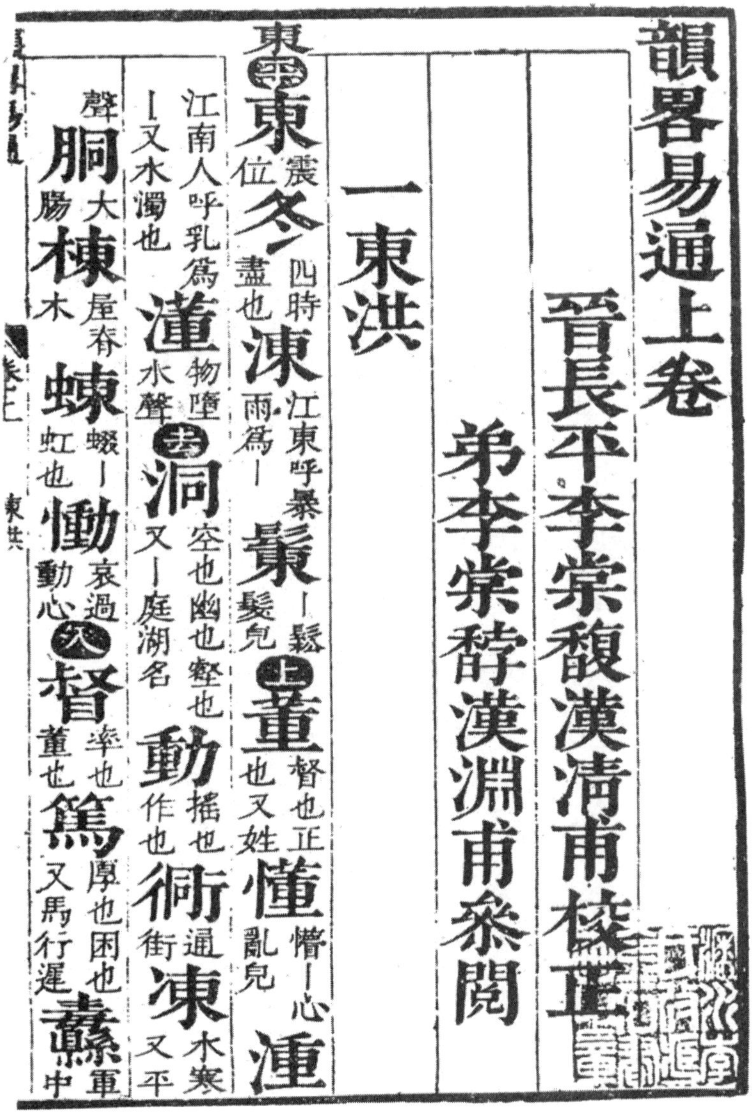

韻畧易通上卷

晉長平李棠馥漢清甫校正

弟李棠馞漢淵甫參閱

一東洪

東(平)東 震位 冬 四時盡也 涷 江東呼暴雨爲丨 䰤 丨鬆髮皃 (上)董 督也正也又姓 懂 懵丨心亂皃 湩 江南人呼乳爲湩丨又水濁也 潼 物墮水聲 (去)洞 空也幽也𨾛也又丨庭湖名 動 摇也作也 衕 通街 凍 水寒又平聲 胴 大腸 棟 屋脊木 蝀 蝃丨虹也 慟 哀過動心 (入)督 率也董也 篤 厚也困也又馬行遲 𧆛 重中

韻畧易通 卷上 東洪

『韻略易通』

『韻略易通』과 같이 북방 음계의 실제를 반영한 운서로는 명말 山東 사람 畢拱辰이 1642년 편찬한 『韻略匯通』과 청초 河北 樊騰鳳의 『五方元音』[22] 등이 있는데, 모두 명청 시기의 음계를 연구하는데 중요한 자료이다. 그리고 1606년 당시 順天府(지금의 北

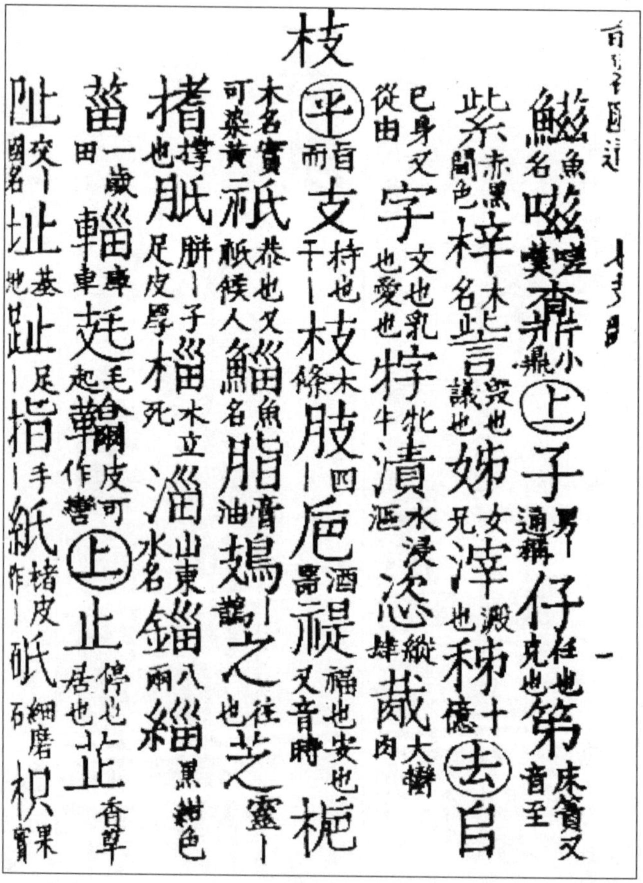
鯔魚名 嗞嗟嘆 鼒小鼎 ㊤ 子男丨通稱 仔任也克也 第床簀又音至
紫赤黑間色 梓木名 訾毀也議也 姊女兄 滓澱也 秭十億 ㊍ 自
己身又從由 字文也乳也愛也 牸牝牛 漬水浸漚 恣縱肆 胾大臠肉
枝
㊥ 旨而 支持也干丨 枝木條 肢四丨 卮酒器 禔福也安也又音時 梔
木名實可染黃 祇恭也又祇候人 鯔魚名 脂膏油 鳷丨鵲 之往也 芝靈丨
搘撐也 胝胼丨子足皮厚 椔木立死 淄山東水名 錙八兩 緇黑紺色
菑一歲田 輜輜車 [illegible]毛起 [illegible]皮可作[illegible] ㊤ 止停也居也 芷香草
阯交丨國名 址基也 趾足丨 指手丨 紙楮皮作丨 砥細磨石 枳果實

『韻略匯通』

22) 『五方元音』이 지어진 연대는 확실하지 않다. 그러나 趙蔭棠의 고증에 의하면 대략 順治 11년에서 康熙 12년(1654-1673)사이에 쓰였다고 한다.

京)의 음계를 반영한 것으로 알려진 徐孝의 『重訂司馬溫公等韻圖經』(흔히 『等韻圖經』으로 간칭함)도 17세기 관화 음계의 연구에 없어서는 안 될 자료이다.[23)]

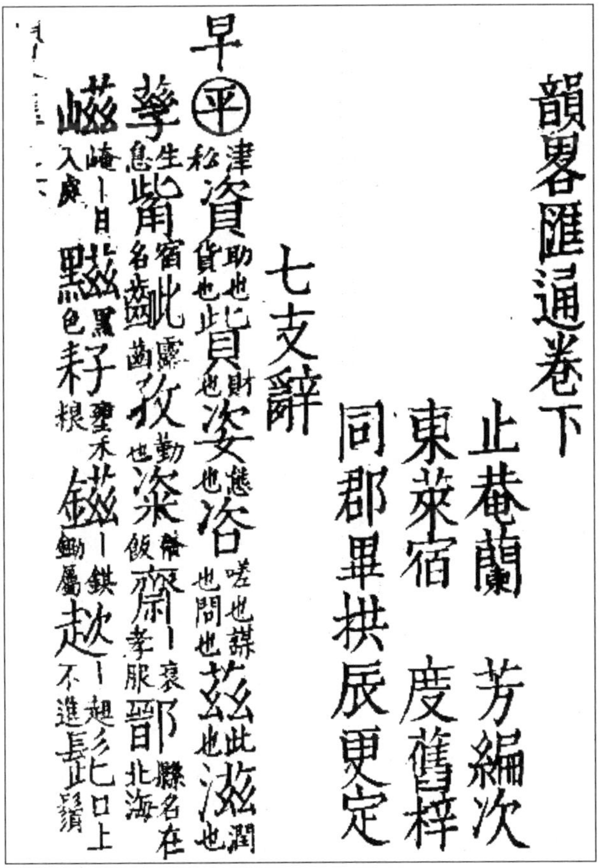
韻畧匯通卷下

止菴蘭 芳編次

東萊宿 度舊梓

同郡畢拱辰更定

七支辭

早 平 津私 資 助也貨也 貲 財也 姿 態也 咨 嗟也謀也問也 茲 此也 滋 潤也

孳 生息 觜 宿名 齜 齒露 孜 勤也 粢 飯 齊 —衰孝服 鄑 縣名在北海

嵫 崦—日入處 鰦 黑色 耔 壅禾根 鎡 —錤鋤屬 趑 —趄不進 髭 口上鬚

『韻略匯通』

23) 『等韻圖經』은 張元善이라는 사람이 편찬한 『合并字書便覽』가운데의 『韻譜』 부분을 徐孝가 옮겨 쓴 것이다.

이밖에 명청 시기의 어음을 연구하는데 중요한 자료로서, 民歌俗曲과 명대 서방 선교사들이 로마자를 써서 한자음을 표기한 자료들을 들 수 있다. 서방선교사 Matteo Ricci(중국명 利瑪竇), Nicolas Trigault(중국명 金尼閣) 등은 모두 로마자로써 한자의 음을 표기하였는데 지금 남아있는 것으로는 마테오 리치의 병음 자

五		四		三		二		一		○同鳴字父	
母		元		字		一		鳴	自		
五		四		三		二		一			
午		阿		衣		音額土		音丫土			
u		o		i		e		a			
çu	粗	ço	左	çi	祭	çe	則	ça	雜	ç	則
chu	主	cho	竹	chi	知	che	者	cha	察	ch	者
Ku	古	Ko	歌	Ki	已	Ke	格	Ka	雜格	K	格
pu	布	po	波	pi	備	pe	百	pa	巴	p	百
tu	都	to	多	ti	地	te	德	ta	大	t	德
ju	儒	jo	肉	ji	衣日	je	日	ja	雜日	j	日
vu	無	vo	阿物	vi	未	ve	則物	va	韈	v	物
fu	父	fo	福	fi	非	fe	則弗	fa	法	f	弗
gu	梧	go	我	gi	衣額	ge	額	ga	雜額	g	額
lu	路	lo	六	li	理	le	勒	la	蠟	l	勒
mu	母	mo	木	mi	米	me	麥	ma	馬	m	麥
nu	怒	no	諾	ni	尼	ne	搦	na	納	n	搦
su	數	so	俗	si	西	se	色	sa	撒	s	色
xu	書	xo	熟	xi	是	xe	石	xa	沙	x	石
hu	湖	ho	火	hi	喜	he	黑	ha	雜黑	h	黑

『西儒耳目資』

료와 니콜라 트리고의 『西儒耳目資』가 있다. 이들이 근거로 한 음이 어느 지방의 음인지에 관해서는 아직 연구를 더 해야 할 필요가 있지만, 『中原音韻』 이후 중국 북방어의 변천 상황을 연구하는데 매우 중요한 자료이다. 『中原音韻』 이후의 각종 자료, 특히 민간 속문학 자료에 대해서는 아직 연구가 되어 있지 않은 상태이다.

2. 성모의 변화

1) '疑'모의 소실

중고 36자모의 '疑'모, 즉 [ŋ]성모가 소실되어 영성모로 변하였다. 이러한 변화는 15세기 중엽 이전에 완성되었다. 蘭茂는 『韻略易通』에서 「早梅詩」라는 시를 써서 당시 성모 체계를 나타내고 있는데, 그 내용은 다음과 같다.

東	風	破	早	梅
[t]	[f]	[ph]	[ts]	[m]
向	暖	一	枝	開
[x]	[n]	[O]	[tʃ]	[kh]
氷	雪	無	人	見
[p]	[s]	[ɱ]	[ʒ]	[k]
春	從	天	上	來
[tʃh]	[tsh]	[th]	[ʃ]	[l]

이것은 『中原音韻』에 비해 [ŋ]이 소실된 것으로 당시에 이미 '疑'모가 존재하지 않았음을 나타내는 것이다.

그리고 '牛, 擬, 逆, 虐' 등의 일부 [i]개음을 지닌 제치호 '疑' 모자가 현대 표준어에서는 [n-]로 읽히고 있다. 이 현상은 후음 [ŋ]이 개음 [i]의 영향으로 혀의 위치가 앞으로 이동하여 일어난 일종의 동화 현상의 결과라고 설명할 수 있다. 이러한 변화는 16세기 초 조선 시대에 중국어를 학습할 때 교재로 사용하였던 崔世珍(1473-1542)의 『飜譯老乞大』에서 '牛'를 '뉘'로 주음한 것으로 보아 15세기에는 이미 완성되었다고 할 수 있다.

2) '微'모의 소실

중고 '微'모, 즉 [ɱ]가 소실되어 영성모가 되었다. 앞에서 인용한 「早梅詩」에서는 '無'모로 표기하여 당시에는 소실되지 않았음을 말해주고 있다. 王力은 "이것은 14세기 『中原音韻』 시기부터 17세기까지 줄곧 보존되었으며, 그 후 비로소 반모음 [w]로 변하였다가 최후에는 모음 [u]로 변하였다"라 하며 '微'모는 15~16세기에도 여전히 존재하였다고 설명하고 있다. 그러나 崔世珍이 『飜譯老乞大』에서 "'微'모는 '喩'모에 가깝게 소리를 낸다"라 한 사실로 보아 이 '微'모는 王力이 주장한 것과는 달리 17세기 이전에 이미 반모음 혹은 모음으로 읽혀 중고 '影, 喩'모 등과 합류하여 영성모가 되었음을 알 수 있다. 『五方元音』에서는 중고 '微'모의 글자들을 '蛙'모에 분류하여 이 사실을 반영하고 있다.

3) 照二三의 합류

중고의 照三系는 『中原音韻』 시기까지만 해도 '知'[tʃi], '張'[tʃɑŋ], '書'[ʃy] 등과 같이 [i]나 [y]와 결합할 수 있었다. 그러나 현대 표준어에서 照三系의 성모는 이들 모음과 결합할 수 없고 照二에 합류하여 [tʂʅ], [tʂaŋ], [ʂu] 등과 같이 모두 권설음으로 읽히고 있다. 구체적인 예를 들어 보기로 하자.

『中原音韻』		현대 표준어	예
江陽	[iɑŋ]	[ɑŋ]	章張昌商
魚模	[iu]	[u]	主處猪書
眞文	[in]	[ən]	眞珍陳身
	[iun]	[un]	脣春順諄
先天	[ien]	[an]	展禪扇善
	[iuen]	[uan]	專川船轉
蕭豪	[iɑu]	[ɑu]	照超潮少
尤侯	[iou]	[ou]	周宙酬收

이 변화에 따라 『中原音韻』에서 제치호에 속하던 글자들은 개구호로, 촬구호에 속하던 글자들은 합구호로 변하였음을 알 수 있다.

4) '見'계와 '精'계의 구개음화

[k], [kh], [h]와 [ts], [tsh], [s] 성모의 제치, 촬구호가 모두 구개

음화[24]하여 [tɕ], [tɕh], [ɕ]로 변하였다. 예를 들면, '精'계의 '精淸星'과 '見'계의 '京輕興'이 모두 [tɕiŋ], [tɕhiŋ], [ɕiŋ]으로 변하였다. 이러한 현상을 전통 음운학에서는 '尖音'이라 불리던 '精'계의 글자와 '團音'이라 불리던 '見'계의 글자가 더 이상 구별되지 않는다고 해서 '尖團不分'이라 하였다. 『中原音韻』에서는 위의 '精淸星'이 [tsiəŋ], [tshiəŋ], [siəŋ]으로 읽혔으나 후에 성모가 개음 [i], [y]의 영향을 받아 구개음화하여 혀의 위치가 뒤로 이동하며 현대 표준어의 [tɕiŋ], [tɕhiŋ], [ɕiŋ]으로 변하였다. 그리고 '京輕興'은 『中原音韻』에서는 [kiəŋ], [khiəŋ], [hiəŋ]으로 읽혔으나 후에 개음 [i], [y]의 영향을 받아 현대 표준어의 [tɕiŋ], [tɕhiŋ], [ɕiŋ]으로 변하였다.

尖團音이 합류한 시기에 대해서는 학자들 사이에 의견이 일치하지 않는다. 그러나 현존하는 자료들을 근거로 하면 늦어도 18세기 이전에 완성되었음을 알 수 있다. 청초 無名氏의 『圓音正考』가 나왔는데 이 책이 지어진 목적은 글자의 첨음과 단음을 분별하는 데에 있었다. 서언에서 첨단음을 구분하지 못하고 있는 현실을 비판하고 있다.[25] 여기에서 그 당시에 일반인들은 이미 尖團音을 구분하지 못하였으므로 책을 써서 이들을 구분할 필요성을 천명하고 있음을 알 수 있다. 만약 원래 첨음과 단음이 구분되었다면 이들의 구별을 강조할 필요는 없었을 것이다. 그리고 작자는 '見'계에서 변한 [tɕ], [tɕh], [ɕ]에 대해서만 언급하고 '精'계에서 변한 [tɕ], [tɕh], [ɕ]에 대해서는 언급을 하지 않고 있는 것으로 보아[26] '精'계의 구개음화는 '見'계에 비해 나중에 일어났

24) 중국에서는 구개음화를 '腭化'라 칭한다.
25) "雖博雅名儒, 詞林碩士, 往往一出而失其音"

음을 암시하고 있다. 현대 각 방언에서도 '見'계가 구개음화한 것은 상당히 보편적이나 '精'계는 그렇지 않다. 심지어 현재 북경의 젊은 여성들은 '精'계의 제치호와 촬구호의 글자들을 여전히 [ts], [tsh], [s]로 읽는다고 한다.27)

마르띠네(A.Martinet)에 의하면 음운이 변천하는 과정에는 연쇄반응(chain effect)이라는 것이 있다고 한다.28) 연쇄반응이란 어떠한 음이 변하게 되면 기타 다른 음도 따라서 변하게 되는 현상을 말하는 것으로 이는 다시 밀기연쇄(push chain)와 끌기연쇄(drag chain)로 나눌 수 있다. 밀기연쇄란 甲음이 이미 존재하고 있는 乙음으로 변하였을 때, 이들 양자 사이에 의미를 변별하는 기능을 유지하기 위해 乙음은 다시 다른 丙음으로 변하는 연쇄반응이다. 끌기연쇄란 밀기연쇄와는 반대로 甲음이 乙음으로 변하였을 때, 丙음을 이끌어 들여 자기가 변화한 후에 생기는 공간(hole)을 메우게 하는 연쇄반응을 가리킨다. 따라서 밀기연쇄는 의미를 변별하기 위해서 일어나는 반응이고, 끌기연쇄는 발음 부위상의 균형을 유지하기 위해서 일어나는 반응이다.

위에서 照三系가 [i]나 [y]와 결합할 수 없게 되었다고 언급하였다. 이는 [i]나 [y]의 입장에서 보면 결합할 찰음성분의 성모를 잃고, '見'계가 구개음화함에 따라 그 공간을 메운 일종의 끌기연쇄반응이라 할 수 있다.

---

26) 작자는 이들 첨음을 여전히 [ts], [tsh], [s]로 읽어야 한다고 보고 있다.
27) 邢福義 主編.『文化語言學』, 41쪽.
28) A.Martinet(1952). Function, Structure, and Sound Change. *Word*. 8, 1-32쪽.

5) 영성모의 日母字化

『中原音韻』에서 [iuŋ]의 양평으로 읽혔던 글자 '榮, 容, 茸' 등의 성모가 [ʐ]로 변하여 현대 표준어에서는 [ʐuŋ]으로 읽힌다. 이 변화의 원인은 분명하지 않으나, 현대 표준어에서 [yŋ]의 양평으로 읽히는 음절이 없는 것으로 보아 성조의 영향 때문이 아닌가 생각된다.

3. 운모의 변화

1) [-m]운미의 변화

[-m]운미의 음절, 즉 폐구운이 [n]운미로, 즉 抵噚韻으로 변하였다. 『中原音韻』에서는 '範, 品, 范' 등 성모가 순음인 음절만이 운미가 [n]으로 변하였으나, 이후 다른 음절도 모두 [n]으로 변하였다. 이 변화가 가정 먼저 반영된 운서는 『韻略匯通』으로 알려져 왔다. 이 책에서는 16개의 운부로만 구분하였는데 그것은 다음과 같다.

東洪　江陽　支辭　灰微　呼模　居魚
皆來　眞尋　山寒　先全　蕭肴　戈何
家麻　遮蛇　庚晴　幽樓

여기에서는 『中原音韻』의 '侵尋'을 '眞尋'에, '監咸'을 '山寒'에, '廉纖'을 '先全'에 합류시켜 [-m]운미가 모두 [-n]운미로 변하였음을 반영하고 있다. 그러나 이보다 먼저 徐孝의『等韻圖經』에서는 운을 모두 '通, 止, 祝, 蟹, 壘, 效, 果, 假, 拙, 臻, 山, 宕, 流'의 13섭으로 분류하였는데, 이전에 [m]운미를 지닌 글자들을 '臻'섭과 '山'섭에 분류하여 이 사실을 반영하고 있다. 그리고 조선 시대의『飜譯老乞大』에서는 원래 [m]운미를 지녔던 음절 중에서 '怎麽'와 '甚麽'의 '怎'과 '甚'을 [-m]으로 표기한 것 이외에 다른 글자들은 모두 [-n]으로 나타내고 있다. '怎麽'와 '甚麽'에서 이렇게 표기된 것은 뒤의 음절 '麽'의 성모가 [m]이기 때문에 발생한 동화 현상을 그대로 나타낸 것으로서, 이들 글자들도 사실은 이미 운미가 [-n]으로 변하였다. 따라서 이 변화는 늦어도 16세기 이전에 일어났으며, 그 이후의 어떠한 운서에도 [-m]운미의 음절은 존재하지 않았다. 명 無名氏의『新編四季五更駐雲飛』와 같은 민간 속곡에서는 쌍순비음운미 [-m]과 설첨비음운미 [-n]를 지닌 글자들이 주요모음만 같으면 서로 압운하고 있는데 이는 당시 [-m]운미가 이미 소실되었음을 말해준다.

2) 桓歡韻과 先天韻의 합류

『中原音韻』에서는 桓歡韻 [on]과 先天韻 [en]이 독립된 운부였다. 그러나 현대 표준어에서는 모두 [an]으로 변하여 寒山韻과 합류하였다.『等韻圖經』에 이들이 모두 山攝에 분류되어 있는 것으로 보아 이 변화는 16세기에 이미 완성된 것으로 보인다.

3) 兒化韻의 발생

『中原音韻』 이후 독특한 성질을 지닌 '兒化韻'이 발생하였다.

照三系의 성모가 [i] 혹은 [y]와 결합할 수 없고 照二에 합류하여 모두 권설음으로 변한 것과 마찬가지로 '日'모 [ʒ]도 [ʒi]와 같이 [i], [y]와 결합할 수 있었으나, 현대 표준어에서는 이들과 결합하지 못하고 완전한 권설음인 [ʐɨ]로 변하였다. 『中原音韻』 시기에 [ʐɨ]로 읽히던 '二, 而, 耳, 兒' 등은 兒化하여 [ər]로 읽히게 되었다. 徐孝의 『等韻圖經』에 이러한 글자들이 '影'모에 분류된 것으로 보아 그 때에 이미 원래의 성모를 잃고 兒化하였음을 알 수 있다.

이 兒化 현상이 일어난 과정은 다음과 같은 그림으로 나타낼 수 있다.

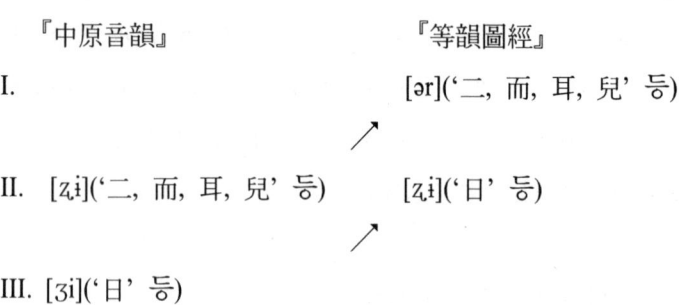

	『中原音韻』		『等韻圖經』
I.			[ər]('二, 而, 耳, 兒' 등)
		↗	
II.	[ʐɨ]('二, 而, 耳, 兒' 등)		[ʐɨ]('日' 등)
		↗	
III.	[ʒi]('日' 등)		

즉 『中原音韻』에서는 '日' 등의 [ʒi]는 권설의 정도가 그다지 심하지 않았지만 『等韻圖經』에 이르러 완전한 권설음으로 변하게 되었다. 그러자 원래 권설음이었던 '二, 而, 耳, 兒' 등은 다시 권설의 정도를 강하게 하는 것이 불가능하므로 그 극도의 권설음이 모음화하여 [ər]로 변한 것이라 해석할 수 있다.

兒化 현상은 '日' 등의 글자의 성모가 [i]와 결합하지 못하고 권설음으로 변함에 따라 원래 권설음이었던 '兒' 등의 성모가 모

음화한 일종의 밀기연쇄반응이라 할 수 있다.

兒化 현상은 문학 작품을 통해서도 알 수 있다. 『金甁梅』에서는 曲牌 「掛枝兒」를 「掛眞兒」로 쓰고 있는데 '枝兒'와 '眞兒'는 兒化한 이후에야 같은 음으로 읽힐 수 있는 것으로, 그렇지 않았다면 이러한 표기는 불가능했을 것이다. 따라서 『金甁梅』가 쓰이기 이전에 이미 兒化音이 생겨났음을 알 수 있다. 淸 顔自得의 「霓裳續譜, 害相思」에서는 '氣兒, 拐兒, 墩, 人, 信, 今, 昏, 分, 雲, 吃, 水' 등이 압운을 하고 있는데, 이들을 '兒化韻'으로 읽지 않으면 절대로 압운을 할 수 없기 때문에 '兒化韻'은 북방에서는 보편적으로 일어난 현상이라 할 수 있다.

4) 歌戈韻과 車遮韻의 합류

『中原音韻』의 歌戈韻 [o]와 車遮韻 [e]가 합류하여 현대 표준어에서는 [ɤ]로 읽히고 있다. 이 변화는 『中原音韻』에서 현대에 이르는 사이에 일어난 변화 중 가장 늦게 발생한 것이다. 왜냐하면 20세기 초반의 자료들이 비로소 이 변화 현상을 반영하고 있기 때문이다.

『中原音韻』과 현대 표준어의 운모 체계를 비교해 보면 다음과 같다.

	『中原音韻』	현대 표준어
一	東鍾 [uŋ] [iuŋ]	[uŋ] [yŋ]
二	江陽 [ɑŋ] [iɑŋ] [uɑŋ]	[ɑŋ] [iɑŋ] [uɑŋ]
三	支思 [ɿ] [ʅ]	[ɿ] [ʅ] [ər]

四	齊微	[ei]	[i]	[uei]		[ei]	[i]	[uei]	
五	魚模	[u]	[iu]			[u]	[y]		
六	皆來	[ai]	[iai]	[uai]		[ai]	[ie]	[uai]	
七	眞文	[ən]	[iən]	[uən]	[iuən]	[ən]	[in]	[uən]	[yn]
八	寒山	[an]	[ian]	[uan]		[an]	[iɛn]	[uan]	
九	桓歡	[uon]				[uan]			
十	先天	[iɛn]	[iuɛn]			[iɛn]	[yɛn]		
十一	蕭豪	[ɑu]	[iɑu]	[iɛu]		[ɑu]	[iɑu]		
十二	歌戈	[o]	[io]	[uo]		[ɤ]	[uo]		
十三	家麻	[a]	[ia]	[ua]		[a]	[ia]	[ua]	
十四	車遮	[ie]	[iue]			[ɤ]	[ie]		
十五	庚靑	[əŋ]	[iəŋ]	[uəŋ]	[iuəŋ]	[əŋ]	[iŋ]	[uəŋ]	[yŋ]
十六	尤侯	[ou]	[iou]			[ou]	[iou]		
十七	侵尋	[əm]	[iəm]			[ən]	[in]		
十八	監咸	[am]	[iam]			[an]	[iɛn]		
十九	廉纖	[iɛm]				[iɛn]			

4. 성조의 변화

『中原音韻』에서는 입성을 다른 세 성조에 분류하여 완전히 소실되었음을 보여 준다. 그러나 동일한 입성자가 두 개의 운부에 동시에 배열되어 있는 것을 보면 그 중 하나는 당시 백화음을 반영한 것이고 다른 하나는 문언음을 반영한 것이라 추측된다. 『中原音韻』의 蕭豪韻과 歌戈韻에 동시에 분류된 입성자를 예로 들어 현대 표준어와 비교해 보면 다음과 같다.

例	『中原音韻』		현대 표준어	
薄	蕭豪: [pɑu]	歌戈: [po]	白: [pɑu]	文: [pɤ]
着	蕭豪: [tʃiɑu]	歌戈: [tʃio]	白: [tʂɑu]	文: [tʂɤ]
鑿	蕭豪: [tsɑu]	歌戈: [tso]	白: [tsɑu]	文: [tsɤ]
落	蕭豪: [lɑu]	歌戈: [lo]	白: [lɑu]	文: [luo]
鶴	蕭豪: [xɑu]	歌戈: [xo]	白: [xɑu]	文: [xɤ]

위의 예에서 현대 표준어의 백화음은 『中原音韻』의 蕭豪韻에서, 문언음은 歌戈韻에서 유래하였음을 알 수 있다. 반대로 이들 입성자 중 『中原音韻』의 蕭豪韻에 분류된 것은 당시의 백화음을, 歌戈韻에 분류된 것은 당시의 문언음을 반영한 것이라 할 수 있다. 그러나 명대의 여러 자료에서는 이들 입성자들이 蕭豪韻으로는 분류되어 있지 않고 모두 입성자로 분류되어 있다. 이것은 『中原音韻』이 편찬된 원대에는 백화음이 문언음보다 우위를 차지하고 있다가 명대에 접어들자 문언음이 다시 백화음보다 우위를 차지하였으며, 이들이 여전히 입성자로 분류된 것으로 보아 문언음 체계에는 여전히 입성운미 [ʔ]이 존재하였던 것으로 해석할 수 있다. 명대 중반까지 문언음에 존재하였던 입성운미는 이후 완전히 소실되어 기타 세 성조로 변하여 음평, 양평, 상성, 거성 네 개의 성조가 있게 되었다. 이것은 현대 표준어와 마찬가지이며, 소수 성조가 바뀐 경우도 있으나 대부분 동일하다. 그러나 중고 입성자가 평, 상, 거성으로 변한 상황은 많이 다르다. 『中原音韻』에서는 원래의 입성자가 양평, 상성, 거성으로 변하였으며, 그

중 상성자로 변한 것이 가장 많다. 그러나 현대 표준어에서는 입성자가 음평, 양평, 상성, 거성의 네 성조로 변하였으며, 그 중 거성자로 변한 것이 가장 많다. 원래 『中原音韻』에서 상성으로 변한 입성자는 현대 표준어에서는 양평으로 변한 것도 있지만, 대부분 음평과 거성으로 다시 변하였으며, 그 중 음평으로 변한 것이 가장 많다. 우리 나라 조선 시대에 중국어 학습교재였던 『老乞大』, 『朴通事』 등에서 원래 입성자의 성조를 표기한 것을 보면 『中原音韻』에서 상성으로 변한 입성자는 명대에 다시 한 번 변화하여 음평, 양평, 상성, 거성으로 변하였음을 알 수 있다. 이것은 『中原音韻』 이후 현대에 이르기까지 원래의 입성자에 있어서 성조의 변화가 다시 발생하였음을 의미하는데, 문언음에서 여전히 남아 있었던 운미 [ʔ]이 탈락하면서 성조에 영향을 끼쳤을 것으로 추측된다. 『中原音韻』 이후 현대에 이르기까지 중고 입성자의 성조의 변화 상황은 다음 쪽의 도표가 보여 주는 바와 같다.

<table>
<tr><td colspan="2">中原音韻</td><td colspan="4">現代 標準語</td></tr>
<tr><td>韻部</td><td>派入聲調</td><td>陰 平</td><td>陽 平</td><td>上 聲</td><td>去 聲</td></tr>
<tr><td>支思</td><td>上 聲</td><td></td><td></td><td></td><td>塞瑟</td></tr>
<tr><td rowspan="2">齊微</td><td>陽 平</td><td>激逼</td><td>疾實十什石食拾直値姪集及襲席狄敵荻笛賊劾蝕習極</td><td></td><td>射秩擲寂葺夕惑</td></tr>
<tr><td>上 聲</td><td>隻織汁七漆劈失濕積跡昔惜淅喫滴剔</td><td>吉擊急汲息錫得德滌檄國嫡</td><td>匹給北筆戟脊尺乞</td><td>質炙戚刺鬩僻棘識飾軾拭稷績必畢碧赤的隙泣訖黑適釋璧壁</td></tr>
</table>

中原音韻		現代 標準語			
韻部	派入聲調	陰 平	陽 平	上 聲	去 聲
支思	上 聲				塞瑟
齊微	去 聲	揖		乙	日入蜜密墨覓立粒歷瀝靂礫力栗易逸益液腋掖疫役一逆翊勅肋劇匿笠曆譯驛邑憶
魚模	陽 平		獨讀牘瀆毒突服佛鵠贖俗軸局淑熟孰塾斛伏僕	屬蜀	復述術續逐
	上 聲	忽屈哭窟出叔督撲禿屋兀	拂福菊幅足燭築卒竹	谷穀骨卜曲篤	速複腹縮不粥粟宿畜暴觸束簇促屋蹙酷黜
	去 聲			辱	祿鹿麓木沐穆睦沒錄綠碌陸戮律物勿玉浴欲郁訥目牧褥入
皆來	陽 平		白帛舶宅澤擇		畫劃
	上 聲	拍	伯革隔格責摘	百柏窄	魄策柵册迫客刻側色謫仄
	去 聲		額		陌麥脈貊厄
蕭豪	陽 平		濁濯擢鐸薄泊箔學鑿芍鶴杓博		度着
	上 聲	捉託郭廓削剝	卓琢酌灼駁爵覺閣	角脚索	鵲雀拓朔作錯各壑綽戮
	去 聲	約			藥樂岳躍諾末幕漠洛落烙絡酪珞惡愕虐謔寞沫顎弱

中原音韻		現代 標準語			
韻部	派入聲調	陰 平	陽 平	上 聲	去 聲
歌戈	陽 平		合盒杓跋縛佛薄泊勃渤濁濯奪着活學		鶴度鑿
	上 聲	割撥鉢	閣跋	葛渴	粕括闊撮脫抹
	去 聲	約			樂岳藥躍幕末沫寞弱絡落洛酪珞烙顎略掠虐謔莫諾惡鄂
家麻	陽 平		達滑猾狎轄俠峽匣伐乏罰筏雜洽拔		撻踏畓
家麻	上 聲	殺揷答八發夾搭撒	札察答	塔法髮甲胛	榻薩颯恰
	去 聲	拉壓押鴨抹刷			臘辣納衲襪
車遮	陽 平		協挾傑竭碣疊蝶跌迭諜截舌捷睫別絕牒折		穴涉
	上 聲	薛接結歇蝎缺闕貼說	潔頰莢鋏譎節癤決訣蕨楫	血鐵瞥雪	屑泄褻燮切妾竊怯輟拙轍撤澈哲折淅帖攝褶設
	去 聲				劣滅蔑謁葉額業裂列月悅說閱越鉞熱涅獵
尤侯	陽 平		軸熟		逐
	上 聲		竹燭		粥宿
	去 聲				六褥肉

제7 장

上古音系

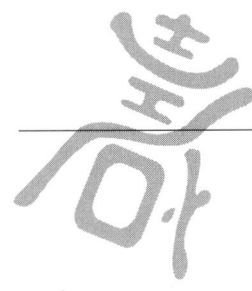

상고 음계는 殷商에서 先秦, 兩漢을 포함한 A.D. 2세기 이전까지의 음계를 말한다. 이 장기간 동안 어음에도 분명히 큰 변화가 있었겠지만 자료의 부족 등으로 인하여 자세히는 알 수 없고 개략적인 면만을 알 수 있을 뿐이다.

Ⅰ. 상고의 어음 체계

1. 韻部

1) 韻部를 구분하는 근거와 방법

음운학자들이 상고 운부를 구분하는 기본적인 근거는 『詩經』

을 위주로 한 선진 시기의 운문과 諧聲 계통이다. 이렇게 하는 것이 표면적으로는 간단한 것 같이 보인다. 우선 『詩經』 등 선진 운문의 압운 규율을 살피고 난 다음 운자들을 귀납할 수 있다. 이러한 방법을 '絲聯繩引'이라 하는데 청대 張惠言이 상고 운부를 귀납할 때 최초로 이 방법을 사용하였다. 어느 한 詩에서 a와 b, c가 압운을 하고, 다른 詩에서 이들 중 하나가 d, e, f 등과 압운을 했다면 이들 모두는 서로 압운을 할 수 있을 것이다. 이러한 방법으로 계속 귀납해 간다면 서로 압운할 수 있는 글자들을 모을 수 있을 것이며 이렇게 모은 글자들의 무리를 하나의 운부로 귀납할 수 있을 것이다. 『詩經 · 氓』 一章을 예를 들어 보기로 하자.

> 氓之蚩蚩, 抱布貿絲.
> 匪來貿絲, 來卽我謀.
> 送子涉淇, 至于頓丘.
> 匪我衍期, 子無良媒.
> 將子無怒, 秋以爲期.

이 詩의 운자 '蚩, 絲, 絲, 謀, 淇, 丘, 期, 媒, 期'는 오늘날의 음으로 읽으면 압운이 되지 않지만 당시에는 같은 운이었다. 또 『詩經 · 泉水』 一章을 보자.

> 毖彼泉水, 亦流于淇. 有懷于衛, 靡日不思. 孌彼諸姬, 聊與之謀.

이 詩에서는 '淇, 謀'가 다시 '思'와 압운하고 있다. 따라서 이 '思'도 『詩經 · 氓』의 여러 압운자와 같은 운임을 알 수 있다. 이러한 방법으로 계속 귀납해 간다면 이들 글자들과 압운할 수 있는 것으로 다음과 같은 약 100개의 글자를 얻을 수 있다.

否秠伾備倍負婦母畝霾敏媒梅鋂痗謀恥祉台殆怠能來萊狸裏李里
鯉理之祉趾沚止芷蚩齒饎耳詩始時塒恃貽飴苡以已哉載宰耔玆子
梓偲采才在字思絲似祀寺士仕事史俟耜涘姬基箕紀龜久玖疚僛杞
屺豈起丘淇期騏其忌舊嶷牛海喜誨悔晦尤郵友有右又洧侑鮪

이렇게 귀납된 글자들을 하나의 韻部라 할 수 있다. 그리고 여기에 이 운부를 대표하는 글자 '之'를 붙여 『詩經』의 之部라 할 수 있다. 여기에 『易經』, 『老子』, 『楚辭』 등의 운자를 같은 방법으로 귀납해 나간다면 더 많은 글자들을 之部에 포함시킬 수 있을 것이다.

물론 이러한 방법에도 결점은 있다.

첫째, 운문에서 어떤 글자가 운자로 쓰였고 어떤 글자가 그렇지 않은지 판단하기 어렵다. 근체시와 같은 운문은 압운에도 일정한 규율이 있어 쉽게 알 수 있지만, 선진 시기의 운문이나 후대 기타 운문의 격률은 압운법이 고정되어 있지 않아 판단하기 어렵다.

둘째, 이러한 방법으로는 그 시기의 韻類나 調類는 고찰할 수 있으나 聲類에 대해서는 알 길이 없다.

셋째, 운문에서는 압운한 글자의 수가 제한되어 있어 운자로 쓰이지 않은 글자들은 어떤 운부에 귀납할 것인가 문제가 된다.

이러한 결점을 보충하기 위해 다른 자료를 살펴야 할 것이다. 운문 이외의 중요한 자료로는 한자의 諧聲字를 들 수 있다. 諧聲

은 六書 중의 하나로, 諧聲字는 形聲字라 불리기도 한다. 형성자는 모두 두 개의 부분, 즉 글자의 의미를 나타내는 意符(혹은 形旁이라고도 한다)와 글자의 개략적인 독음을 나타내는 聲符(혹은 聲旁이라고도 한다)로 구성되어 있다. 즉, '城, 誠, 盛'에서 '成'은 성부이고 '土, 言, 皿'은 의부이다.

또한 형성자는 갑골문에서도 이미 큰 비율을 차지하고 있으며, 상당한 수의 가차자도 후에 의부가 첨가되어 형성자가 되었다. 東漢『說文解字』의 9,353 글자 가운데 형성자가 거의 8,000자에 가까워 약 80%를 차지하고 있어, 갑골문과 비교해 보면 약 1,200년 사이에 형성자가 20배가 증가하였다.

원칙적으로 동일한 성부를 가진 글자들은 그 글자가 만들어진 시기에는 음이 같았거나 비슷하였다. 그렇지 않았다면 동일한 성부를 취할 까닭이 없었을 것이다. 만약 현대의 음으로는 다르게 읽힌다면, 그것은 그 글자들이 만들어진 후에 변화가 일어났기 때문이다. '我, 俄, 義, 儀'는 모두 '我'를 성부로 하는 글자들로서, 현대 표준어에서는 다르게 읽히지만 이들 글자들이 만들어진 시기에는 같은 음이었음에 틀림없다. 따라서『詩經』등의 운자를 귀납하여 얻은 선진 시기의 음체계는 이러한 해성자의 성부와 서로 부합한다고 할 수 있다. 위에서 언급한 之部韻의 글자는 해성자의 성부와 밀접한 관계가 있다.

敏梅海誨 － 聲符가 '母'
祉趾沚芷 － 聲符가 '止'
鯉狸裏理 － 聲符가 '里'
詩恃時持待 － 聲符가 '寺'

심지어 어떤 시에서는 압운자의 성부가 모두 같은 경우도 있다. 『魯頌·駉』 二章의 후반 단락을 보자.

薄言駉者, 有騅有駓. 有騂有騏, 以車伾伾. 思無期, 思馬斯才.

첫 구를 제외하고 나머지 다섯 구가 모두 압운을 하고 있다. 그 중 '駓, 伾'는 성부가 같고, '騏, 期'도 성부가 같다.

이러한 현상은 이 시를 노래하던 사람이 고의로 한 것이 아니라 성부가 같으면 독음도 반드시 같다는 이치에 의한 것이다. 따라서 청 段玉裁는 "同聲必同部(성부가 같으면 반드시 같은 운부이다)"라는 법칙으로 귀납하였다. 그는 "하나의 성부가 萬字와 어울리면, 萬字라도 반드시 같은 운부이며, 성부가 같으면 반드시 같은 운부이다. 이것에 밝으면 운부를 나누는 일, 음의 변화, 평성과 입성이 서로 어울릴 수 있는 현상, 사성이 옛날과 지금 서로 같지 않음 등을 모두 알 수 있다"[1]고 하였다. 구체적인 예를 들면, 앞에서 보았던 『詩經·氓』의 운자 '蚩, 絲, 謀, 淇, 丘, 期, 媒' 등이 같은 운이라면 이들의 성부 '之, 絲, 某, 其, 丘' 등을 성부로 취하는 글자 '寺(時, 恃 등으로 확장할 수 있다), 兹, 基, 邱, 梅(某는 梅의 古字이며, 梅로부터 敏, 母, 畝 등으로 확장할 수 있다)' 등의 글자도 반드시 같은 운이었다고 할 수 있다.

당송 시기의 학자들은 어음이 변화한다는 사실을 모르고 『詩經』, 『楚辭』 및 기타 선진 경적의 운자가 『切韻』계 운서와 맞지 않는 것에 대하여, 어떤 학자는 옛 사람들이 마음대로 어떤 글자

1) "一聲可諧萬字, 萬字而必同部, 同聲必同部. 明乎此, 而部分, 音變, 平入之相配, 四聲之今古不同, 皆可得矣." 『六書音均表·古諧聲說』

와 어떤 글자는 協韻할 수 있다고 정하였기 때문이라고 여겼으며, 어떤 학자는 아예 어떤 글자들의 음을 운서의 독법에 맞게 고치기도 하였다. 예를 들면 당 玄宗이 『尙書』의 "無偏無頗, 遵王之義"를 읽으면서 압운이 되지 않는다고 '頗'를 '陂'로 고치라고 칙령을 내려 억지로 압운이 되게 하였는데, 이것은 그가 '義'는 원래 '我'로부터 소리를 취한 글자로서 상고 시기에는 '頗'와 압운할 수 있었다는 사실을 몰랐기 때문이다. 朱熹의 『詩集傳』은 이러한 協音說을 집대성한 것이라 할 수 있다. 당대의 陸德明, 송대의 吳棫, 鄭庠 등은 『詩經』의 용운이 『唐韻』과 맞지 않는 것은 옛 사람들의 용운의 폭이 넓었기 때문이라고 여겼다. 吳棫은 古韻通轉說을 주장하여 중고의 많은 운부는 고대 독음에서는 서로 유사하였기 때문에 통압할 수 있었다고 하였다. 이러한 이론을 근거로 『唐韻』의 기초 위에서 『唐韻』의 운목들을 하나하나 합친 결과, 古韻을 吳棫은 9부, 鄭庠은 6부로 분류하였는데 이렇게 기계적으로 합친 결과는 당연히 고음의 실제 상황을 보여 줄 수 없다. 명대의 陳第에 이르러 비로소 이러한 협음설을 비판하고 "때에는 옛과 지금이 있고, 땅에는 남과 북이 있으며, 글자에는 변혁이 있고, 음에는 변화가 있다"[2)]라는 음이 변화, 발전한다는 관점을 제시하여 고음 연구에 새로운 이론적인 기초를 제공하였다.

상고음에 대한 연구가 체계적인 길을 걷기 시작한 것은 명말 청초의 학자인 顧炎武부터였다. 그는 陳第의 영향을 받아 선진 시기의 운문을 연구 자료로 삼아, 『切韻』계 운서의 분운 상황에 얽매이지 않고 객관적인 입장에서 선진 운문의 운자를 귀납하여

2) "時有古今, 地有南北, 字有更革, 音有轉移." 『毛詩古音攷』

모두 10개의 운부로 분류하였다. 이후 江永은 13부, 戴震은 9류 25부, 段玉裁는 17부, 孔廣森은 18부, 王念孫과 江有誥는 21부로 분류하였으며,[3] 夏炘은 이들 두 학자의 학설을 합하여 22부로 나누었다. 그 후, 章炳麟은 23부, 黃侃은 28부, 王力은 29부로 나누었는데 顧炎武로부터 王力에 이르기까지 古韻을 분운한 상황은 다음과 같다.

顧炎武	江永	戴震	段玉裁	孔廣森	王念孫	江有誥	章炳麟	黃侃	朱駿聲	董同龢	王力
東	東	翁	東	東	東	東	東	東	豐	東	東
				冬		中	冬	冬		中	(侵)
陽	陽	央	陽	陽	陽	陽	陽	唐	壯	陽	陽
耕	庚	嬰	庚	丁	耕	庚	青	青	鼎	耕	耕
蒸	蒸	膺	蒸	蒸	蒸	蒸	蒸	登	升	蒸	蒸
眞	眞	殷	眞	辰	眞	眞	眞	先	坤	眞	眞
			諄		諄	文	諄	魂痕	屯	文	文
	元	安	元	元	元	元	寒	寒桓	乾	元	寒
侵	侵	音	侵	侵	侵	侵	侵	覃	臨	侵	侵
		邑		合	緝	緝	緝	合		緝	緝
	覃	醃	覃	談	談	談	談	添	謙	談	談
		諜			盍	葉	盍	帖		葉	葉
支	支	娃	支	支	支	支	支	齊	解	佳	支
		戹						錫			錫

3) 이 두 학자는 서로 단절된 상태에서 동일한 자료를 가지고 연구하였는데도 다른 학자들과는 달리 서로 동일한 결론을 얻었다는 점에서 어느 정도 객관적이라는 평을 받고 있다. 따라서 후의 학자들도 대부분 이들의 학설을 기초로 하였다.

<table>
<tr><th>顧炎武</th><th>江永</th><th>戴震</th><th>段玉裁</th><th>孔廣森</th><th>王念孫</th><th>江有誥</th><th>章炳麟</th><th>黃侃</th><th>朱駿聲</th><th>董同龢</th><th>王力</th></tr>
<tr><td rowspan="8">支</td><td rowspan="8">支</td><td rowspan="2">衣</td><td rowspan="6">脂</td><td rowspan="6">脂</td><td rowspan="2">脂</td><td rowspan="4">脂</td><td rowspan="2">脂</td><td rowspan="2">灰</td><td rowspan="4">履</td><td rowspan="2">脂</td><td>脂</td></tr>
<tr><td>微</td></tr>
<tr><td rowspan="2">乙</td><td rowspan="2">至</td><td>隊</td><td>沒</td><td rowspan="2">微</td><td>物</td></tr>
<tr><td>至</td><td>屑</td><td>質</td></tr>
<tr><td>靄</td><td rowspan="2">祭</td><td rowspan="2">祭</td><td rowspan="2">泰</td><td rowspan="2">曷末</td><td rowspan="2">泰</td><td rowspan="2">祭</td><td rowspan="2">月</td></tr>
<tr><td>遏</td></tr>
<tr><td>噫</td><td rowspan="2">之</td><td rowspan="2">之</td><td rowspan="2">之</td><td rowspan="2">之</td><td rowspan="2">之</td><td>哈</td><td rowspan="2">頤</td><td rowspan="2">之</td><td>之</td></tr>
<tr><td>億</td><td>德</td><td>職</td></tr>
<tr><td rowspan="2">魚</td><td rowspan="2">魚</td><td>烏</td><td rowspan="2">魚</td><td rowspan="2">魚</td><td rowspan="2">魚</td><td rowspan="2">魚</td><td rowspan="2">魚</td><td>模</td><td rowspan="2">豫</td><td rowspan="2">魚</td><td>魚</td></tr>
<tr><td>埡</td><td>鐸</td><td>鐸</td></tr>
<tr><td>歌</td><td>歌</td><td>阿</td><td>歌</td><td>歌</td><td>歌</td><td>歌</td><td>歌</td><td>歌</td><td>隋</td><td>歌</td><td>歌</td></tr>
<tr><td rowspan="6">蕭</td><td rowspan="2">蕭</td><td>夭</td><td rowspan="2">蕭</td><td rowspan="2">宵</td><td rowspan="2">宵</td><td rowspan="2">宵</td><td rowspan="2">宵</td><td>豪</td><td rowspan="2">小</td><td rowspan="2">宵</td><td>宵</td></tr>
<tr><td>約</td><td>沃</td><td>藥</td></tr>
<tr><td rowspan="4">侯</td><td rowspan="2">謳</td><td rowspan="2">尤</td><td rowspan="2">幽</td><td rowspan="2">幽</td><td rowspan="2">幽</td><td rowspan="2">幽</td><td rowspan="2">蕭</td><td rowspan="2">孚</td><td rowspan="2">幽</td><td>幽</td></tr>
<tr><td>覺</td></tr>
<tr><td rowspan="2">屋</td><td rowspan="2">侯</td><td rowspan="2">侯</td><td rowspan="2">侯</td><td rowspan="2">侯</td><td rowspan="2">侯</td><td>侯</td><td rowspan="2">需</td><td rowspan="2">侯</td><td>侯</td></tr>
<tr><td>屋</td><td>屋</td></tr>
<tr><td>10</td><td>13</td><td>25</td><td>17</td><td>18</td><td>21</td><td>21</td><td>23</td><td>28</td><td>18</td><td>22</td><td>29</td></tr>
</table>

2) 先秦 古韻의 분류

위에서 본 바와 같이 고운에 대한 분류는 학자들 사이에 통일된 견해가 없다. 따라서 여기에서는 王力이 古韻을 11類 29部로 분류한 것을 토대로 하여 살펴보기로 한다.

	陰聲韻	入聲韻	陽聲韻
第一類	1. 之部[ə][4]	2. 職部[ək]	3. 蒸部[əŋ]
第二類	4. 幽部[u]	5. 覺部[uk]	
第三類	6. 宵部[o]	7. 藥部[ok]	
第四類	8. 侯部[ɔ]	9. 屋部[ɔk]	10. 東部[ɔŋ]
第五類	11. 魚部[a]	12. 鐸部[ak]	13. 陽部[ɑŋ]
第六類	14. 支類[e]	15. 錫部[ek]	16. 耕部[eŋ]
第七類	17. 脂部[ei]	18. 質部[et]	19. 眞部[en]
第八類	20. 微部[əi]	21. 物部[ət]	22. 文部[ən]
第九類	23. 歌部[ai]	24. 月部[at]	25. 元部[an]
第十類		26. 緝部[əp]	27. 侵部[əm]
第十一類		28. 盍部[ap]	29. 談部[am]

위의 분류는 개략적인 분류일 뿐으로 중고 시기의 43轉이나 16攝, 혹은 『中原音韻』의 19운부와 같은 것이다. 이것은 상고 시기의 詩韻으로서 주요모음과 운미만을 고려한 것이지 개음까지 고려한 것은 아니다. 따라서 실제로 하나의 운부 내에는 여러 개의 운모가 있을 수 있는 것이다. 예를 들면, 魚部에는 개음에 따라 [a], [ia], [ua], [iua] 등과 같은 운모가 있을 수 있다. 선진 시기의 운문과 해성 자료만 가지고는 이렇게 세분할 수가 없다. 그것은 각 운부가 중고음에서 내부적으로 어떻게 변하였는가, 운도 내에서 각 운의 開合과 等呼를 어떻게 나타냈는가, 현재 각 방언과 역음 자료에서의 독음은 무엇인가, 이론적으로 이들 운모가 성모

4) 상고 운부의 음가에 대해서는 음운학자들 사이에 아직 일치된 견해가 없다. 여기의 추측 음가는 王力의 의견에다 조금 수정을 가한 것이다.

와 결합했을 때 갖추어야 하는 조건은 무엇인가 등등을 참조해야만 개략적인 윤곽을 알 수 있다.[5] 이와 같은 상고 시기의 운부에서 보이는 특성은 음성운, 양성운, 입성운이 가지런하게 대응 관계에 있다는 점이다. 이 사실은 淸 戴震이 제일 먼저 발견하였다. 戴震은 상고 시대의 운부를 분석할 때 '陰陽'이라는 명칭은 사용하지 않았지만, 처음으로 음성운의 평성과 양성운의 평성을 하나의 입성과 결합시켜 음성운, 양성운, 입성운을 골고루 세웠다. 『切韻』 음계 뿐만 아니라 오늘날 입성이 있는 방언 음계에서 모두 이 사실은 증명될 수 있다. 孔廣森을 비롯한 청대의 고음학자들은 대부분 음성운과 양성운을 대응시키고 입성운은 음성운으로 분류하였다. 이것은 『詩經』 등 선진 시기의 용운만을 살폈기 때문인데, 사실 선진 시기의 운문에서는 음성운과 입성운 사이에 한계가 뚜렷하지 않다. 즉 그 시기의 운문에서 중고 입성운과 음성운이 서로 압운하는 예가 많다. 그러나 당시의 운문은 대부분 음악에 맞추어 노래할 수 있었던 것으로서 노래를 부를 때 음성운과 양성운은 뚜렷하게 구분되지만, 음성운과 입성운은 청각적으로 장단의 차이만 있을 뿐이다. 중국어의 입성은 입 밖으로 나오자마자 입 안의 어떠한 부위가 공기의 흐름을 막아 길게 늘일 수 없다. 따라서 음악에 있어서는 그 운미가 쉽게 소홀히 여겨질 수 있다. 魏晉 이후의 시는 음악과 분리되어 오로지 음송만 하게 되자, 음성운과 입성운의 차이는 분명하게 되었으며, 입성운의 세 종류의 색음운미 [p], [t], [k]는 양성운의 세 비음운미 [m], [n], [ŋ]과 조음 위치가 둘씩 같아[6] 자연스럽게 각각 대응할 수 있었

5) 최근 王力이 『同源字典』에서 추측한 바에 의하면 상고운의 29개 운부에는 모두 12개의 운모가 있다고 한다.

다. 뿐만 아니라 양성운과 입성운의 관계는 음성운과 입성운의 관계보다 더 뚜렷하게 되었다. 만약 청대의 학자들과 같이 입성을 음성운에 분류한다면 중고의 입성이 어떻게 변화되어 왔는지를 설명할 방법이 없다. 그리고 칼그렌과 같이 상고의 음성운은 탁색운미 [b], [d], [g]를 가지고 있었고, 입성운은 [p], [t], [k]를 지녔다고 한다면 모음으로 끝나는 음절이 없었다는 말이 되므로 받아들이기 어렵다.7) 따라서 상고 시기의 운부를 논할 때 입성운을 따로 독립시켜 음성운, 양성운, 입성운으로 대응시키는 것은 자연스러운 일일 것이다.

---

6) [p]는 [m]과, [t]는 [n]과, [k]는 [ŋ]과 각각 조음 위치가 같다.

7) 李方桂같은 학자도 "고운학가들은 종종 고음을 음양입 세 류로 분류하는데, 사실 음성운은 입성과 대응되는 平上去의 글자이다. 이러한 글자들의 대부분은 자음운미를 가지고 있었다고 보아야 한다. 이 자음들은 *-b, *-d, *-g 등으로 쓸 수 있다"고 하며 칼그렌의 설을 어느 정도 지지하고 있다. 뿐만 아니라 그는 심지어 "운미는 *-ms, *-gs, *-ks 등과 같은 복자음일 가능성도 있다"라 하고 있다. 『上古音研究』 33쪽 참조. 그의 학설대로라면 상고 운미는 비음운미인 -m, -n, -ŋ, -ŋw과 청색음운미 -p, -t, -k, -kw 그리고 탁색음운미 -b, -d, -g, -gw 등이 있을 수 있다. 이 주장은 음성운과 입성운의 합운, 陰入對轉, 四聲通押 등의 문제를 설명하기에 편리하다. 예를 들면 魚部 [-ag]의 글자와 鐸部 [-ak]의 글자는 운미의 청탁 차이밖에 없기 때문에 자연스럽게 압운할 수 있다. 그리고 '特'은 '寺'를 聲符로 취한 글자이기 때문에 이 둘은 陰入對轉관계이다. 이들의 학설대로 '寺'는 [zəg], '特'은 [dək]이라 한다면 역시 설명하기에 편리하다. 그러나 이 학설은 다음과 같은 원인 때문에 적절하지 못하다. 첫째, 이러한 탁색운미가 언제 그리고 어떻게 소실되었는가를 설명할 길이 없고, 중고로부터 지금까지 탁색운미가 있었던 적이 없었는데 그 원인을 설명할 길이 없다. 둘째, 현대 방언에서도 청탁색운미가 대립하는 현상을 찾을 수 없다. 셋째, 모음으로 끝나는 음절이 없는 언어가 존재한다는 사실은 상상하기 어렵다.

2. 聲類

1) 聲類 구분의 근거와 방법

상고음의 성모 체계에 대한 연구는 자료가 많지 않아 운모 체계를 연구하는 것보다 훨씬 어려우며, 여태까지의 연구 결과도 운모 체계의 연구에 비해 떨어진다고 할 수 있다. 지금까지 학자들은 상고 성모 체계를 연구하는데 두 갈래의 길을 걸었다. 그 하나는 漢代 이전의 경전 중의 異文, 聲訓, 音讀자료 등을 근거로 하여 상고 시기에 어떠한 성모가 존재하였고, 또는 존재하지 않았는가를 고증하는 것이었다. 淸代의 錢大昕(1727~1786)과 章炳麟, 그리고 曾運乾 등이 바로 이 길을 걸었다. 다른 하나는 한자의 해성자를 가지고 동일한 성부를 가진 글자들을 귀납 분석함으로써 상고의 성모 체계를 연구하는 것이었다. 李方桂, 董同龢 및 칼그렌 등이 이러한 방법으로 연구를 하였다. 그러나 이 두 방법에 의해서 얻은 결론은 서로 참고할 수 있으며, 또한 상호 보충할 수 있는 것이다.

異文은 고대 문헌에서 형은 다르지만 음이 같은 글자로 하나의 단어를 나타낸 것을 말한다. 이러한 異文이 나타난 것은 후대인들이 고서를 인용할 때 받아쓰거나, 혹은 외어서 쓸 때 本字가 생각이 나지 않는 등의 원인으로 어떠한 자구를 원문대로 쓰지 않고 다른 동음자로 써서 대체하였기 때문이다. 예를 들면『詩經』의 "凡民有喪, 匍匐救之"라는 구절을 후대에 인용할 때 '匍匐'을 '扶服', '蒲伏' 혹은 '扶伏' 등으로 썼다. 이렇게 같은 음이면서 형이 다른 글자를 異文이라 한다. 이 이문은 동음자이기 때문에 당연히 상고 성류를 고증하는데 도움이 된다. 錢大昕은 段玉裁의 '同聲必同部'라는 원칙을 성류를 고증하는 데에까지 운용하였다. 위에서 예로 들었던 '扶服', '匍匐'에서 '扶'는 '夫', '匍'는 '甫', '匐'은 '畐'을 성부로 취하였다. 그리고 '旁羊'의 이문은 '方羊'인데 '方'은 '旁'의 성부이다. 이 가운데 '匍, 畐, 旁'은 현대나 중고 중국어에서는 중순음으로 읽히고, '匐, 夫, 方'은 중고와 현대에 경순음으로 읽힌다. 따라서 이러한 예들을 통하여 그는 상고 시기에는 중순음과 경순음이 나뉘어 있지 않았다는 결론을 얻었다.

聲訓은 고대에 글자나 단어의 의미를 해석할 때 사용하던 방법으로서, 음이 같거나 비슷한 글자를 가지고 다른 글자의 의미를 해석하는 방법이다. 예를 들면 '邦, 封也.' '法, 逼也' 등과 같은 것인데, 이렇게 주를 할 당시에는 분명히 '邦'과 '封', 그리고 '法'과 '逼'의 성모는 각각 같거나 유사하였을 것이다.

音讀은 漢代 이전 고적에 단 주음으로 '讀若', '直音' 등을 말한다. 상고에는 반절법이 없었기 때문에 많은 곳에서 동음자를 가지고 주음하였다. 예를 들면 '古讀猪如都', '古讀文如門' 등과 같은 것으로, '猪'와 '都', '文'과 '門'이 동음이었다면 상고 성모에는 현재와 같은 [tʂ]와 [t], [w]와 [m]의 구별이 없었음을 알 수 있다.

이상의 자료를 통하여 상고 성모에 관하여 각 학자들이 제시한 중요한 의견을 열거해 보면 다음과 같다.

① 상고에는 중순음과 경순음의 구별이 없었으며, 다만 중순음만이 있었다. 그 이유는 다음과 같다.

첫째, 이문에서 위에 든 예 외에도 '伏羲'를 '包犧'로 쓴 것과

『莊子・逍遙遊』의 ‘汾水之陽’에서 ‘汾水’를 ‘盆水’로 쓰고 있다.

둘째, 『釋名』의 성훈에서 ‘邦, 封也’, ‘法, 逼也’, ‘負, 背也’라 하고 있다.

셋째, 해성자에서 ‘方’을 성부로 취하는 글자 중 ‘房’과 ‘旁’, ‘非’를 성부로 취하는 글자 중 ‘悲’, ‘排’ 등이 있다.

넷째, 음독 중 『漢書・宣帝本紀』에서 ‘行幸負陽宮’의 ‘負’를 고적 중에서 ‘負音倍’라 하였다.

다섯째, 현대 吳方言에서 ‘文問物’ 등의 글자의 성모를 모두 중순음인 [m]으로 읽는다.

순음이 중순음과 경순음으로 분화한 것은 대략 당 중엽(8～9세기)이후의 일이다. 『切韻』이나 『廣韻』의 반절에서는 중순음자와 경순음자가 서로 혼용되어 반절상자로 쓰이고 있으며, 守溫의 30자모에서도 순음은 구분되지 않고 ‘不芳並明’으로만 표기하고 있다. 이후 36자모에 이르러서야 비로소 중순음과 경순음이 구별되기 시작하였으며, 『集韻』에서는 『廣韻』의 잘못을 고쳤는데 이 모두 송초의 일이다. 이러한 관점을 제일 먼저 제시한 사람은 錢大昕이다. 그는 “지금 사람들의 경순음은 漢魏 이전에는 모두 중순음으로 읽혔다.”[8]라 하며 많은 예를 들고 있다. 그러나 이러한 자료에서만 본다면 다만 중순음과 경순음이 나뉘어 있지 않았다고만 할 수 있지 경순음이 없었다는 것을 증명하기는 어렵다. 그러나 한국, 일본, 베트남 등의 역음 자료와 현대 각 방언 등으로부터 錢大昕의 의견이 옳다는 것을 알 수 있다.

8) “凡今人所謂輕脣音, 漢魏以前, 皆讀重脣.”

② 중고의 설두음(端透定)과 설상음(知徹澄)의 구분이 상고에는 없었다. 중고에 '知'계로 읽히는 글자들은 상고에서는 모두 '端'계와 혼동되었다. 예를 들면, '沖'과 '動', '豬'와 '都', '竹'과 '篤' 등이 각각 같거나 비슷한 음으로 읽혔으며, '姪娣'가 쌍성이었던 것 등이다. 상고 시기에 중고의 설두음과 설상음이 구분되지 않았다면, 중고의 설상음은 설두음이 개음의 영향을 받아 설첨의 위치가 뒤로 이동하여 생긴 음이라 할 수 있다. 이러한 관점을 가장 먼저 제시한 사람도 역시 錢大昕이다. 그는 '舌音類隔之說不可信'이라 하며, 반절 가운데 설두음과 설상음이 서로 혼용된 것은 類隔[9]의 문제가 아니라, 상고 시기에는 이들이 실제 구분되지 않았기 때문이라 주장하였다. 설두음은 비교적 안정된 음으로 상고로부터 현대의 방언에 이르기까지 큰 변화가 없었다. 그러나 설상음은 역음 자료와 현대 방언에서 설두음, 권설음, 혹은 설면전음으로 읽히기도 한다. 아래의 표를 보기로 하자.

例	中	竹	抽
北 京	tʂuŋ	tʂu	tʂhou
廈 門	tiɔŋ	tik	thiu
南 昌	tsuŋ	tsuk	tshəu

여기에서 보는 바와 같이 설상음은 설두음에 비해 훨씬 안정되어 있지 못함을 알 수 있다. 따라서 이 '古無舌上音'설은 학자들 사이에 이의 없이 받아들여지고 있다.

9) '音和'에 상대적인 것으로 음변으로 말미암아 반절상자와 피절자의 성모가 다른 류가 되는 것을 가리킨다.

③ 상고에 '泥'모와 '娘'모가 구분되지 않았다는 것은 학자들 사이에 일치된 의견이다. 상고의 어떠한 자료에서도 '泥'모와 '娘'모가 구분되어 쓰인 예는 없다. 邵榮芬 같은 학자는 심지어 중고 36자모에서 이들을 구분한 것에 대해서도 회의를 품고 있다. '日'모에 대해서 章炳麟은 많은 예를 들어 상고에는 '泥'모에 속하였다는 것을 증명하고 있다.

日 / 泥

諧聲	日 / 昵	而 / 耐	若 / 匿, 諾	仁/佞
異文	涅而不淄/泥而不滓		不義不昵 / 不義不暱	
聲訓	爾 / 昵	邇 / 泥	任 / 男	
古讀	而 / 能	如 / 奴, 拏, 奈		

이 두 성모가 구분되지 않았다는 사실은 위의 예 이외에도 각종 역음 자료와 현대 방언에서도 충분히 증명될 수 있다.

④ 상고 시기에는 照二 '莊'계와 치음인 '精'계 사이에 음운상의 구별이 없었다. 중고의 '照, 穿, 牀, 審, 禪'모는 二等과 三等으로 분류되었는데 해성 등 고대 자료를 보면 二等인 '莊, 初, 崇, 山, 俟'모는 치음인 '精, 淸, 從, 心, 邪'모와 가까웠으며, 三等인 '章, 昌, 船, 書, 常'모는 설두음인 端(知포함), 透(徹포함), 定(澄포함), 泥(娘포함)에 가까웠음을 알 수 있다.

'精'계 / '莊'계:

倉, 蒼, 槍 / 創, 瘡, 愴

作, 昨, 祚 / 詐, 窄, 乍

且, 祖, 租, 粗, 組 / 助, 阻, 俎

'端(知)'계 / '章'계:

雕, 彫, 調 / 周, 週

壇, 檀 / 氈, 顫

塡, 滇, 瑱 / 縝, 眞, 鎭

위의 예에서 보는 바와 같이 照二('莊'계)는 해성자, 성훈, 이문 등 고대 자료와 현대 방언 등의 자료를 보면 '精'계와 밀접한 관계에 있기 때문에 '精'계와 '莊'계는 상고 시기에는 음운상의 구별이 없었다고 보는 것이 타당할 것 같다. 이러한 의견을 제일 먼저 제시한 학자는 黃侃이며, 대다수의 학자들은 그의 의견을 수용하여 '莊'계와 '精'계를 하나의 성모로 귀납하고 있다.

⑤ 照三 '章'계와 설두음 '端'계의 관계가 밀접하다는 사실도 이문 등을 통하여 확인할 수 있다. 錢大昕이 "옛 사람들에게는 설음이 많았으나 후대에 이들 대부분은 치음으로 변하였다"[10]라 한 것도 '章'계의 성모가 '端(知포함)'계에 접근하였다는 사실을 두고 한 말이다. 하지만 이 '章'계와 '端'계를 하나로 귀납하기는 어렵다. 해성자만을 두고 본다면 '端(知)'과 '章'계의 관계는 매우

10) "古人多舌音, 後代多變爲齒音"

밀접하다. ‘端(知)’계는 설첨중색음임에 틀림없다. 그렇다면 ‘章’계도 설첨중색음으로 추측할 수 있을 것이다. 王力은 『漢語史稿』에서 실제로 ‘章’계를 [ṭ]로 추측하였다. 그러나 현대 방언에서 ‘端’계와 ‘章’계는 뚜렷하게 구분되고 있으며, 『切韻』의 반절상자에서도 ‘章’계는 ‘端’계나 ‘知’계와 뚜렷이 구분되어 이미 독립하고 있기 때문에, ‘章’계를 ‘端(知)’계와 하나의 성모로 보는 것은 무리가 있다고 하겠다. 이리하여 대다수의 학자들은 ‘章’계를 독립된 하나의 성류로 간주하고 있으며, 王力도 후에 그의 『漢語音韻』에서 ‘章’계를 ‘端’계와 구별하여 색찰음과 찰음인 [tɕ], [tɕh], [dʑ], [ɕ], [ʑ]로 수정하였다.

⑥ ‘定’모와 ‘泥’모에 대하여 더 설명할 필요가 있다. 상고의 ‘定’모는 중고의 ‘定’모, ‘澄’모, ‘喻’모 四等字 등 세 성모를 포함하고 있다. 喻四를 ‘定’모에 분류한 것은 曾運乾에 의해 비롯되었다. 그는 36자모 중의 ‘喻’모자는 『切韻』계 운서의 반절에서 두 종류로 뚜렷하게 나뉘어져 상호 대립하고 있으며, 후대 등운학자들도 한 종류는 三等에, 다른 한 종류는 四等에 배열하여 이들을 각각 喻三, 喻四라 칭하였다는 사실을 발견하였다. 喻三과 喻四를 나누어 배열한 것은 인위적인 것이라 할 수도 있다. 그러나 해성자나 이문, 성훈 등의 자료를 보면 喻三은 ‘匣’모와, 喻四는 ‘定’모와 밀접한 관계에 있었다는 것을 알 수 있다. 아래의 글자들은 이들 자료에서는 동음 혹은 유사한 음이었다.

喻三 / 匣

于, 盂 / 乎, 豁

爰, 援, 瑗 / 奐, 換, 環

喻四 / 定, 澄

夷, 姨, 驛 / 弟, 遲, 稚

易, 逸, 佚 / 狄, 迭, 轍

또 같은 聲符를 지닌 諧聲字들도 喻三과 '匣'모, 喻四와 '定'모에 나뉘어 속한 예가 있다.

喻三 / 匣

于 / 華　　云 / 魂　　院/浣　　饁 / 盍

喻四 / 定

余 / 荼　　夷 / 荑　　怡/台　　悅 / 兌

이리하여 曾運乾은 喻三은 '匣'모에, 喻四는 '定'모에 속한다고 보았으며, 특히 喻三이 '匣'모에 속한다고 하는 의견은 많은 학자들에 의해 받아들여지고 있다.

喻四가 '定'모에 속한다고 하는 주장에 대해서는 의견을 달리하는 학자들이 있다. 어떤 학자들은 이 의견에 찬성하면서도 상고로부터 중고의 '定, 匣, 喻' 세 모로 분화한 상황을 해석하기 편리하게 하기 위해서 喻四를 독립시켜 그 음가를 [dh]라 추측하고, '定'모를 [d]로 추측하기도 한다. 王力같은 학자가 바로 이러한 방법을 취하였다. 또 史存直 같은 학자들은 해성자 내에서도 일정한 규율을 찾기 어렵고, 후대 '喻'모와 '定'모의 음의 차이가 크기 때문에 이에 대해 회의적인 태도를 보이고 있어 아직까지 정론이 없는 상태이다. 그러나 상고 시기에 喻四와 '定'모 사이에 밀접한 관계가 있었다는 사실은 모두가 긍정하는 바이다.

종합해보면, 상고 성모에 관한 이러한 학설 중 상고 시기에는 경순음이 없었다는 설, 설상음과 설두음이 구별되어 있지 않았다는 설, '泥'모와 '娘'모가 구분되어 있지 않았고 '日'모도 '泥'모에 속했다는 설, 중고 照二系인 '莊'계가 '精'계에서 아직 분리되지 않았다는 설 등은 대부분의 학자들 사이에서 이의 없이 받아들여지고 있으나, 나머지 의견에 관해서는 아직까지 증거가 부족한 상태이기 때문에 계속 연구를 해야 할 과제로 남아 있다.

2) 상고 성모 체계

상고 시기의 성모 체계에 관해서는 학자들 사이에 의견을 달리하는 부분이 많기 때문에 각 학자들이 제시한 상고 성모 체계에도 차이가 많을 수 있다. 그러나 앞에서 각 학자들이 제시한 의견 중 '古無輕脣音說', '古無舌上音說', '娘日歸泥說', '照二系歸精系說'은 수용하고 나머지는 결론을 유보한 상태에서 상고 성모 체계를 분류하면 대체로 다음과 같이 결론을 내릴 수 있겠다.

第一類 脣音

幫 [p] (중고 幫非 2母)

滂 [ph] (중고 滂敷 2母)

並 [b] (중고 並奉 2母)

明 [m]　(중고 明微 2母)

第二類　舌頭音

端 [t]　(중고 端知 2母)

透 [th]　(중고 透徹 2母)

定 [d]　(중고 定澄 2母)

泥 [n]　(중고 泥娘日 3母)

來 [l]　(중고 來母)

第三類　舌面音

章 [tɕ]　(중고 照三母)

昌 [tɕh]　(중고 穿三母)

船 [dʑ]　(중고 牀三母)

書 [ɕ]　(중고 審三母)

常 [ʑ]　(중고 禪三母)

第四類　齒音

精 [ts]　(중고 精母, 照二母)

淸 [tsh]　(중고 淸母, 穿二母)

從 [dz]　(중고 從母, 床二母)

心 [s]　(중고 心母, 審二母)

邪 [z]　(중고 邪母, 禪二母)

第五類　牙音(舌根音)

見 [k]　(중고 見母)

溪 [kh]　(중고 溪母)

羣 [g]　(중고 羣母)

疑 [ŋ]　(중고 疑母)

第六類　喉音

曉 [x]　　(중고 曉母)

匣 [ɣ]　　(중고 匣母)

影 [ʔ]　　(중고 影母)

喻 [0]　　(중고 喻母)

3. 聲調

상고 중국어의 성조 체계가 어떠했는지는 지금의 자료를 통하여서는 알기가 어렵다. 해성자 등을 이용하여 상고 성모를 연구하는 것도 신빙성이 높지 않은 편인데, 상고 성조를 연구하는 데에는 이러한 자료조차 없다. 청대 이후로 학자들이 상고 성조를 논할 때 근거로 한 자료 역시 『詩經』의 용운 상황이다. 『詩經』의 성조를 『切韻』의 평상거입 사성을 근거로 하여 고찰한 결과, 같은 성조의 글자들 끼리 압운한 예가 많다고 할 수 있다. 예를 들면 다음과 같다.

平聲: 『小雅・楚茨』二章의 11개의 운자 '蹌, 羊, 嘗, 亨, 將, 祊, 明, 皇, 鄉, 慶, 疆'은 모두 평성자이다.

上聲: 『小雅・甫田』三章의 9개의 운자 '止, 子, 畝, 喜, 右, 否, 畝, 有, 敏'은 모두 상성자이다.

去聲: 『魏風・汾沮洳』一章의 5개의 운자 '洳, 莫, 度, 度, 路'는 모두 거성자이다.

入聲: 『商頌・那』의 8개의 운자 '斁, 奕, 客, 懌, 昔, 作, 夕, 恪'은 모두 입성자이다.

이로부터 상고 중국어에도 성조의 구별이 있었음을 알 수 있다. 그렇지 않았다면 위와 같이 동일한 성조의 글자들끼리 압운한 예를 우연한 현상이라 할 수 밖에 없을 것이다. 그러나 이러한 예는 너무나 많기 때문에 우연한 현상이라 보기는 어렵다. 따라서 상고에도 성조의 구별이 뚜렷이 있었고, 비록 그것이 어떠한 성질인지는 알 수 없으나, 네 종류의 성조가 있었다고 추측할 수 있다. 『切韻』 음계의 사성도 상고의 네 성조로부터 변화한 것이라 할 수 있다.

그러나 『詩經』의 압운 상황은 매우 자유로웠다. 그리하여 위의 예와 같이 성조가 같은 글자들끼리만 압운한 것이 아니라, 성조가 다른 글자들끼리 압운한 예도 있다. 특히 거성자가 늘 입성자와 압운을 하는 것 외에, 평성자와 상성자도 거성자와 압운을 하였다. 따라서 청대의 학자들은 상고 성조에 대하여 일치된 의견을 제시하지 못하였다. 예를 들면 顧炎武는 '四聲一貫'설을 주장하였는데, 상고에는 평상거입이 있었으나, 이들 사이에는 자유롭게 압운할 수 있었다는 것이다. 段玉裁는 상고에는 평상입만 있었고 거성은 없었으며, 후대의 거성자는 상고에는 모두 입성자였다고 여겼다. 黃侃은 상고에는 평성과 입성만이 있었다고 주장하였다. 그러나 江有誥와 王念孫은 상고에는 사성이 있었을 뿐 아니라 사성의 구별도 매우 엄격하였으며, 『詩經』에서 거성자가 늘 입성자, 평성자, 상성자와 압운한 상황은 상고의 사성이 후대의 사성과 다른 사실을 반영한 것이라 여겼다.

성조는 중국어가 가지는 특색 중의 하나로서 물론 상고 시기에도 있었을 것이다. 그러나 黃侃과 같은 주장은 상고에 성조가 없었다고 하는 것과 마찬가지이다. 왜냐하면, 입성자는 모두 [p], [t], [k] 운미를 가지고, 평성자에는 이러한 운미가 없다고 한다면 그것은 성조의 구별이 아니라 운미의 구별에 지나지 않는 것이다. 뿐만 아니라, 만약 입성운미가 소실되었다면 모두 평성으로 변하였을 텐데 현대의 사성은 어떻게 변화되어 온 것인가 하는 문제도 생긴다.

상고 성조에 관한 여러 주장 가운데 江有誥와 王念孫의 의견이 타당한 것 같다. 江有誥의 『唐韻四聲正』은 상고 운자의 성조를 비교적 완벽하게 고찰한 것이다. 그의 결론은 선진 詩韻에서는 평성은 평성과 압운하였고, 상거입성은 상거입성과 각각 압운하였으며,[11] 소수 글자의 상고 성조가 후대의 성조와 달랐을 것이라는 것이다. 예를 들면 '慶'자는 후대에는 거성으로 읽히지만 선진 시기에는 평성으로 읽혔으며, '戒'자는 후대에 거성으로 읽히지만 선진 시기에는 입성으로 읽혔다. 왜냐하면, 이들 글자들은 당시 운문에서 거성자와 압운하지 않고 '慶'은 평성자와, '戒'는 입성자와만 압운하였기 때문이다. 그러므로 江有誥의 주장은 어느 정도 객관적인 근거가 있는 것이라 하겠다.

최근 王力은 『漢語史稿』에서 새로운 주장을 하였다. 그는 먼저 상고의 성조를 평성과 입성 두 종류로 나누고, 다시 평성은 長平과 短平으로, 입성은 長入과 短入으로 세분하였다. 그리고 장평은 중고의 평성, 단평은 중고의 상성, 장입은 중고의 거성, 단입은 중고의 입성으로 변하였다고 주장하였다. 그러나 중국어 성조의 특징은 음고이지 王力이 주장하는 바와 같은 음장과 관련된 문제가 아니다. 따라서 그의 주장은 설득력이 부족하다고 하겠다.

11) "平自韻平, 上去入自韻上去入"

Ⅱ. 상고 음계와 유관한 기타 문제

1. 對轉과 旁轉

1) 對轉

앞에서도 이미 언급하였듯이 상고 시기의 운부에서 보이는 특성은 음성운, 양성운, 입성운이 가지런하게 대응 관계에 있다는 점이다. 그런데 어음이 장기간에 걸쳐 변화하는 과정에서 음성운이 양성운으로 변한다든지 혹은 양성운이 음성운으로 변하는 현상이 있을 수 있다. 마찬가지로 입성운도 음성운이나 양성운으로 변할 수 있고, 음성운 혹은 양성운도 입성운으로 변할 수 있다. 그러나 여기에는 조건이 있다. 앞에서 古韻을 모두 11류 29부로 분류하였는데 이러한 변화가 일어날 수 있는 조건은 바로 같은 류에 속해야 한다는 것이다. 즉, 주요모음이 반드시 같아야 한다는 것이다. 이러한 변화가 일어나는 규율은 주요모음은 변하지 않고 운미가 다른 운미로 변하는 것이다. 이 때 변하고 난 뒤의 운미는 변하기 전의 운미와 조음 위치가 동일하다. 만약 원래 운미가 없을 경우에는 주요모음의 뒤에 운미가 첨가된다. 이러한 음변 현상을 '對轉'이라 한다. 古今字의 諧聲관계, 古籍의 異文, 古注 등에서 이러한 현상을 많이 찾아 볼 수 있다. 예를 들면 之部의 글자는 職部나 蒸部로 변할 수 있다. '寺'는 之部에 속하며, 음은 [ziə]였다. 이것을 聲符로 취하는 '詩', '時', '恃' 등은 여전히 모두 之部에 속하나, '等'은 蒸部의 글자로 음은 [təŋ]이다. 이러한 현상을 '陰陽對轉'이라 한다. 또 마찬가지로 이것을 성부로 취하는 '特'은 職部의 글자로서 음은 [dək]이었다. 이것은 음성운이 입성운으로 변한 것으로 이러한 현상을 '陰入對轉'이라 한다. 또 '等'과 '特'의 관계는 '陽入對轉'이 된다. 이들 세 종류의 대전에 관한 예를 더 들어 보기로 하자.

(1) 陰陽對轉

양성운인 글자가 동화, 이화, 유화 현상 등으로 인하여 비음운미를 잃어버리거나, 운미의 비음 성분을 소실하게 되면 곧 그것과 상응하는 음성운인 글자로 변한다. '斤'은 고음에서는 文部에 속하며 음은 [kiən]이다. '芹', '欣', '近' 등과 같이 '斤'을 성부로 취하는 글자들은 대부분 文部에 속한다. 그러나 '祈', '圻' 등과 같은 소수의 글자들은 음이 [kiəi]로서 微部에 속한다. 이것은 운미 [-n]의 비음 성분이 소실되면서, 같은 부위의 고모음 [-i]로 변한 결과라 할 수 있다.

『離騷』의 '紛吾旣有此內美兮, 又重之以修能'이란 문장의 注에 '能, 態也'라 하고 있다. '能'은 '奴登切'로 『說文解字』에서는 '熊屬'이라 하였는데, 고음은 蒸部에 속하며 그 음은 [nəŋ]이다. '態'는 '他代切'로 『說文解字』에서는 '熊也'라 하였으며, 고음은 之部에 속하고 음은 [thə]이다.

그 외에 '難'(元部 [nan])으로부터 온 글자로서 '儺'(歌部 [nai])가 있는데, 『詩 · 竹竿』 '巧笑之瑳, 佩玉之儺'에서 '儺'는 '瑳'와 압운 하고 있는 등 여러 예가 보인다.

이와 반대로, 음성운인 글자가 동화, 이화, 유화 현상 등으로 인하여 비음운미를 취하거나, 혹은 원래 모음이었던 운미가 같은 조음 위치의 비음으로 전화하여 상응하는 양성운의 글자로 되는 경우도 있다. 예를 들면, '乃'는 고음 之部에 속하며, 음은 [nə]였다. 그러나 이 '乃'를 성부로 취하는 '仍', '孕'은 고음에서는 蒸部에 속하며, 음은 [niəŋ], [ʔiəŋ]이었다.

(2) 陽入對轉

양성운인 글자에서 비음운미가 그것과 상응하는 색음운미로 변하거나, 혹은 입성운인 글자의 색음운미가 그에 상응하는 비음운미로 변한 경우가 있는데 이것을 陽入對轉이라 한다. 예를 들면 '旦'은 '得按切'로, 고음 元部의 글자이고 음은 [tan]이었다. 그러나 '旦'을 성부로 취하는 글자 중에는 '但, 坦, 袒' 등과 같이 여전히 元部에 속하는 것들 이외에 '疸, 炟, 笪' 등 음이 [tat](月部)으로 입성으로 읽히던 글자들도 있다. 또 '占'은 상고 談部의 글자로서 음은 [tiam]이었다. 이것을 성부로 취하는 글자 중 '粘, 霑, 岵, 鲇' 등은 여전히 양성운(談部)이나, '帖, 貼' 등은 입성운 盍部로서 음은 [tiap]이었다.

'乏'은 '房法切'로 상고 洽部의 글자이고 음은 [biuap]이었다. 그러나 이것을 성부로 취하는 글자 중 '泛, 貶'은 談部로서 음이 각각 [piam], [phiuam]이었다.

(3) 陰入對轉

음성운인 글자가 음변 과정 중에 색음운미가 더해지거나 혹은 원래 고모음 운미가 같은 부위의 색음운미로 변하여 입성운인 글자로 전화하는 현상이 있다. 반대로 입성운인 글자가 음변 중에

색음운미가 탈락하거나 원래 색음운미가 같은 부위의 고모음 운미로 변하여 음성운으로 되는 현상도 있다. 음성운과 입성운이 대전하는 경우는 고음에서 매우 자주 보인다. 중국어의 색음운미는 본래 장애를 형성하는 단계만 있지 그것을 극복하는 단계가 없는 閉音이기 때문에 비교적 쉽게 탈락되거나 더해질 수 있기 때문이다. 『詩經』이나 『離騷』의 용운을 살펴보면 음성운과 입성운이 압운한 것을 많은 곳에서 볼 수 있다. 이에 따라 음운학자들은 상고 운부를 귀납할 때, 『詩經』과 『離騷』의 이러한 현상에 의거하여 주요모음이 같은 음성운과 입성운을 하나의 운부로 귀납시키고 있는데, 이것은 바로 陰入對轉의 이치 때문이다. 예를 들면'由'는 幽部로서 음은 [jiu]이었으며, 이것을 성부로 취한 '迪'은 覺部로 음은 [deuk], '軸'은 覺部로 음은 [diuk]이었다.

2) 旁轉

旁轉은 음성운, 양성운 혹은 입성운의 글자가 음변의 과정에서 동화, 이화, 유화 등의 현상으로 인하여 음성운이 다른 음성운으로, 양성운이 다른 양성운으로, 혹은 입성운이 다른 입성운으로 변하는 현상이다. 이것은 크게 두 종류로 나눌 수 있는데, 자주 보이는 것은 운미가 같고 주요모음이 비슷한 다른 운의 글자로 변하는 현상이다. 예를 들면, '求'와 '裘'는 古今字의 관계이다. '求'는 幽部로서 음은 [giu]이나, '裘'는 之部의 글자로 음은 [giə]이다. 이 둘은 모두 운미가 없는 음성운의 글자이며, 주요모음이 서로 비슷하여 방전한 예이다. 또 '鄳'은 陽部에 속하며 음은 [miaŋ]이다. 그러나 이것을 성부로 한 '繩'은 蒸部로서 음은

[dziəŋ]이다.

또 다른 현상은 주요모음은 서로 같거나 유사하지만 운미가 서로 다른 운으로 변하는 것이다. 전형적인 예로 '邯鄲'의 '邯'자의 음변을 들 수 있다. 이 '邯'은 '甘'을 성부로 취한 글자로서 고음은 談部에 속하며, 음은 [ɣam]이었다. 元部의 '鄲'([tan])과 연독하면서 [-m]운미가 [t]와 동화 현상을 일으켰고, '鄲'의 [-n]운미의 유화 현상으로 [t]와 같은 부위의 [-n]으로 변하여 [ɣan]이 되었다. 이것은 비록 후에 일어난 변화이지만 그래도 방전의 존재를 설명해 주고 있다. 물론 방전에도 제한이 있다. 두 글자가 방전 관계인지의 여부를 알려면 반드시 주요모음이 서로 비슷하거나 혹은 같아야 한다. 특히 고음을 추측하는 데에는 아직 최상의 방법이 없어 각 학자들 사이에 의견의 차이가 크므로 더욱 신중한 태도를 지켜야 한다.

音轉의 이론은 훈고학에 있어서 쓸모가 많다. 『周禮・考工記』의 '注輈則利準'에 대하여 鄭玄은 "……書準作水"라 注하고 있으며, 『釋名』에서도 '水, 準也'라 하고 있다. '準'으로써 '水'를 注할 수 있는 까닭은 곧 음양대전의 응용이다. '水'는 고음 微部([əi])이고 '準'은 고음 文部([ən])이기 때문이다. 『禮記・內則』의 '詩負之'란 구절에 대해 '詩之言承也'라 注하고 있고, 『儀禮』의 '詩懷之'에 대해서는 '詩猶承也'라 하고 있다. '詩'는 고음 之部([ə])이고, '承'은 고음 蒸部([əŋ])로 역시 음양대전의 관계이다.

2. 複聲母의 존재 여부

상고 성모에 관련하여 학자들 사이에 특히 의견이 많은 부분이 복성모의 존재 여부에 관한 것이다. 해성자를 자세히 분석해 보면 재미있는 현상을 발견할 수 있는데, 그것은 바로 동일한 성부를 지닌 해성자들이 체계를 이루면서 두 가지 음으로 읽힌다는 것이다. 예를 들면, 다음과 같다.

'彔'聲符:	祿, 剝	'各'聲符:	路, 格
'䜌'聲符:	戀, 變	'京'聲符:	掠, 景
'龍'聲符:	朧, 龐	'監'聲符:	藍, 鑑
'凡'聲符:	嵐, 風	'柬'聲符:	練, 諫
	[l] [p]		[l] [k]

해성자의 이러한 현상에 근거한다면 [pl], [kl] 등과 같은 복성모가 존재했으며 후에 분화했다고 가정할 수 있다. 즉, [p]를 계승한 성모는 '剝, 變, 龐, 風' 등의 독음으로 변하고, [l]를 계승한 성모는 '祿, 戀, 朧, 嵐' 등의 독음으로 변했다고 가정할 수 있다. 이러한 주장에 대해서 학자들 사이의 의견은 일치되어 있지 않다. 복성모의 존재를 믿는 학자들은 다음과 같은 증거를 내세우고 있다.

첫째, 옛 문헌에 그 흔적이 있다. 즉 『淮南子 · 主術訓』의 '駿䮫'에 대해 後漢 高誘는 '私鈚頭'와 같이 읽힌다고 注하고 있다. 두 글자를 注하는데 세 글자를 사용하였으므로 그 중 하나의 글자는 두 개의 글자로 注하였다는 말이 된다. 그렇다면 응당 '駿'

은 '私鈚'로 읽혔다고 볼 수 있기 때문에 '駿'의 성모는 [sp]였을 가능성이 크다. 이 외에도 고적에서 어떤 방언에서는 '筆'을 '不律'이라고 읽고, '霾'를 '不來'라고 읽는다고 기재된 것 등으로 보아 복성모가 존재했다는 흔적을 발견할 수 있다.

둘째, 현대 방언에서도 찾을 수 있다. 山西의 어떤 방언에서는 '擺'를 '薄來'[pəlɛ]로 읽고, 河北남부의 어떤 방언에서도 [pəlai]로 읽는다고 한다. 또 河北남부의 어떤 방언에서는 '拌'을 [pəla], '攪'를 [kəlɑu]로 읽는다고 한다. 이들은 모두 상고 성모에 복성모가 존재하였을 가능성을 보여 주는 예이다.

셋째, 우리 나라에서는 '風'을 [param]이라고 읽는다. 송대에 이미 孫穆이 지은 『鷄林類事』에서 당시 우리 나라에서는 '風'을 '孛纜'이라 읽는다고 기록하고 있고, 중국의 고적 중에도 '風'을 '噴輪', '焚輪', '飛廉', '毗藍', '勃嵐' 등으로 읽었다는 기록이 있다. 이러한 단어들은 다음과 같은 공통점이 있다. 상고에는 경순음이 없었다는 사실에 의해 첫 번째 글자는 모두 중순음인 噴[ph], 焚[b], 飛[p], 毗[b]로 읽혔고, 두 번째 글자는 모두 [l]로 읽혔으며 '輪'만 제외하고 운미가 [m]이어서 우리 나라의 [param]이란 음과 유사하다. 그리고 '風'은 상고 시기에는 쌍순음으로 읽혔으며, '凡'을 성부로 하는 侵部에 속하였다. 또 '風'을 성부로 하는 '嵐'은 폭풍우라는 뜻으로서, 의미에 있어서도 '風'과 서로 관계가 있다. 따라서 상고 시기에는 '風'은 [plam]이라는 음으로 읽혀 복성모를 지닌 글자일 가능성이 크다.

넷째, 중국어와 친속 관계에 있는 다른 언어에서도 그 예를 찾아 볼 수 있다. 暹羅語에서는 '藍'을 [khram], '烙'을 [klak]으로 읽는다. 또 廣西 鳴武 莊語에서는 '笠'을 [glop]으로, 四川 彝語에서는 '風'을 [brum]으로 읽는다.

이와 같은 예들로부터 상고 시기에 복성모가 존재하였다는 사실은 매우 긍정적이라고 할 수 있다. 또 최근에 중국어와 藏語를 비교 연구하는 사람이 많아짐에 따라 이 학설을 믿는 사람도 늘어나는 것 같다.

그러나 복성모의 존재를 부정하는 학자들도 많다. 이들은 후세의 운서나 운도 등에서 복성모의 존재를 반영한 것이 하나도 없기 때문에 이것을 부정한다. 따라서 여기에서는 이 점에 대하여 소개하는 것으로 그치고 결론은 유보하도록 한다.

현대중국어 聲·韻·調 결합표

韻	[ɨ]				[i]				[u]				[y]				[ər]			
調 / 聲	陰	陽	上	去	陰	陽	上	去	陰	陽	上	去	陰	陽	上	去	陰	陽	上	去
[p]					逼	鼻	比	幣	逋	醭	卜	布								
[ph]					批	皮	匹	譬	鋪	葡	普	瀑								
[m]					瞇	迷	米	密		模	母	暮								
[f]									夫	符	府	付								
[t]					低	敵	底	地	都	讀	賭	渡								
[th]					梯	題	體	涕	禿	途	土	兎								
[n]					妮	尼	擬	溺		奴	努	怒			女	恧				
[l]					哩	梨	理	利	擼	爐	魯	路		驢	呂	慮				
[k]									姑		古	故								
[kh]									枯		苦	庫								
[x]									呼	胡	虎	戶								
[tɕ]					基	及	幾	寄					居	局	擧	句				
[tɕh]					欺	其	起	氣					區	渠	取	去				
[ɕ]					希	習	喜	戲					虛	徐	許	絮				
[tʂ]	枝	直	紙	志					猪	竹	主	住								
[tʂh]	痴	遲	齒	熾					初	除	楚	處								
[ʂ]	詩	時	史	事					書	贖	暑	樹								
[ʐ]				日						如	汝	入								
[ts]	資		紫	字					租	族	祖									
[tsh]	雌	瓷	此	刺					粗	徂		促								
[s]	絲		死	四					蘇	俗		素								
[0]					衣	移	椅	意	烏	無	五	霧	迂	魚	雨	裕		兒	耳	二

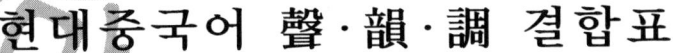

韻 / 調 / 聲	[a]				[ia]				[ua]			
	陰	陽	上	去	陰	陽	上	去	陰	陽	上	去
[p]	巴	拔	把	覇								
[ph]	派	杷		怕								
[m]	摩	痲	馬	罵								
[f]	發	乏	法	髮								
[t]	搭	達	打	大								
[th]	他		塔	榻								
[n]	那	拿	哪	那								
[l]	拉	剌	喇	臘			倆					
[k]	夾	軋	嘎	尬					瓜		寡	卦
[kh]	咖		咔						誇		侉	跨
[x]	哈	蛤	哈	哈					花	華		化
[tɕ]					加	夾	假	架				
[tɕh]					袷	拤	咔	恰				
[ɕ]					蝦	瑕		下				
[tʂ]	渣	炸	拃	詐					抓		爪	
[tʂh]	插	茶	叉	差					欻			
[ʂ]	沙	啥	傻	煞					刷		耍	
[ʐ]										挼		
[ts]	匝	雜										
[tsh]	擦		礤									
[s]	撒		灑	薩								
[0]	阿	啊	啊	啊	鴉	牙	雅	訝	蛙	娃	瓦	襪

韻 / 調 / 聲	[ɣ]				[o]				[uo]				[ie]				[ye]			
	陰	陽	上	去	陰	陽	上	去	陰	陽	上	去	陰	陽	上	去	陰	陽	上	去
[p]					波	博	跛	薄					鱉	別	癟	別				
[ph]					潑	婆	叵	破					瞥		撇	嫳				
[m]					摸	摩	抹	末					乜			滅				
[f]						佛														
[t]	嘚	得							多	奪	朶	惰	跌	迭						
[th]				特					託	駝	妥	拓	貼		鐵	帖				
[n]		哪		訥						娜		諾	捏	苶		孽				虐
[l]	肋			樂					捋	羅	裸	洛			裂	列			掠	略
[k]	歌	革	合	個					鍋	國	果	過								
[kh]	科	咳	渴	課								闊								
[x]	喝	合		賀					豁	活	火	貨								
[tɕ]													街	潔	姐	借	撅	決	蹶	倔
[tɕh]													切	茄	且	怯	缺	瘸		確
[ɕ]													歇	邪	寫	謝	靴	學	雪	血
[tʂ]	遮	哲	者	這					捉	濁										
[tʂh]	車		尺	徹					戳			綽								
[ʂ]	奢	蛇	舍	社					說			朔								
[ʐ]			惹	熱						挼		弱								
[ts]		則		仄					作	昨	左	坐								
[tsh]				策					磋	嵯	脞	挫								
[s]				色					縮		鎖									
[0]	阿	鵝	惡	餓					窩		我	臥	耶	爺	也	葉	曰		噦	月

聲 \ 調 \ 韻	[ai]				[uai]				[ei]				[uei]			
	陰	陽	上	去	陰	陽	上	去	陰	陽	上	去	陰	陽	上	去
[p]	𠛬	白	百	拜					卑		北	貝				
[ph]	拍	牌	迫	派					胚	賠		配				
[m]		埋	買	賣						眉	美	妹				
[f]									非	肥	匪	沸				
[t]	待		逮	代					嘚		得		堆			對
[th]	胎	台	呔	態									推	頹	腿	退
[n]			乃	耐							餒	內				
[l]		來		賴					勒	雷	儡	類				
[k]	該		改	蓋	乖		拐	怪			給		規		鬼	貴
[kh]	開		凱	愾			擓	快	剋				虧	葵	傀	愧
[x]	咳	孩	海	害		淮		壞	黑				灰	回	毁	惠
[tɕ]																
[tɕh]																
[ɕ]																
[tʂ]	齋	宅	窄	債	拽		轉	拽				這	追			墜
[tʂh]	差	柴	踖	瘥	搋	膗	揣	踹					吹	垂		
[ʂ]	篩		色	晒	衰		甩	帥		誰				誰	水	稅
[ʐ]														甤	蘂	銳
[ts]	災		宰	在						賊						
[tsh]	猜	才	彩	菜								𤭢				
[s]	鰓			賽												
[0]	哀	癌	矮	愛	歪		崴	外					威	圍	委	胃

韻 / 調 / 聲	[ɑu]				[iɑu]				[ou]				[iou]			
	陰	陽	上	去	陰	陽	上	去	陰	陽	上	去	陰	陽	上	去
[p]	包	薄	飽	報	標		表	鰾								
[ph]	抛	袍	跑	泡	飄	瓢	漂	票	剖	掊	掊					
[m]	猫	毛	卯	貌	喵	苗	秒	妙	哞	謀	某					
[f]											否					
[t]	刀	叨	島	道	雕		鳥	弔	兜		斗	豆	丢			
[th]	滔	桃	討	套	挑	條	窕	跳	偷	頭	鈄	透				
[n]	孬	撓	腦	鬧			鳥	尿				耨	妞	牛	紐	拗
[l]	撈	牢	老	酪	撩	聊	了	料	摟	樓	簍	漏	溜	流	柳	六
[k]	高		稿	告					溝		狗	購				
[kh]	尻		考	靠					摳		口	寇				
[x]	蒿	豪	好	號					齁	侯	吼	後				
[tɕ]					交	嚼	狡	叫					鳩		九	救
[tɕh]					敲	橋	巧	譙					秋	求	糗	
[ɕ]					消	淆	小	笑					休		朽	秀
[tʂ]	招	着	爪	召					舟	軸	肘	皺				
[tʂh]	超	巢	炒	耖					抽	綢	丑	臭				
[ʂ]	燒	勺	少	少					收	熟	手	授				
[ʐ]		饒	擾	繞						柔		肉				
[ts]	糟	鑿	早	造					鄒		走	奏				
[tsh]	操	曹	草	操								湊				
[s]	騷		掃	瘙					搜		藪	嗽				
[0]	凹	敖	拗	奧	腰	堯	窈	要	歐		嘔	漚	優	油	有	又

韻	[an]				[iεn]				[uan]				[yεn]			
聲 調	陰	陽	上	去	陰	陽	上	去	陰	陽	上	去	陰	陽	上	去
[p]	般		板	半	邊		扁	變								
[ph]	潘	盤		判	偏	便	諞	騙								
[m]	顢	蠻	滿	慢		眠	免	面								
[f]	番	凡	反	飯												
[t]	單		膽	旦	顚		典	電	端		短	段				
[th]	灘	壇	袒	嘆	天	田	殄	掭	湍	團	疃	彖				
[n]	囡	難	蝻	難	蔫	年	輦	念			暖					
[l]		蘭	攬	爛		聯	斂	練		鸞	卵	亂				
[k]	干		敢	幹					官		管	灌				
[kh]	刊		侃	看					寬		款					
[x]	酣	韓	喊	汗					歡	桓	緩	換				
[tɕ]					堅		減	見					圈		卷	眷
[tɕh]					牽	前	淺	欠					圈	權	犬	券
[ɕ]					先	賢	顯	現					宣	玄	選	旋
[tʂ]	瞻		展	戰					專		轉	撰				
[tʂh]	攙	蟬	産	顫					川	船	喘	串				
[ʂ]	山		閃	扇					栓			涮				
[ʐ]		然	染							壖	軟					
[ts]	簪	咱	攢	贊					鑽		纂	鑽				
[tsh]	餐	殘	慘	摻					攛	欑		竄				
[s]	三		傘	散					酸			算				
[0]	安		俺	岸	焉	言	演	宴	彎	完	晚	萬	寃	原	遠	怨

韻	[ən]				[in]				[un] [uən]				[yn]			
聲 調	陰	陽	上	去	陰	陽	上	去	陰	陽	上	去	陰	陽	上	去
[p]	奔		本	笨	賓			殯								
[ph]	噴	盆		噴	拼	貧	品	聘								
[m]	悶	門		悶		民	敏									
[f]	分	焚	粉	奮												
[t]									敦		吨	鈍				
[th]									吞	屯	氽	褪				
[n]				嫩		您						嫩				
[l]					拎	隣	凜	吝	掄	輪	埨	論				
[k]	根	哏	艮	艮							滾	棍				
[kh]			肯	掯					昆		捆	困				
[x]		痕	很	恨					昏	魂		混				
[tɕ]					斤		謹	近					均			郡
[tɕh]					親	勤	寢	沁					逡	群		
[ɕ]					欣	鐔	伈	信					勛	尋		訓
[tʂ]	眞		診	振					諄		準					
[tʂh]	嗔	塵	磣	趁					春	純	蠢					
[ʂ]	申	神	審	愼							楯	順				
[ʐ]		人	忍	認						瞤		閏				
[ts]			怎	譖					尊		撙	捘				
[tsh]	參	岑							村	存	忖	寸				
[s]	森								孫		損					
[0]	恩			摁	因	銀	引	印	溫	文	檼	問	暈	云	允	運

韻	[aŋ]				[iaŋ]				[uaŋ]			
聲 調	陰	陽	上	去	陰	陽	上	去	陰	陽	上	去
[p]	邦		榜	棒								
[ph]	滂	旁	耪	胖								
[m]	牤	忙	莽									
[f]	方	房	訪	放								
[t]	當		黨	蕩								
[th]	湯	唐	帑	燙								
[n]	囊	囊	攮	齉		娘		釀				
[l]	啷	郎	朗	浪		良	兩	諒				
[k]	剛		崗	鋼					光		廣	逛
[kh]	康	扛		抗					匡	狂	夼	況
[x]	夯	航		沆					荒	黃	恍	晃
[tɕ]					江		講	匠				
[tɕh]					腔	墻	强	嗆				
[ɕ]					香	詳	享	巷				
[tʂ]	張		掌	丈					莊		奘	壯
[tʂh]	昌	長	場	唱					窗	牀	闖	創
[ʂ]	商		賞	尙					雙		爽	
[ʐ]	嚷	瓤	壤	讓								
[ts]	臧		駔	葬								
[tsh]	倉	藏										
[s]	桑		嗓	喪								
[0]	肮	昂		盎	央	羊	養	恙	汪	王	往	旺

韻	[əŋ]				[iŋ]				[uəŋ]				[uŋ]				[yŋ]			
聲 調	陰	陽	上	去	陰	陽	上	去	陰	陽	上	去	陰	陽	上	去	陰	陽	上	去
[p]	崩	甭	琫	蚌	兵		丙	病												
[ph]	烹	朋	捧	碰	乒	平														
[m]	蒙	萌	猛	夢		明	酩	命												
[f]	風	逢	諷	鳳																
[t]	登		等	鄧	丁		頂	定					東		董	洞				
[th]	熥	騰			聽	亭	挺	梃					通	同	統	痛				
[n]		能				寧	擰	甯						農		弄				
[l]	棱	稜	冷	愣		零	領	令					隆	龍	籠	弄				
[k]	庚		梗	更									工		拱	貢				
[kh]	坑												空		孔	控				
[x]	亨	恒		橫									烘	紅	哄	訌				
[tɕ]					京		景	鏡									扃		迥	
[tɕh]					靑	晴	請	慶										窮		
[ɕ]					星	形	醒	幸									凶	雄		詗
[tʂ]	爭		整	正									中		腫	仲				
[tʂh]	撑	成	逞	秤									充	蟲	寵	銃				
[ʂ]	生	繩	省	勝																
[ʐ]	扔	仍												戎	冗					
[ts]	曾			贈									宗		總	縱				
[tsh]	噌	層		蹭									聰	叢						
[s]	僧												松	屣	悚	送				
[0]					英	盈	影	硬	翁		蓊	瓮					庸	顒	永	用

부록 2

상고음 해성표

一. 古韻29部 諧聲表

幽部

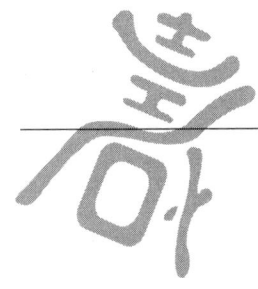

幺聲 求聲 九聲 卯聲 酉聲 流聲 秋聲 斿聲 攸聲 由聲 翏聲 收聲 州聲 舟聲 舀聲 孚聲 牟聲 憂聲 囚聲 休聲 叟聲 矛聲 壽聲 咎聲 舅聲 叉聲 缶聲 牢聲 包聲 褎聲 丑聲 丂聲 韭聲 手聲 首聲 阜聲 杲聲 好聲 鳥聲 昊聲 早聲 守聲 戊聲 臭聲 夅聲

覺部

尗聲 祝聲 六聲 复聲 宿聲 夙聲 肅聲 畜聲 學聲 毒聲 竹聲 逐聲 匊聲 肉聲 穆聲 告聲 就聲 奧聲

侯部

侯聲 區聲 句聲 婁聲 禺聲 芻聲 需聲 俞聲 殳聲 朱聲 取聲 豆聲 口聲 后聲 厚聲 斗聲 主聲 臾聲 侮聲 奏聲 冓聲 扇聲 具聲 付聲 壴聲

屋部

谷聲 屋聲 蜀聲 賣聲 㱿聲 束聲 鹿聲 族聲 業聲 卜聲 木聲 玉聲 獄聲 辱聲 曲聲 足聲 角聲 豖聲 局聲

東部

東聲 同聲 充聲 公聲 冡聲 囪聲 從聲 容聲 用聲 封聲 凶聲 邕聲 共聲 送聲 (工聲 豊聲 龍聲)(江聲 尨聲 降聲 雙聲 邦聲 空聲)(冬聲 衆聲 宗聲 中聲 虫聲 戎聲 宮聲 躳聲 農聲 宋聲)

宵部

小聲 朝聲 麃聲 苗聲 要聲 票聲 爻聲 尞聲 芬聲 堯聲 巢聲 䍃聲 夭聲 交聲 高聲 敖聲 毛聲 刀聲 兆聲 丩聲 喿聲 到聲 盜聲 号聲 弔聲 少聲 焦聲

藥部

卓聲 丵聲 勺聲 弱聲 虐聲 龠聲 樂聲 翟聲 暴聲 鶴聲 皃聲

魚部

魚聲 余聲 與聲 旅聲 者聲 右聲 車聲 疋聲 巨聲 且聲 去聲 于聲 虍聲 父聲 瓜聲 乎聲 壺聲 無聲 圖聲 土聲 女聲 烏聲 叚聲 家聲 巴聲 牙聲 五聲 圉聲 宁聲 卸聲 鼠聲 黍聲 雨聲 午聲

鐸部

睪聲 各聲 蒦聲 屰聲 昔聲 舃聲 夕聲 石聲 壑聲 若聲 霍聲 郭聲 百聲 白聲 谷聲 乇聲 尺聲 亦聲 赤聲 炙聲 戟聲 庶聲 乍聲 射聲 莫聲

陽部

羊聲 量聲 強聲 昌聲 方聲 章聲 商聲 香聲 襄聲 相聲 向聲 昜聲 亡聲 長聲 爿聲 央聲 桑聲 明聲 兄聲

之部

之聲 以聲 絲聲 其聲 臣聲 里聲 才聲 耒聲 思聲 不聲 龜聲 某聲 母聲 尤聲 郵聲 丘聲 牛聲 止聲 喜聲 己聲 巳聲 史聲 耳聲 子聲 士聲 音聲 又聲

職部

戠聲 弋聲 亟聲 塞聲 葡聲 北聲 畐聲 直聲 力聲 食聲 敕聲 息聲 則聲 畟聲 色聲 棘聲 或聲 奭聲 匿聲 克聲 革聲 伏聲 服聲 牧聲 戒聲 異聲

蒸部

丞聲 征聲 夌聲 應聲 朋聲 仌聲 黽聲 升聲 朕聲 兢聲 興聲 登聲 曾聲 厶聲 弓聲 夢聲 亘聲 乘聲

微部

自聲 隹聲 畾聲 貴聲 虫聲 回聲 鬼聲 畏聲 褱聲 韋聲 尾聲 皐聲 微聲 非聲 飛聲 幾聲 希聲 衣聲 水聲 毁聲 妥聲 枚聲 威聲 委聲

物部

勿聲 卒聲 殳聲 孛聲 聿聲 朮聲 出聲 弗聲 鬱聲 氣聲 旡聲 退聲 內聲 對聲 未聲 胃聲 彖聲 位聲 類聲 尉聲

文部

文聲 困聲 分聲 屯聲 胤聲 辰聲 巾聲 殷聲 先聲 西聲 門聲 云聲
員聲 焚聲 尹聲 熏聲 斤聲 堇聲 昆聲 孫聲 飧聲 存聲 軍聲 川聲 衆聲
刃聲 允聲 昷聲 豚聲 壺聲 免聲 卉聲 垔聲

緝部

咠聲 合聲 㚔聲 執聲 立聲 入聲 及聲 邑聲 集聲

侵部

㝴聲 林聲 品聲 罙聲 甚聲 壬聲 心聲 今聲 音聲 彡聲 三聲 南聲
男聲 冘聲 马聲 毚聲 丸聲 臽聲 占聲 覃聲

支部

支聲 斯聲 圭聲 卑聲 虒聲 氏聲 是聲 此聲 只聲

錫部

益聲 易聲 厄聲 析聲 狊聲 狄聲 辟聲 帝聲 脊聲 鬲聲 解聲 朿聲

耕部

丁聲 爭聲 生聲 嬴聲 盈聲 熒聲 貞聲 壬聲 殸聲 正聲 名聲 頃聲
騂聲 寧聲 冥聲 平聲 敬聲 鳴聲 甹聲 巠聲

脂部

二聲 匕聲 夷聲 弟聲 氐聲 犀聲 尸聲 厶聲 示聲 矢聲 米聲 齊聲
妻聲 美聲 履聲 豊聲 皆聲 眉聲 癸聲 伊聲 師聲 豈聲

質部

一聲 七聲 至聲 必聲 日聲 乙聲 疾聲 實聲 匹聲 吉聲 利聲 桼聲
畢聲 替聲 穴聲 逸聲 惠聲 隶聲 棄聲 兕聲 畀聲 隸聲 戾聲 抑聲

眞部

因聲 臣聲 人聲 信聲 申聲 頻聲 㐱聲 粦聲 眞聲 塵聲 扁聲 引聲
刃聲 令聲 命聲 田聲 玄聲 𠟭聲 天聲 民聲 旬聲 身聲

歌部

可聲 左聲 差聲 我聲 沙聲 加聲 皮聲 爲聲 吹聲 離聲 羅聲 那聲
多聲 禾聲 它聲 也聲 瓦聲 咼聲 化聲 罷聲

月部

兌聲 世聲 彗聲 万聲 匃聲 乂聲 大聲 帶聲 外聲 會聲 介聲 祭聲
拜聲 貝聲 吠聲 喙聲 最聲 衛聲 朔聲 戌聲 列聲 舌聲 折聲 伐聲 市聲

元部

泉聲 袁聲 亘聲 爰聲 釆聲 樊聲 緐聲 半聲 言聲 吅聲 元聲 難聲
丸聲 專聲 敝聲 反聲 間聲 閑聲 睘聲 展聲 肙聲 臺聲 延聲 羨聲

盍部

枼聲 業聲 疌聲 涉聲 甲聲 壓聲 盍聲

談部

炎聲 甘聲 監聲 詹聲 敢聲 斬聲 兼聲 僉聲

二. 古聲27部 諧聲表

(1) 幫(非)

卜八不比必本布北百庇伯邦兵表彼秉卑奔苞背保拜班俾閉崩畢逼補報貶悲辟賓鄙嬖謗鞭璧邊寶覇變彆

方夫反分弗否甫法放府非封風飛匪富傅復發福廢賦

(2) 滂(敷)

匹偏滂聘

赴俘郛訪撫敷覆豊

(3) 並(奉)

平白皮別步並朋佩旆叛被病倍敝敗陪貧屛備幣蒲僕暴罷辨髲薄

凡父乏犯伐伏扶防奉肥服負浮婦馮焚煩飯輔憤蕃縛繁

(4) 明(微)

目母民矛名沒牡每免門明牧命孟侮美某面茅彌畝馬勉莫猛敏寐滅盟睦墓幕夢蒙鳴廟蔑慕穆邁靡

亡文勿毋未忘武罔物問望務無萬聞微誣舞

(5) 端(知)

斗弔冬多東典帝帶得都等頓當督鼎端誕對德戴斷顚黨

中忠知衷哲致陟追展張朝(아침)誅置征築轉

(6) 透(徹)

土天他討托泰退推偸貪透通湯嘆聽體

抽畜恥逞超褚徹黜寵

(7) 定(澄)

大田代地同弟豆投杜狄定度待殆迨庭逃特徒悼動盜道涂達殿禘台奪圖敵憚墜蕩獨斷

兆召池仲直持冑重除逐陳朝(왕조)馳著傳澄鄭擇蟲懲

(8) 泥(娘), 日

乃女內年男佞泥奈念帑怒南娘能納農寧難

二人入日仁汝而耳戎肉任如忍若辱弱然貳爾孺讓

(9) 來

力立令老吏列良牢里利淚兩林來流莅旅烈梁鹿略累陵勞量廉路賂亂祿領屢諒隣厲盧樂魯戮履龍賴隶禮臨斂禮離桑類羅靈鸞

(10) 章(照三)

之止主正只占至州朱旨折志周制征指政者昭振酌烝章專執終衆置照震整質諸戰鍾職瞻鑄

(11) 昌(穿三)

川出赤車昌侈穿春臭處稱齒

(12) 船(牀三)

示食神射乘術船順實

(13) 書(審三)

少水手世矢失守式戍收束身叔舍始施首書恕紓庶設商赦勝舒詩聖勢傷弑說飾審適聲隰識釋攝

(14) 常(禪三)

十上什氏市成社尙侍垂受承恃甚是涉城殊時淑孰授逝常視善盛殖愼筮誠壽裳嘗誰竪樹禪屬讎

(15) 精, 照二

子左再早走足作佐姉災宗卒咎津哉奏則卽酒宰祖玆旌接祭將曾尊最進滋載葬精藏僭剪醉稷節遵濟縱荐爵譖

壯爭阻斬責莊側

(16) 淸, 穿二

七千且次此妾妻刺取采侵秋悛草淸措娶參戚嗟寢請遷慼蔡親操錯聽趨驂竊

初策楚察

(17) 從, 牀二

才字存在自材坐徂前胙泉疾財族情曹捷從造就集靖絶賊罪漸聚慈盡潛踐賤藏籍

士仕助事牀崇讒驟

(18) 心, 審二

三小心四司死先夙宋私析昔恤宣泄相思星省信胥送宵素息笑孫桑宿羞速修徙斯粟喪須肅絲塞新損肆歲綏訴駟賜錫選襄薪雖鮮

山史生色所使帥衰朔師産率殺甥疏瑟數穡

(19) 邪, 禪二

夕囚寺序邪祀徇徐祥訟習象尋遂嗣隧隨謝辭襲

俟

(20) 見

工干久己弓亢戈公今介斤古功甘甲加江交吉光各奸決攻更車夾劫戒見告角改君京官拘果固股金季居孤姑郊計軍亟故拱苟急建矜奸紀家宮高兼貢恭剛荊俱鬼躬郭竟基救教堅國偕假間閑厥棘敢景貴階鈞解幾給結絳賈鼓禁敬葛過嫁經寡歌嘉谷盖儆劍稼稽駕諫据邀講檢擊艱矯簡館擧謹歸關譏疆繼顧驕蠱羈觀

(21) 溪

口乞去可丘考匡曲快克困泣肯屈客却起恐哭豈康啓寇頃棄堪卿溪詰愆輕遣寬慶器闕勸驅

(22) 羣

仇及共求狂其具咎近祈祇期琴勤極裘群竭匱窮疆(强)遽舊競懼權饋

(23) 疑

元五外艾伍危言吾我宜虐逆原敖圄御傲義虞遇業寤語僞疑儀樂耦諺餓顔魏願藝

(24) 曉

火凶兄朽休向好孝享況呼虎欣昏海悔訓許晦虛貨喜晛賄毁鄕赫興曉勛險蕘獻饗顯釁

(25) 匣

下乎刑回行合後完宏匣旱何河協幸或昊狎狐和胡厚曷降皇害效夏桓盍侯奚淮患寒惠惑華淆賀瑕會遑遐禍豪潰褐賢緩憾縣衡學韓獲壞系

(26) 影

一幼安衣因伊抑邑妖宛於奄依委哀音要威英怨約益宴晏恩殷淵掩焉陰偃猗揖壹惡意溫雍飮愛厭鞅憂影燕縊應隱雍懿

(27) 喩(喩三, 喩四)

又于王云友尤曰永右宇有羽位雨往宥爰援雲越圍爲隕違榮遠衛諱謂轅

也已引予允由以用亦夷攸役余延矣夜易盈勇容庸淫欲惟唯野異悠游揚陽喩貽猶逸遊葉媵誘與維養逾遺餘豫翼輿融譽鬻

부록 3

詩韻 상용자표

一. 上平聲

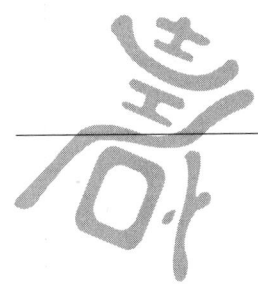

[**一東**]東同銅桐筒童僮中(中間)衷忠蟲沖終戎崇嵩菘弓躬宮融雄熊穹窮馮風楓豊充隆空(空虛)公功工攻蒙濛籠聾櫳洪紅鴻虹叢翁葱聰驄通蓬篷朧匆峒狨幪忡酆椶朦曨巃

[**二冬**]冬農宗鍾龍舂松沖容蓉庸封胸雍(和也)濃重(重復層)從(順從, 隨從)逢縫蹤茸峰蜂鋒烽筇慵恭供(供給)凶溶邛縱(縱橫)訩洶豐彤

[**三江**]江釭(燈也)窓邦缸降(降伏)瀧雙龐腔撞舡

[**四支**]支枝移爲(施爲)垂吹(吹噓)陂碑奇宜儀皮兒離施知馳池規危夷師姿遲龜眉悲之芝時詩棋旗辭詞期祠基疑姬絲司葵醫帷思(動詞)滋持隨痴維巵螭麾墀彌慈遺(遺失)肌脂雌披嬉尸貍炊湄籬玆差(參差)疲茨卑虧蕤陲騎(跨馬)歧岐誰斯私窺熙欺疵貲羈彝髭頤資糜飢衰錐姨楣夔祗涯伊追緇箕椎羆篪萎匙澌治(治理, 動詞)驪颸怡尼而鴟推縻璃祁綏絺羲羸騏獅嗤咨其灘睢蠡迤淇淄氂厮痍貔貽鸝瓷鷀羅嵋蚩罹裨丕惟猗痺梔錘劘椅(木名)郿雖麒崎隋緦逶踟琵枇仳唯

[**五微**]微薇暉輝徽揮韋圍幃闈違霏菲(芳菲)妃飛非扉肥威祈旂譏機幾(微)譏磯飢稀希衣(衣服)依歸郗

[六魚]魚漁初書舒居裾車(麻韻同)渠蕖余予(我也)譽(動詞)輿餘胥狙鋤疏蔬梳虛噓徐豬閭廬驢諸除儲如墟菹璵畬苴樗攄于茹(茅茹)沮蜍櫚淤妤鶋躇歔据(拮据)齬洳

[七虞]虞愚娛隅芻無蕪巫于衢儒濡襦須株誅蛛殊銖瑜楡諛愉腴區驅軀朱珠趨扶符鳧雛敷夫肤紆輸樞廚俱駒模謨蒲胡湖瑚乎壺狐弧孤辜姑菰徒途涂茶圖屠奴呼吾梧吳租盧鱸爐蘆蘇酥烏汚(汚穢)枯粗都鋪禺誣竽雩吁瞿劬繻需殳逾揄萸渝嶇苻桴俘迂姝躕拘醐糊餬酤鴣沽菟鼯駑逋艫徂拏濾毋芙蟵轤瓠鷓侏茱鄜匍滹嗚汚葡蝴摹哺

[八齊]齊臍黎犁藜蠡黧妻(夫妻)萋淒堤低題提蹄啼綈鵜篦鷄稽兮奚稽蹊倪霓醯西栖犀嘶梯鼙批躋齎賫迷泥(土)溪圭(珪)閨攜畦睽鸂

[九佳]佳街鞋牌柴釵差(差使)崖涯階偕諧骸排乖懷淮豺儕埋霾齋媧蝸皆蛙槐

[十灰]灰恢魁隈回徊槐枚梅媒煤瑰雷罍隤催摧堆陪杯醅嵬推開哀埃台苔該才材財裁來萊栽哉災猜胎腮孩虺尯洄崔裴培騋詼徘

[十一眞]眞因茵辛新薪晨辰臣人仁神親申伸紳身賓濱鄰鱗麟珍瞋塵陳春津秦頻蘋顰銀垠筠巾困緡民貧莼淳醇純脣倫綸輪淪勻旬巡馴鈞均臻榛姻宸寅嬪旻彬鶉皴遵循甄岷諄椿詢恂峋湣呻磷轔閩豳逡泯詵駪湮驎燐礥荀郇蓁紉嶙氤

[十二文]文聞紋蚊云氛分(分離)紛芬焚墳群裙君軍勤斤筋勛薰曛醺耘芸汾濆氳欣芹殷(衆也)澐紜

[十三元]元原源黿園猿轅垣煩繁蕃樊翻幡暄萱喧冤言軒藩魂渾溫孫門尊樽存蹲敦墩暾屯豚村盆奔論(動詞)坤昏婚痕根恩呑沅湲援蹯番璠壎(塤)騫鴛掀昆鯤捫蓀飧侖跟袁鵷蜿臀

[十四寒]寒韓翰丹單安鞍難(艱難)餐壇灘檀彈殘肝竿乾闌欄瀾蘭看刊丸桓紈端湍酸團摶攢官觀(觀看)冠(衣冠)鸞鑾巒歡寬盤蟠漫(大水貌)鄲嘆攤

姍珊玕奸棺磐潘攔完般磻狻邯

[十五刪]刪潸關彎灣還環鬟寰班斑頒蠻顔姦攀頑山鰥間(中間)艱閑嫻慳孱潺殷(朱殷)患

二. 下平聲

[一先]先前千阡箋韉天堅肩賢弦烟燕(國名)蓮憐田塡鈿年顚巓牽妍淵涓蠲邊編玄懸泉遷仙鮮(新鮮)錢煎然燃延筵毡旃鱣羶禪蟬纏連聯漣篇偏便(安也)綿全宣鐫穿川緣鳶鉛捐旋(回旋)娟船涎鞭銓筌專磚圓員乾(乾坤)虔愆權拳椽傳(傳授)焉躚濺舷闐駢鵑邅翩扁(扁舟)沿詮痊悛韆畋滇蜒潺孱嬋楩顓褰搴癲單(單于)鸇璇棉胭

[二蕭]蕭簫挑貂刁凋雕鵰迢條髫跳蜩苕調(調和)梟澆聊遼寥撩寮僚堯幺宵消霄綃銷超朝潮囂樵驕嬌焦蕉椒燋饒橈燒(焚燒)遙徭姚搖謠瑤韶昭招飆標鑣瓢苗描猫要(要求, 要盟)腰邀鴞喬橋僑妖夭(夭夭)漂(漂浮)飄翹翛祧佻徼鷯飆瀟驍獠鴟嘹逍憔剽嫖

[三肴]肴巢交郊茅嘲鈔抄包胶爻苞梢蛟庖匏坳敲胞拋鮫峭鐃哮捎譊淆啁敎(使也)咆鞘抓鵁姣

[四豪]豪毫操(操持)絛髦刀萄猱褒桃糟漕旄袍撓蒿濤皐號(呼號)陶鰲翶鼇敖曹遭糕篙羔高嘈搔毛滔騷韜繅膏牢醪逃槽濠勞(勞苦)洮叨舠饕熬臊淘咷嗷壕遨

[五歌]歌多羅河戈阿和(平和)波科柯陀娥蛾鵝蘿荷(荷花)何過(經過)磨(琢磨, 磨滅)螺禾窠哥娑駝沱鼉峨佗苛訶珂軻(孟軻)痾莎蓑梭婆摩魔訛騾靴坡頗(偏頗)俄拕呵麼渦窩迦磋砣磋鍋鑼

[六麻]麻花霞家茶華沙車牙蛇瓜斜芽嘉瑕紗鴉遮叉葩奢槎琶衙賖涯夸巴加耶嗟遐笳差(差錯)蟆嘩蝦葭呀杷蝸爺芭枒驊丫裟杈樝袈邪

[七陽]陽楊揚香鄕光昌堂章張王(帝王)房芳長(長短)塘粧常凉霜藏(收

藏)場央泱鴦秧狼牀方漿觴梁娘庄黃倉皇裝殤襄驤相(互相)湘廂箱創(創傷)忘芒望(觀望)嘗檣槍坊囊郎唐狂强(剛强)腸康岡蒼匡荒遑行(行列)妨棠翔良航颺倡羌姜僵韁疆粮穰將(送也)墻桑剛祥詳洋佯粱量(衡量, 動詞)羊傷湯魴彰漳璋猖商防筐煌篁隍凰徨蝗惶璜廊浪(滄浪)滄綱亢鋼喪(喪葬)盲簧忙茫旁汪臧琅螂當(應當)瑲裳昆糖鏘尫杭邙滂驦攘鶬醬瀼搶螳閶蔣(菰蔣)亡殃嫜薔勷孀瘡閬

[八庚]庚更(更改)羹秔坑盲橫(縱橫)觥彭棚亨鎗(鼎類)英烹平評枰京驚荊明盟鳴榮瑩(徑韻同)兵兄卿生甥笙牲擎鯨迎行(行走)衡耕萌氓甍宏莖罌鶯櫻泓橙爭箏淸情晴精睛菁晶旌盈楹瀛嬴贏營嬰纓貞成盛(盛受)城誠呈程聲征正(正月)鉦輕名令(使令)幷(交幷)傾縈瓊鵬賡撐瞠崢勍鏗嶸鸚轟蜻(青韻同)鶄(青韻同)塋偵

[九青]青經涇形刑硎型陘亭庭廷霆蜓停寧丁釘仃馨星腥醒(迥韻同)俜靈欞齡鈴苓伶靑娉舲翎鴒瓴聆聽廳汀冥溟螟銘甁屛萍熒螢滎扃坰瞑暝婷鶄(庚韻同)蜻(庚韻同)

[十蒸]蒸烝承丞懲澄陵凌綾菱氷膺鷹應(應當)蠅繩澠(音繩, 水名)乘(駕乘, 動詞)塍升勝(勝任)興(興起)繒仍競矜征(征求)凝稱(稱贊)登燈僧崩增曾憎罾矰層嶒能棱(稜)朋鵬肱薨騰滕藤縢恒崚凭(徑韻同)絙

[十一尤]尤郵優懮流旒留榴騮劉由油游猷悠攸牛修羞秋楸周州洲舟酬讎柔儔疇籌稠邱抽瘳遒收鳩搜騶愁休囚求裘毬(球)仇浮謀牟眸侔矛侯猴喉謳鷗棋婁陬偸頭投鉤泃韝幽虯疣綢鞦鶖猶啾酋賙售蹂揉鄒泗裯餱兜勾惆呦樛琉蚯躊丘

[十二侵]侵尋潯林霖臨針箴斟沈砧深淫心琴禽擒欽衾吟今襟金音陰岑簪駸琳琛忱壬任(負荷)霪黔嶔歆禁(力能勝任)森參(參差;又音森, 星名)涔淋祲

[十三覃]覃潭譚曇參(參拜)驂南枏男諳庵含涵函(包含)嵐蠶簪探貪耽龕堪談甘三(數名)酣籃柑慚藍擔(動詞)痰婪

[十四鹽]鹽檐廉帘嫌嚴占(占卜)髯厭纖簽瞻蟾炎添兼縑霑(沾)尖潛閻鐮幨粘淹箝甛恬拈砭銛詹殲黔鈐蒹漸(入也, 又浸潤)

[十五咸]咸函(書函)緘讒銜帆衫杉監(監察)凡饞巉芟嵌(山深貌)攙

三. 上聲

[一董]董動孔總籠(名詞)澒汞桶洞(澒洞)

[二腫]腫種(種子)鍾寵隴(壟)擁壅冗重(輕重)冢奉捧勇涌踊甬蛹恐拱栱鞏竦悚聳

[三講]講港棒蚌項

[四紙]紙只咫是枳砥氏靡彼毁燬委詭髓累(積累)妓綺嘴此蕊徙屣爾邇弭婢侈馳豕紫企旨指視美否(臧否, 否泰)兕幾姊匕比(比較)妣軌水止市恃徵(角徵)喜己紀跪技蟻鄙庀簋晷子梓矢雉死履壘誄癸沚趾芷畤畸以已苡似耜姒巳祀史使(使令)駛耳里理李鯉起杞跂士仕俟始峙齒矣擬恥滓璽跬址倚被(寢衣)痏你伎

[五尾]尾鬼葦卉幾(幾多)偉篚裴非(非薄)豈匪

[六語]語(言語)圉御齬呂侶旅苧抒宁杼佇與(給予)予(賜予)渚煮汝茹(食也)暑鼠黍杵處(居住, 處理)貯褚女許拒距炬巨苣所楚礎阻俎沮擧敍序緖嶼墅巨詎欅溆去(除去)粔

[七麌]麌雨羽禹宇舞父府鼓虎古股賈(商賈)蠱土吐譜圃庾戶樹(種植, 動詞)煦努罟肚輔組乳弩補魯櫓睹竪腐鹵數(動詞)簿姥普侮五廡斧聚午伍釜縷部柱矩武脯苦取撫浦主杜塢祖堵愈扈膚甫腑俯估怒詡拄鵡賭僂莽

[八薺]薺禮體米啓醴陛洗邸底詆抵牴柢坻弟悌遞涕(霽韻同)濟(水名)蠡澧祢眯醍

[九蟹]蟹解駭買洒楷獬澥擺拐矮

[十賄]賄悔改采彩海在(存在)罪宰醢載(年也)餧餒愷鎧待怠殆倍猥嵬蕾儡蓓每亥乃

[十一軫]軫敏允引尹盡忍隼準笋盾閔憫泯菌蚓診畛哂腎賑牝窘蜃隕殞蠢緊愍朕(朕兆)矧

[十二吻]吻粉蘊憤隱謹近(遠近)忿槿刎

[十三阮]阮遠(遠近)本晚苑返反阪損飯(動詞)偃衮遁穩蹇巘婉琬閫很懇墾畚盾綣混沌

[十四旱]旱暖管琯滿短館緩盥碗款懶傘卵散(散布)伴誕罕浣斷(斷絶)侃算(動詞)纘但坦袒悍纂

[十五潸]潸眼簡版板盞産限撰棧綰柬揀

[十六銑]銑善(善惡)遣淺典轉(自轉)衍犬選冕輦免展繭辨辯篆勉剪卷顯餞踐眄喘蘚軟巘蹇演舛扁(不正圓)闡衮跣腆鮮(少也)辮件撚單畎褊殄緬沔湎鍵澠繾

[十七篠]篠小表鳥了曉少(多少)擾繞遶紹杪秒沼眇矯蓼皦皎瞭朓杳窅窈裊窕挑(挑引)掉肇旐縹渺緲藐淼殍悄繚夭趙兆繳蔦

[十八巧]巧飽卯昴狡爪鮑撓攪絞拗咬炒

[十九晧]晧寶藻早棗老好(好丑)道稻造(造作)腦惱島倒(伏也)禱搗抱討考燥掃嫂槁潦保葆堡鴇稿草昊浩顥鎬皀袄蚤澡杲縞碯

[二十哿]哿火舸彈舵我娜荷(負荷)可坷左果裹朶鎖瑣墮垜惰妥坐(坐立)祼跛頗(稍也)叵禍夥顆卵

[二十一馬]馬下(上下)者野雅瓦寡社寫瀉夏(華夏)冶也把賈(姓也)假(眞假)舍赭厦赧惹踝且

[二十二養]養痒鞅像象橡仰朗奬槳敞鷩枉顙强(勉强)蕩惘兩讜儻曩杖響掌黨想榜爽廣享丈仗幌晃莽漭紡蔣魎長(長幼)上(升也)网壤賞往罔魍廠慷

[二十三梗]梗影景井岭領境警請餅永騁逞潁穎頃整靜省幸頸郢猛炳杏丙

哽秉鯁耿荇皿礦冷靖

[二十四迥]迥炯茗挺梃艇鋌酊醒並等鼎頂泂肯拯酩

[二十五有]有酒首手口母後柳友婦斗走狗久

[二十六寢]寢飮(飮食)錦品枕(衾枕)審甚廩衽稔稟沈(姓也)凜懍噤沈朕(我也)荏

[二十七感]感覽攬膽澹(淡)噉(啖)坎慘憯敢頷糝撼毯黲轗

[二十八儉]儉琰焰斂險檢臉染掩點簟貶冉苒陝諂奄漸玷忝崦剡芡閃歉儼嶮

[二十九豏]豏檻範減艦犯湛斬黯

四. 去聲

[一送]送夢鳳洞(岩洞)衆瓮弄貢凍痛棟仲中(射中, 擊中)諷慟鞚空(空缺)控

[二宋]宋重(再也)用頌誦統縱(放縱)訟種(種植)綜俸共供(供設)從(僕從)縫(隙也)雍(州名)

[三絳]絳降(昇降)巷撞(江韻同)

[四寘]寘置事地意志治(治安)思(名詞)淚吏賜字義利器位戱至次累(連累)僞寺瑞智記異致備肆翠騎(車騎, 名詞)使(使者)試類棄餌媚鼻易(容易)轡墜醉議翅避笥幟粹侍誼帥(將帥)厠寄睡忌貳萃穗二臂嗣吹(鼓吹, 名詞)遂恣四驥季刺駟泗識(音志, 又標識)寐魅燧隧悴諡熾飼食(音寺, 以食與人也)積被(覆也)芰懿悸凱冀曁洎槪愧匱饋簣比(近也)庇悶秘鷙贄躓穉祟鼓珥示伺自痢致輊譬肄啻企爲(因爲)膩遺(饋遺)値塈柜薏

[五未]未味氣貴費沸尉畏慰蔚魏緯胃渭匯謂諱卉毅旣衣(着衣)翡蝟曁

[六御]御處(處所)去(來去)慮譽(名詞)署据馭曙助絮著(顯著)豫箸恕與

(參與)遽疏(書疏)庶預語(告也)踞鋸飫蕷覰

[七遇]遇路輅賂露鷺樹(樹木)度(制度)渡賦布步固素具數(數量)怒務霧鶩附兎故顧句墓暮慕募注駐祚裕誤悟寤晤住戍(戍守)庫護屨訴蠹妒懼趣娶鑄傅袴付諭喩嫗芋捕汚(動詞)忤措醋赴惡(憎惡)互孺怖寓迴吐屢塑嫠愬

[八霽]霽制計勢世麗歲衛濟(渡也)第藝惠慧幣砌滯際厲涕契(契約)弊斃帝蔽敝瞥銳戾裔袂系祭隷閉逝綴翳制替細桂稅婿例誓筮蕙詣礪勵瘞噬繼脆諦叡毳曳蒂睇憩彗睨沴逮芮薊妻(以女妻人)睥篲遞糲嬖棣彘荔泥(拘泥)儷唳薛捩羿謎蚋嘒繐

[九泰]泰會帶外蓋大旆瀨賴籟蔡害最貝靄藹沛艾兌丐奈繪檜膾儈薈太汰霈酹狽蕞

[十卦]卦掛懈廨隘賣畫(圖畫)派債怪壞誡戒界介芥械薤拜快邁話敗稗晒瘵屆疥玠湃蠆

[十一隊]隊內塞(邊塞)愛輩佩代退載(載運)碎態背穢菜對廢誨晦昧碍戴貸配妹喙潰黛吠槪岱肺溉耒慨塊乂碓賽刈耐曖在(所在)再酹玳鼐珮

[十二震]震信印進潤陣鎭刃順愼鬢晉駿閏峻釁振俊(雋)舜吝燼訊仞軔迅瞬櫬諄饉覲僅認瑾趁浚搢徇

[十三問]問聞(名譽)運暈韻訓糞奮忿醞郡分(名分)紊汶慍近(動詞)

[十四願]願論(名詞)怨恨萬飯(名詞)獻健寸困頓遁建憲勸蔓券鈍悶遜嫩販溷遠(動詞)巽艮苑

[十五翰]翰(翰墨)岸漢難(災難)斷(決斷)亂嘆干觀(樓觀)散(解散)畔旦算(名詞)玩爛貫半案按炭汗贊漫冠(冠軍)灌爨竄幔粲燦換煥喚悍彈(名詞)憚段看判叛腕渙絆惋鸛縵鍛瀚衎館盥

[十六諫]諫雁患澗間(間隔)宦晏慢辨盼豢棧慣串莧綻幻丱綰瓣扮

[十七霰]霰殿面縣變箭戰扇膳傳(傳記)見硯院練燕宴賤電饌荐絹彦掾甸便(便利)眷面線倦羨奠遍戀囀眩釧倩卞汴咽(動詞)片禪(封禪)譴絢諺顫擅

鈿淀繕旋(已而, 副詞)唁茜濺善(動詞)眄轉餞卷(書卷)

[十八嘯]嘯笑照廟竅妙詔召邵要(重要)曜耀調(音調)釣弔叫嶠少(老少)傲眺峭誚料肖掉粜燒(野火)療醮蔦

[十九效]效教(教訓)貌校孝鬧豹爆罩窖樂(喜愛)較炮棹覺(寤也)稍

[二十號]號(號令)帽報導盜操(所守也)噪竈奥告(告訴)暴(强暴)好(喜好)到蹈勞(慰勞)傲耗躁造(造就)冒悼倒(顚倒)犒掃禱

[二十一箇]箇個賀佐做軻大餓過(經過)和(唱和)挫課睡播簸磨座坐(行之反)破臥貨涴

[二十二禡]禡駕夜下(降也)謝榭罷夏(春夏)暇覇灞嫁赦借藉(憑借)炙(音蔗, 名詞)蔗假(借也, 又休假)化舍价射駡稼架詐亞跨髒怕帕卸瀉乍

[二十三漾]漾上(上下)望(觀望, 陽韻同;又名望, 獨用)相(卿相)將狀帳浪(波浪)唱讓曠壯放向仗暢量(度量, 名詞)葬匠障謗尙漲餉樣藏(庫藏)航訪貺醬嶂抗當(適當)釀亢(高亢, 又星名)況髒瘴王(王天下, 覇王)諒亮妄愴喪(喪失)悵宕傍(依傍)恙創(開創)旺

[二十四敬]敬命正(正直)令(命令)政性鏡盛(多也)行(品行)聖咏姓慶映病柄鄭勁競爭竟孟迸聘阱諍泳硬獍更(更加)横(横逆)敻幷(合幷)

[二十五徑]徑定聽(聆也, 青韻同;又聽從, 獨用)勝(勝敗)磬應(答應)乘(車乘, 名詞)媵贈佞稱(相稱)磬鄧甑瑩證孕興(興趣)寧(姓也)剩憑凳逕

[二十六宥]宥候堠就授售壽秀綉宿(星宿)奏富獸斗漏陋狩晝寇茂舊胄宙袖岫柚覆(蓋也)救廐臭嗅幼佑囿豆竇逗溜構遘購透瘦漱呪鏤貿副詬究謬疚驟皺縐又逅讀(句讀)復(又也)

[二十七沁]沁飮(使飮)禁(禁令, 宮禁)任(負擔)蔭讖浸譖鴆枕(動詞)噤甚

[二十八勘]勘暗濫啗(啖)擔(名詞)憾纜瞰紺三(再三)暫澹憨淡

[二十九豔]豔劍念驗贍壍店占(占据)斂(聚斂)厭灩焔瀲墊欠僭釅忝

[三十陷]陷鑒監(同鑒, 又中書監)泛梵懺賺蘸嵌(嵌入)站

五. 入聲

[一屋]屋木竹目服福祿谷熟肉族鹿腹菊陸軸逐牧伏宿(住宿)讀(讀書)犢瀆牘櫝黷轂復粥肅育六縮哭幅斛戮僕畜蓄叔淑菽獨卜馥沐速祝麓鏃蹙築穆睦啄麴禿縠覆撲鶩輻瀑漉悳鵬竺簇曝(暴)掬郁簏蓿塾蹴碌踘舳蝠轆夙蝮俶倏苜茯髑孰驌

[二沃]沃俗玉足曲粟燭屬錄辱獄綠毒局欲束鵠蜀促觸續浴酷縟矚躅褥旭蓐欲頊梏篤督贖劚跼勖淥騄鴿告(音梏, 忠告)

[三覺]覺(知覺)角桷権岳樂(禮樂)捉朔數(頻數)斫卓涿啄琢剝駁雹璞朴殼确濁擢濯幄喔握渥犖學

[四質]質(性質)日筆出室實疾術一乙壹吉秩密率律逸(佚)失漆栗畢恤蜜桔溢瑟膝匹述慄黜蹕弼匕叱卒(終也)蝨悉詰戌(地支名)櫛昵窒必侄秫蟀嫉篥篳怵帥(動詞)潏聿溧蒺蟋窸宓颼

[五物]物佛拂屈鬱乞掘訖吃(口吃)紱黻紼弗鬅祓詘勿迄不

[六月]月骨發闕越謁沒伐罰卒(士卒)竭窟笏鉞歇突忽袜勃蹶鶻揭筏厥蕨掘閥歿粤兀碣槩羯渤齕蝎孛紇暍搰榾曰

[七曷]曷達末闊活鉢脫奪褐割沫拔(拔起)葛闥渴拔豁括抹聒秣遏撻薩掇跋魃獺撮怛剌栝鈸泧斡捋妲

[八黠]黠札猾拔(拔擢)鶻八察殺軋轄戛瞎獺刮帕刷鎩滑

[九屑]屑節雪絶列烈結穴說血舌潔別缺裂熱決鐵滅折拙切悅轍訣泄咽噎杰徹哲鱉設齧劣碣掣譎玦截竊纈閱瞥撇臬媟抉挈洌瞥褻襭蔑齕涅頡擷撤跌浙篾澈揭孑孼蘗薛紲渫啜桀輟爇迭侄冽掇拮揑桔拽

[十藥]藥簿惡(善惡)略作樂(哀樂)落閣鶴爵弱約脚雀幕洛壑索郭錯躍若

縛酌托削鐸灼鑿却絡鵲度(測度)諾蕚橐漠鑰着虐掠獲泊搏籥鍔藿嚼勺博酪
謔廓綽霍爍钁莫擇鑠繳諤鄂恪箔攫駱膜粕拓鰐昨析酌貉愕寞膊噩各芍濩

[十一陌]陌石客白澤伯迹宅席策碧籍(典籍)格役帛戟璧驛麥額柏魄積(積聚)脈夕液冊尺隙逆畫百辟赤易(變易)革脊獲翮屐適幘劇厄磧隔益柵窄核舄擲責坼惜癖僻掖腋釋舶拍擇軛摘繹懌斥弈帟迫疫譯昔瘠赫炙(動詞)謫虢碩頤穸亦鬲骼隻珀躑蜴蹐嶧綌席貊擘跖汐摭吓却鶺

[十二錫]錫壁歷櫪擊績笛敵滴鏑檄激寂翟覿逖糴析皙溺覓狄荻冪鷁戚滌的吃甓霹瀝靂惕踢剔礫嫡迪淅蜥倜

[十三職]職國德食(飲食)蝕色力翼墨極息直得北黑側飾賊刻則塞(閉塞)式軾域殖植勅飭棘惑默織匿億臆憶特勒劾仄昃稷識(知識)逼克蜮卽拭弋陟測翊抑惻肋亟極忒嶷洫穡嗇鯽或薏

[十四緝]緝輯戢立集邑急入泣濕習給十拾什襲及級澀粒揖汁芨蟄笠執隰汲吸縶葺岌翕裛浥熠悒挹楫

[十五合]合塔答納榻閤雜臘蠟匝闔蛤衲沓榼鴿踏颯拉遝盍塌呃

[十六葉]葉帖貼牒接獵妾蝶疊篋涉鬣捷頰楫攝躡諜堞協俠莢愜睫浹笈懾慴蹀挾鋏屧燮鑷靨讋摺饁魘怗躐輒衱婕聶峽

[十七洽]洽狹峽硤法甲業鄴匣壓鴨乏怯劫協插鍤歃狎押袷掐業夾恰貶呷

부록 4

『中原音韻』 상용자표

一. 東鍾

[陰平聲] 東冬○鍾中忠衷終○通○松嵩○沖充○邕雍○空○宗○風楓豊封峰鋒蜂○鬆○蔥聰悤○縱○穹芎傾○工功攻公弓躬恭宮供肱○烘薨○凶胸兄○翁壅泓○崩繃○烹

[陽平聲] 同筒銅桐童瞳潼○戎絨茸○龍隆○窮蛩○籠朧瓏聾○膿農○濃○重蟲崇○馮逢縫○叢○熊雄○容溶蓉瑢庸傭融榮○蒙濛朦盲萌○紅虹洪鴻宏橫嶸弘○蓬彭棚鵬○從

[上聲] 董懂○腫踵種冢○孔恐○桶統○汞○隴壟○攏○洶詾○聳○拱珙○勇涌踊永俑○ 猛蜢艋○總○捧○寵○冗○噥○埲

[去聲] 洞動棟凍○鳳奉諷縫○貢共供○宋送○弄○控空○訟誦頌○甕○痛慟○衆中仲重種○縱從○夢孟○用詠瑩○哄○綜○迸○銃

二. 江陽

[陰平聲] 姜江疆杠釭韁僵○邦幫梆○桑喪○雙霜孀○章漳獐樟璋彰張○商傷殤觴○漿將○莊粧裝樁○岡剛鋼綱亢○康糠○光○當璫襠○荒肓○鄉香○鎊滂○腔羌○鴦央泱秧○方芳枋妨坊肪○昌猖娼○湯○湘廂相箱襄○鏘○匡筐○汪○倉蒼○窓瘡○贓藏

[陽平聲] 陽揚楊羊洋佯○忙茫芒○粮良凉梁粱量○穰○亡○郎廊狼○杭行航○昂卬○床幢○傍旁房龐○房防○長腸場常裳嚐○唐塘糖堂棠○詳祥翔○墻檣○黃簧蝗皇凰惶○藏○强○娘○降○王○狂○囊

[上聲] 講港○養痒○蔣奬槳○兩○想○莽○爽○響享饗○敞○壤○舫倣訪○罔網○枉往○嗓○榜○倘○黨○掌長○朗○謊恍○仰○廣○沆○髒○强○搶○賞晌

[去聲] 絳降虹○象像相○亮諒量輛○養樣怏漾恙○狀壯撞○上尙餉○讓○帳漲丈仗障○巷向項○匠將醬○唱倡暢悵○創○望忘妄○旺王○放○蕩宕當○浪○葬藏○謗傍蚌棒○亢抗○曠○晃幌○況○釀○仰○喪○胖○行○愴○誑○盎○戧○鋼○盪湯

三. 支思

[陰平聲] 支枝巵之芝脂○玆滋資咨姿○差○施詩師獅尸○斯思司絲私○雌

[陽平聲] 兒而○慈磁疵○時匙○詞祠辭

[上聲] 紙砥旨指止芷趾址徵咫○爾邇耳餌○此○史使弛豕矢始屎○子紫梓姉○死○齒

[入聲作上聲] 澁瑟○塞

[去聲] 是氏市柿侍士示諡恃事嗜試弒筮視○似賜巳祀嗣飼俟寺食四肆駟○次刺○字漬自恣○志至○二貳○翅○厠

四. 齊微

[陰平聲] 機幾譏肌飢箕基鷄稽姬奇羈○歸圭龜閨規○擠○雖綏尿○低堤○妻淒棲○西犀○灰揮暉輝麾徽○杯悲卑碑○追騅○威○非扉緋妃飛○

溪欺○希稀曦犧熙○衣依伊醫○吹炊推○披丕胚○魁虧窺奎○笞癡○崔催衰○批○堆○篦○知蜘○梯

[陽平聲] 微維惟○黎犁離璃籬麗狸漓○泥尼○梅枚媒煤眉湄○雷累羸○隋隨○齊臍○回徊○圍韋違危爲○肥○奇騎期旗祁祈祇耆麒○奚兮畦携蹊○移霓倪姨夷痍疑宜儀彝貽怡遺○啼蹄提題○鎚垂陲○裴陪培皮○葵夔逵○池馳遲持○頹○脾疲○迷彌○誰○推○綦

[入聲作平聲] 實十什石射食蝕拾○直値姪擲○疾嫉集寂○夕習席襲○荻狄敵笛○及極○惑○逼○劾○賊

[去聲作平聲] 鼻

[上聲] 迤○尾○倚椅蟻矣以擬○美○幾己紀○恥侈○捶○否秕○鬼癸軌詭○悔賄毁卉○比匕○禮里理鯉李履○濟○底邸○洗璽徙○起啓綺杞豈○米弭○你○彼鄙○喜○委猥唯葦偉○壘磊儡○體○腿○蕋○嘴○髓○水○餒

[入聲作上聲] 質隻炙織汁○七戚漆○匹僻劈○吉擊激棘戟急汲給○筆北○失室識適拭軾釋濕○積稷績跡脊○必畢碧壁璧○昔息錫○尺赤喫叱○的嫡滴○德得○滌剔○吸隙檄○乞泣訖○國○黑○一

[去聲] 未味○胃渭謂尉慰緯穢衛魏畏位○貴櫃愧桂檜跪繪○吠沸費肺廢○會晦誨諱惠慧潰○翠脆萃悴○異裔義議誼毅藝易曳詣刈乂意○氣器棄契○霽濟祭際劑○替剃涕○帝諦締弟第悌地遞○背貝狽倍婢備避輩被弊幣臂○利痢例戾隸礪詈麗○妻○細○罪醉最○對隊兌○計記寄繫繼妓技忌季騎旣冀驥○閉蔽斃嬖庇秘陛○謎○睡稅瑞○退○歲碎粹崇邃穗遂彗○墜綴○制置滯雉稚致治智幟熾質○世勢逝誓○淚累類○配佩沛悖○妹昧媚魅袂寐○戲系○簣○泥○銳○吹喙○內

[入聲作去聲] 日入○蜜○墨密○立粒笠歷力栗○逸易譯驛益溢液腋掖疫役一逆乙邑憶揖翼○勒肋○劇○匿

五. 魚模

[陰平聲] 居車拘俱○諸猪朱株誅珠侏○蘇○逋餔晡○樞○粗麁○梳蔬疏○虛墟○趍○沮○孤姑辜沽○枯○迂於○嗚汚烏○書舒輸○區軀驅嶇○須胥需○膚夫趺敷孚莩○呼○初○都○租

[陽平聲] 廬閭驢○如儒○無蕪巫誣○模摸謀○徒圖屠途塗○奴孥砮駑○盧蘆爐○魚漁虞余餘于與輿愚盂隅臾榆愉俞逾諛○吾吳梧娛○雛鋤○殊銖○渠瞿衢○除廚儲○扶夫符芙浮○蒲脯○胡糊湖壺狐乎○殂徂○徐

[入聲作平聲] 獨讀牘犢毒突○復佛伏服○鵠斛○贖屬述術○俗續○逐軸○族鏃○僕○局○淑蜀孰熟

[上聲] 語雨與圄禦愈羽宇禹庾○呂侶旅縷○主煮渚墅○汝乳○鼠黍暑○阻俎○杵楮褚處杼○數所○祖組○武舞鵡侮○土吐○魯櫓虜鹵○堵賭○古罟沽牯詁蠱估股賈○五伍午塢○虎滸○補浦圃○普譜○甫斧撫脯府俯父否○母某牡姥畝○楚礎○舉矩○弩努○許○取○苦○咀○女○嶼○去

[入聲作上聲] 谷骨○縮速○復福幅腹覆拂○卜不○菊局○笏忽○築燭粥竹○粟宿○曲屈○哭窟酷○出黜畜○叔菽○督○暴撲○觸束○簇○足○促○禿○卒○蹙○屋沃

[去聲] 御馭遇裕諭芋譽豫預○慮濾屨○鋸句據詎拒距炬踞具○恕庶樹戍豎署曙○趣娶○注住著柱炷駐鑄貯○數疏○絮序敍緖○孺茹○杜渡鍍度○赴父釜輔付賦傅富訃婦附阜負○戶護互○務霧○素訴塑遡○慕墓募○路露賂○故顧雇○誤悟寤惡汚○布怖佈部簿捕步○錯○做詛○兎吐○怒○鋪○處○去○聚○助

[入聲作去聲] 祿鹿○木沐穆睦沒牧目○錄綠陸戮律○物勿○辱褥入○玉獄欲浴郁育○訥

六. 皆來

[陰平聲] 皆階街偕○該垓○哉栽災○差○台胎○哀埃○猜○挨○衰○腮○歪○開○揩○齋○乖○篩○揣

[陽平聲] 來萊○鞋諧骸○排牌俳○懷淮槐○埋霾○騃皚孩○柴豺○崖○才材財裁○臺擡苔○能

[入聲作平聲] 白帛舶○宅澤擇○畫劃

[上聲] 海○紿○駭蟹○宰載○采彩○靄○奶乃○拐夬○凱○揣○擺○矮○解○楷○買○改

[入聲作上聲] 拍珀魄○策冊柵測○伯百柏迫擘○革隔格○客刻○責摘謫側窄仄○色穡索○摑○捽○嚇○則

[去聲] 懈械解○寨債○態泰太汰○盖○艾愛○隘○奈耐○害亥○帶戴怠待代袋大黛岱○戒誡解界介芥疥屆○外○快○在再載○賣邁○賴瀨○拜湃敗稗○菜蔡○灑煞○賽塞○怪○壞○慨○派○帥率○瀣

[入聲作去聲] 麥陌脈○額厄○搦

七. 眞文

[陰平聲] 分紛芬○昏婚○因姻茵湮氤○申紳伸身○嗔瞋○春椿○詢荀○吞○暾○諄○逡○根跟○欣昕○氳熅○眞珍振○新薪辛○賓濱彬○坤○君軍均鈞○榛臻○莘○薰醺○昆鯤○溫瘟○孫○尊樽○敦墩○奔賁○巾斤筋○村○親○遵○恩○噴○哏○津

[陽平聲] 隣燐麟鱗○貧瀕頻○民緡○人仁○倫綸掄輪淪○裙群○勤芹○門○論○文紋聞蚊○銀垠寅○盆○陳臣塵娠辰○秦○脣純淳醇○巡旬馴循○雲云芸耘匀筠○墳焚○魂渾○豚屯臀○神○存○痕○紉

[上聲] 疹診○肯懇墾○緊謹○隱引蚓尹○閔憫泯敏○准○刎吻○筍隼

○殞隕○本○閫壼悃○窘○蜃○牝品○狠○笨○忍○盾撙○損○蠢○忖○粉○穩○袞○瞬○儘

[去聲] 震陣振賑鎭○信訊迅燼○刃認○吝藺○殯臏鬢○腎愼○運蘊暈韻○盡晉進○忿分糞奮○近覲○齔○印孕○峻浚殉○遜巽○俊駿○舜順○閏潤○問紊鈍遁盾○悶○俛○訓○郡○困○噴○釁○論○混○寸○恨○嫩○褪○搵○趂

八. 寒山

[陰平聲] 山刪○丹單簞○干竿肝○安鞍○奸間艱菅○刊看○關綸鰥○拴○斑班般頒○彎灣○灘○番蕃翻幡藩○珊○攀○慳○赸○餐○鼾○股

[陽平聲] 寒邯韓汗○闌蘭欄○還環鬟寰圜○殘○閑○壇彈○煩繁帆樊凡○難○蠻○顏○潺○頑

[上聲] 反返坂○散傘○晚挽○板○簡揀○産○亶○赶稈○坦袒○罕○侃○懶○趲○綰○赧○盞○眼

[去聲] 旱悍漢翰瀚汗○旦誕彈憚但○萬蔓曼○嘆炭○案按岸○幹○粲燦璨○棧綻○盼○譔饌○渲○慢○慣○贊○患幻宦○間澗諫○汕○辦瓣扮絆○飯販范泛犯○限○雁晏○看○爛○篡○散○難○腕

九. 桓歡

[陰平聲] 官冠棺觀○搬般○歡○潘○端○豌○酸○寬○鑽○湍○攛

[陽平聲] 鸞巒○瞞漫饅○桓○丸紈完○團○盤槃瘢磐○攢

[上聲] 館管○纂○欵○盥瀚○滿○暖○椀○疃○卵○短

[去聲] 喚換煥渙緩○玩腕○漫○竄攛○斷鍛段○算蒜○判○貫冠觀灌○半伴泮畔絆○鑽亂○彖○愞

十. 先天

[陰平聲] 先仙鮮○煎箋○堅肩○顚○鵑涓娟○邊編鞭○喧暄萱○氈○扇煽○專○千阡遷韆○軒○煙燕咽○牽愆騫○篇扁偏翩○淵冤宛鴛○詮筌銓悛○宣○川穿○圈○天○鐫

[陽平聲] 連蓮憐○眠綿○然燃○廛纏禪蟬○前錢○田塡○賢弦懸○玄○延筵緣妍言硏焉沿○乾虔○元圓員損園袁猿轅原源垣鉛湲援○全泉○旋還○船傳○拳顴權○駢便○聯○年○涎

[上聲] 遠阮苑○偃演衍○卷○鮮跣銑癬○殄○蹇繭○剪○撚○輦璉○變臠○轉○貶扁○免冕勉○喘○闡○典○顯○犬○淺○展○遣○吮○軟○選○諞

[去聲] 院愿怨遠援○勸劵○見建健件○獻現憲縣○眩○電甸佃鈿塡奠○硯燕諺堰宴○眷倦圈絹○面○片騙○變便遍辨辯弁○線羨霰○釧穿○扇善禪饍○箭薦賤踐○旋○傳轉篆○戰顫○譴牽○練煉○戀

十一. 蕭豪

[陰平聲] 蕭簫瀟消銷宵○貂彫鵰凋○梟囂○捎鞘○嬌驕○蕉焦椒○標飈○交蛟郊敎○包胞苞○嘲○高篙膏羔○刀○騷搔○遭糟○爊○昭招朝○邀夭腰妖要○飄漂○拋胞○滔○橇○哮○敲○抄○凹○蒿○燒○褒○挑○超○鍬○操

[陽平聲] 毫豪號○遼僚聊○饒○苗描○毛旄茅猫○撓○牢勞撈○調條○潮朝韶○遙搖謠瑤堯姚○樵○敖漦○喬橋翹○爻肴淆○袍跑匏○桃逃陶淘濤萄○曹漕槽○瓢○巢

[入聲作平聲] 濯擢○鐸度○薄箔泊博○學○縛○鶴○鑿○鑊○着○芍杓

［上聲］ 小○皎矯○鳥○了瞭燎○夭○擾繞○渺○悄愀○寶保堡褓○卯昴○狡攪絞○老栳潦○腦惱○掃嫂○殍○僄剽勡○早棗澡藻蚤○倒島搗禱○槁○懊○考○挑窕○沼○少○表○巧○曉○飽○爪○炒○討○草○好○撓○皺○稍○剖○缶

［入聲作上聲］ 角覺脚○捉卓琢○斫酌灼○鑠○鵲雀○託拓○索○郭廓○朔○剝駁○爵○削○作○錯○閣各○壑熇○綽○謔○戳

［去聲］ 笑嘯肖○眺跳○釣弔調掉○豹爆瀑○抱報暴○造躁○料療○傲○趙兆照詔召肇○少紹邵○號皓好耗浩灝○道盜導蹈稻到倒○曜耀要○叫轎○醮○造糙○俏峭○俵○孝効校○校教較酵○棹○拗樂凹○貌冒帽茂○泡砲○告誥郜○澇勞嫪○噪燥譟○妙廟○鬧○奥澳懊○鈔○竅○溺○哨○覆

［入聲作去聲］ 岳樂藥躍○諾○末幕漠寞莫沫○落絡烙酪○鰐惡愕○弱○略掠○虐

十二. 歌戈

［陰平聲］ 歌哥○科○軻○戈過鍋○簑梭○磋○他拖○阿○窩○坡頗○波○呵○多○麽

［陽平聲］ 羅蘿螺○摩磨魔○那○禾和○何河荷苛○駝陀馱○矬○蛾娥峨鵝○婆○訛

［入聲作平聲］ 合鶴盍○跋○縛佛○活○薄箔勃泊渤○鐸度○濁濯○學○鑿○奪○着○杓

［上聲］ 鎖○果○裸○舸哿○朶○娜那○荷○可軻○頗○妸○跛○我○左○妥○火○顆○嬷○脞

［入聲作上聲］ 葛割閤○鉢撥跋○潑粕○括○渴○闊○撮○掇○脫○抹

［去聲］ 賀荷○佐左坐座○墮惰○挫磋○禍貨和○邏○播○磨麼○臥○懦○箇○餓○些○過○課○唾○破○嗑

［入聲作去聲］ 岳樂約躍鑰○幕末沫莫寞○諾○若弱○落洛絡酪樂○惡○略掠○虐

十三. 家麻

［陰平聲］ 家加枷痂佳嘉○巴芭○蛙窪○沙砂紗○査○抓○鴉○叉差○誇夸○蝦○葩○花○瓜

［陽平聲］ 麻○譁劃華○牙芽涯衙○霞遐瑕○琶杷爬○茶○拏○咱

［入聲作平聲］ 達踏沓○滑○狎轄俠洽匣○乏伐筏罰○拔○雜○閘

［上聲］ 馬○雅○傻○把○下○假○寡○瓦○灑耍○鮓○苴○那○賈○𧴩○打

［入聲作上聲］ 塔獺榻○殺○扎○匝咂○察插○法發○甲胛夾○答搭○颯撒○笈○刮○瞎○八○恰

［去聲］ 駕嫁稼價架假○凹○跨○亞訝○咤○帕○詐乍○下夏厦○化畫華樺話○那○罷霸○卦掛○㕦○大○罵

［入聲作去聲］ 臘拉辣蠟○納衲○壓押鴨○抹○襪○刷

十四. 車遮

［陰平聲］ 嗟○奢○遮○爹○靴○些○車

［陽平聲］ 爺耶○斜邪○蛇○侎○瘸

［入聲作平聲］ 協穴俠挾○傑竭碣○疊迭諜牒蝶跌○撅○折舌涉○捷截睫○別○絶○苶

[上聲] 野也冶○者○寫○舍○惹○哆○姐○且

[入聲作上聲] 屑薛泄褻○竊切妾○結劫潔○怯客○節接楫○血歇○闕缺○玦決訣譎○鐵帖貼○瞥○鼈別○拙輟○轍撤澈○哲折浙○設攝○啜○雪○說

[去聲] 舍社射赦○謝瀉○夜○炙○借○趄○偖

[入聲作去聲] 捏○滅○謁葉○業額○裂冽獵列○月悅閱越鉞○熱○劣

十五. 庚青

[陰平聲] 京庚更羹驚荊經兢矜○精睛晶旌○生甥笙牲○箏爭○丁釘○扃坰○征正貞禎蒸○氷兵幷○登燈○甍○憎曾增○錚○稱秤○英瑛鷹應嬰膺鸚○輕卿傾○罄興○青淸○聲升勝○汀廳聽○星醒腥○崩○肱○甖○僧○亨○兄○泓○烹

[陽平聲] 平評苹凴憑屛甁○明盟名銘鳴冥溟暝○靈令零伶聆鈴齡泠翎陵菱綾凌○鵬朋棚○楞○層曾○能○藤騰疼○莖恒○盈螢營迎蠅凝○擎鯨○行刑形衡○情晴○亭停廷庭霆○瓊○澄呈程成城誠盛承丞懲乘○熒○盲珉甍萌○橫宏弘○橙○榮○寧○仍○繩○餳

[上聲] 景梗警境頸耿○頃○丙炳秉餅屛○惺醒省○影○省○礦鑛○冏○艋蜢○整拯○茗皿酩○騁○領嶺○鼎頂○艇挺○冷○井○請○等○永○滓

[去聲] 敬俓經鏡竟競勁更○應凝硬○慶○命瞑○鄧○迥○請○諍○正政鄭證○詠瑩○病幷柄凭○令凌○聖勝乘剩盛○性姓○聘○佞寗○淨靜靖○杏幸倖興行○稱秤○定錠釘訂○贈○聽○迸○孟○橫○撐○亘

十六. 尤侯

[陰平聲] 湫○鳩○搜○鄒諏○休○謳鷗歐區○鉤勾○兜○秋○憂幽優○修羞○抽○周洲州舟○丘○偸○搊○溲○彪○收○齁○摳

[陽平聲] 尤游由油郵牛猷悠攸○侯喉○劉留榴流旒○柔蹂○抔○繆矛眸牟○樓婁○囚○綢讎酬籌躊○求毬球仇裘○啇○頭投○愁

[入聲作平聲] 軸逐○熟

[上聲] 有酉友誘○柳○紐○丑○九久玖糾灸○首手守○叟○斗○狗垢苟○藕偶毆○摟塿○肘○朽○酒○扭○剖○吼○走○否○揉○口○傷○慫

[入聲作上聲] 竹燭粥○宿

[去聲] 又右佑祐宥幼侑○晝紂宙○舅舊咎救柩廄究○受授綬壽獸狩○秀岫袖綉宿○嗽漱○皺驟○溜○寇○後逅候后厚○就○豆脰逗○購勾○湊○漏陋○謬○臭○嗅○瘦○懋○耨○奏○透○貿

[入聲作去聲] 肉褥○六

十七. 侵尋

[陰平聲] 針斟砧○金今衿襟禁○浸○深○簪○森參○琛○音陰○心○欽衾○侵○歆

[陽平聲] 林淋霖臨○壬任○尋○淫○琴禽擒○岑○沈湛○忱

[上聲] 稟○稔荏○審沈○錦○磣墋○枕○飮○您○怎○寢

[去聲] 朕沈枕○甚○任妊○禁○蔭飲恁○沁○浸○臨○滲○讖○譖○賃○啉○唔

十八. 監咸

[陰平聲] 庵○擔聃耽湛○監緘○堪○三○甘柑○杉衫○貪○參○憨○簪○嵌○詀○湌○攙

[陽平聲] 南楠男○咸函嗡○籃嵐○覃潭談譚痰曇○蠶慚○含涵○讒○岩○喒

[上聲] 感敢○覽攬○膽○慘○揞○喊○槨○減○坎○砍○昝○俺○糝○黯○斬○喃

[去聲] 勘磡○韾淦紺○憾撼頷琀莟唅○淡啖惔擔○檻艦陷○濫纜○瞰闞○站賺湛○鑒監○暫蹔參揞○暗闇○三○探○湌○慘○儳

十九. 廉纖

[陰平聲] 瞻占粘霑○兼縑○淹猒○纖○僉○襜○杴忺○尖漸○掂○苫○謙○添

[陽平聲] 廉○鮎黏○燖○鈐黔○蟾○鹽炎嚴○甜○髯○潛○嫌

[上聲] 掩奄○檢臉○斂○染冉○閃陝○忝○險○颭○點○諂

[去聲] 艷焰厭驗○贍○欠○店○斂殮○念○儉劍○漸○塹○染○占○蹭

부록 5

국제음성부호표

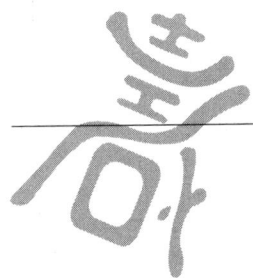

조음방식 \ 조음위치			雙脣	脣齒	舌尖前	舌尖中	舌尖後	舌葉	舌面前	舌面中	舌根	喉
塞音	淸	不送氣	p			t	ʈ			c	k	ʔ
		送氣	ph			th	ʈh			ch	kh	
	濁	不送氣	b			d	ɖ			ɟ	g	
		送氣	bh			dh	ɖh			ɟh	gh	
塞擦音	淸	不送氣			ts		tʂ	tʃ	tɕ			
		送氣			tsh		tʂh	tʃh	tɕh			
	濁	不送氣			dz		dʐ	ʤ	dʑ			
		送氣			dzh		dʐh	ʤh	dʑh			
鼻音	濁			ɱ		n	ɳ			ɲ	ŋ	
邊音	淸					ɬ						
	濁					l						
擦音	淸		ɸ	f	s		ʂ	ʃ		ç	x	h
	濁		β	v	z		ʐ	ʒ		(j)	ɣ	ɦ
顫音	濁					r	ɽ					
半元音					ɻ					j, ɥ	(w)	

혀높이	구강 開閉	입술 모양 / 혀의 前後 / 모음종류	舌尖母音				舌面母音					
			前		後		前		中央		後	
			不圓	圓	不圓	圓	不圓	圓	不圓	圓	不圓	圓
高	高	閉	ʅ	ɥ	ʅ		i	y	ɨ	ʉ	ɯ	u
							I					U
	半高	半閉					e	Ø			ɤ	o
中							E		a			
	半低	半開			ər		ɛ	œ			ʌ	ɔ
							æ		ɐ			
低	低	開					a		A		ɑ	ɒ

부록 6

한어병음과 주음부호 비교표

성 모				운 모								
	한어병음자모	주음부호	국제음성부호		한어병음자모	주음부호	국제음성부호			한어병음자모	주음부호	국제음성부호
쌍순음	b	ㄅ	[p]	단운모	a	ㄚ	[A]	결합운모	제치	ya(ia)	ㄧㄚ	[ia]
	p	ㄆ	[pʻ]		o	ㄛ	[o]			ye(ie)	ㄧㄝ	[ie]
	m	ㄇ	[m]		e	ㄜ	[ɤ]			yao (iao)	ㄧㄠ	[iau]
순치음	f	ㄈ	[f]		e	ㄝ	[e]			you (iu)	ㄧㄡ	[iou]
설첨음	d	ㄉ	[t]		yi(i)	ㄧ (一)	[i]			yan (ian)	ㄧㄢ	[iɛn]
	t	ㄊ	[tʻ]		wu(u)	ㄨ	[u]			yin (in)	ㄧㄣ	[in]
	n	ㄋ	[n]		yu(ü)	ㄩ	[y]			yang (iang)	ㄧㄤ	[iaŋ]
	l	ㄌ	[l]	복운모	ai	ㄞ	[ai]			ying (ing)	ㄧㄥ	[iŋ]
설근음	g	ㄍ	[k]		ei	ㄟ	[ei]		합구	wa (ua)	ㄨㄚ	[ua]
	k	ㄎ	[kʻ]		ao	ㄠ	[au]			wo (uo)	ㄨㄛ	[uo]
	h	ㄏ	[x]		ou	ㄡ	[ou]			wai (uai)	ㄨㄞ	[uai]
설면음	j	ㄐ	[tɕ]	부성운모	an	ㄢ	[an]			wei (ui)	ㄨㄟ	[uei]
	q	ㄑ	[tɕʻ]		en	ㄣ	[ən]			wan (uan)	ㄨㄢ	[uan]

	x	ㄒ	[ɕ]		ang	ㄤ	[aŋ]			wen (un)	ㄨㄣ	[uən]
설첨 후음	zh	ㄓ	[tʂ]		eng	ㄥ	[əŋ]			wang (uang)	ㄨㄤ	[uaŋ]
	ch	ㄔ	[tʂʻ]	권설 운모	er	ㄦ	[ər]			weng (ung)	ㄨㄥ	[uəŋ]
	sh	ㄕ	[ʂ]						촬구	yue (üe)	ㄩㄝ	[ye]
	r	ㄖ	[ʐ]							yuan (üan)	ㄩㄢ	[yɛn]
설첨 전음	z	ㄗ	[ts]							yun (ün)	ㄩㄣ	[yn]
	c	ㄘ	[tsʻ]							yong (iong)	ㄩㄥ	[yŋ]
	s	ㄙ	[s]									

참고문헌

甲骨文字集釋(李孝定)

甲骨文編(孫海波等 中華書局 1982)

經典釋文

廣韻(周祖謨『廣韻校本』中華書局 1960 ; 中國書店影印張氏澤存堂本 1982)

金文編(容庚)

唐五代韻書集存(周祖謨輯, 中華書局 1983)

等韻五種(『韻鏡』『七音略』『四聲等子』『切韻指掌圖』『經史正音切韻指南』)

等韻一得(勞乃宣)

方言(周祖謨『方言校箋及通檢』科學出版社 1956)

詞韻(仲恒 中國書店『詞學全書』本 1984)

說文通訓定聲(朱駿聲)

說文解字

詩經

詩韻合璧(湯文路)

十駕齋養新錄(錢大昕)

顔氏家訓(上海古籍出版社集解本 1980)

玉篇(中國書店 1983 影印宋本玉篇)

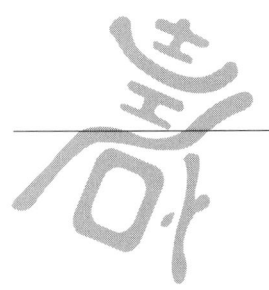

韻學源流(莫友芝)

音韻學叢書 四川人民出版社(渭南嚴氏原版印에 의거함) 1957

切韻指掌圖(司馬光으로 전함)

韻補(吳棫)

毛詩古音考(陳第)

屈宋古音義(陳第)

音學五書(顧炎武)

韻補正(顧炎武)

古韻標準(江永)

音學辨微(江永)

四聲切韻表(江永)

聲韻考(戴震)

聲類表(戴震)

六書音韻表(段玉裁)

詩聲類(孔廣森)

古韻譜(王念孫)

詩音表(錢侗)

音學十書(江有誥)

詩經廿二部古音表集說(夏炘)

說文聲類(嚴可均)

切韻考(陳澧)

中原音韻(中國戲曲理論叢書本)

集韻

楚辭

漢語古文字字形表(徐中舒等)

姜亮夫 中國聲韻學(世界書局 1933)

高本漢 中國音韻學研究(趙元任・羅常培・李方桂編譯, 商務印書館 1941)
羅常培 漢語音韻學導論(中華書局 1956)
羅常培語言學論文選集(商務印書館 1981)
羅常培・王均 普通語音學綱要(商務印書館 1981)
唐作藩 漢語音韻學常識(新知識出版社 1958)
上古音手冊(江蘇人民出版社 1982)
董同龢 上古音韻表稿(『史語集刊』第十八本一分冊)
中國語音史
漢語音韻學
等韻門法通釋(『史語集刊』第十四本)
董少文 語音常識(文化教育出版社)
史存直 漢語語音史綱要(安徽教育出版社 1985)
邵榮芬 切韻研究(中國社會科學出版社 1982)
中原雅音研究(山東人民出版社 1981)
沈兼士 廣韻聲系(中華書局 1985)
楊耐思 中原音韻研究(社會科學出版社 1981)
楊樹達 古聲韻討論集(好望書局 1934)
余迺永 上古音系研究(香港中文大學 1985)
王力 龍蟲幷雕齋文集(中華書局 1980-1982)
漢語音韻學(中華書局 1956)
漢語音韻(中華書局 1971)
漢語史論文集(科學出版社 1958)
漢語史稿(上)(科學出版社 1957)
中國語言學史(山西人民出版社 1981)
同源字典(商務印書館 1982)

詩經韻讀(上海古籍出版社 1980)

楚辭韻讀(上海古籍出版社 1980)

漢語語音史(中國社會科學出版社 1985)

袁家驊等 漢語方言概要(文字改革出版社 1983 第二版)

魏建功 古音系研究(北京大學 1935)

陸志韋 古音說略(燕京大學學報專號之二十)

殷煥先 反切釋要(山東人民出版社 1979)

李方桂 上古音研究(商務印書館 1981)

李思敬 音韻(商務印書館 1985)

李新魁 韻鏡校證(中華書局 1992)

漢語等韻學(中華書局 1983)

中原音韻音系研究(中州書畫社 1983)

古音概說(廣東人民出版社 1979)

李榮 切韻音系(中國科學院 1956)

音韻存稿(商務印書館 1982)

林尹 中國聲韻學通論(中華書局 1937)

張世祿 中國聲韻學概要(商務印書館 1929)

中國古音學(商務印書館 1930)

中國音韻學史(商務印書館 1938)

語音學綱要(開明書店)

章太炎 國故論衡(章氏叢書)

文始(章氏叢書)

錢玄同 文字學音篇(北京大學印 1981)

丁聲樹·李榮 漢語音韻講義(『方言』1981, 단행본: 上海教育出版社 1984)

古今字音對照手冊(中華書局 1981년 10월 新版)

趙誠 中國古代韻書(中華書局 1980)
趙蔭棠 等韻源流(商務印書館 1957)
中原音韻研究(商務印書館 1936)
周祖謨 漢語音韻論文集(商務印書館 1957)
問學集(中華書局 1966)
陳復華 漢語音韻學基礎(人民大學出版社 1983)
洪誠 中國歷代語言文字學文選(江蘇人民出版社 1982)
黃侃 黃侃論學雜著(中華書局 1964)
沈祥源·楊子儀 實用漢語音韻學(山西教育出版社 1991)
董紹克·殷煥先 實用音韻學(齊魯書社 1990)
曾運乾 音韻學講義(中華書局 1996)
陳振寰 音韻學(湖南人民出版社 1986)
陳阿寶·吳中偉 現代漢語概論(北京語言文化大學出版社 2002)
이현복·심소희편역 중국음성학(교육과학사 1999)
唐作蕃著·심소희역 중국음운학(교육과학사 2000)
崔玲愛 中國語音韻學(통나무 2000)
文璇奎 中國古代音韻學(民音社 1987)

찾아보기

16섭(十六攝) ··········160, 172, 215
30자모 ···········122, 133, 134, 184
36자모 ··········122, 133, 134, 185, 187, 205
A Grammar of Spoken Chinese ···············80
Matteo Ricci ···························256
Nicolas Trigault ····················256

【ㄱ】

假二等 ·····································182
假四等 ·····································182
刊謬補缺切韻 ·························103
감음 ···91
江永 ···277
江有誥 ·····················53, 277, 293
개구(開口) ··········57, 62, 66, 182
개구호(開口呼) ··········57, 67, 182
개모음 ·······································33
개별 언어학(個別言語學) ············5
개음 ································54, 149
開合 ···160
거성(去聲) ···········50, 51, 56, 64, 65, 244
經史正音切韻指南 ····················203
경성 ····························64, 81, 82
경순음(輕脣音) ········21, 134, 135, 135, 136, 185, 283, 284
계련(系聯) ··············122, 124, 128
古今韻會擧要 ··························218
고모음 ·······································34
顧炎武 ······················53, 276, 293
古韻通轉說 ·····························276
孔廣森 ···························277, 280
戈載 ···221
廣韻 ·······102, 103, 118, 173, 194
구개음화 ················259, 260, 261
丘雍 ···118
국제음성부호(國際音聲符號) ······19
권설모음 ·························38, 63
捲舌音 ·······································22
기본 모음 ··································36
끌기연쇄 ··································261

【ㄴ】

蘭茂 ···249
내외전(內外轉) ·························194
내전(內轉) ·······························194
盧思道 ·····································101
紐 ···42

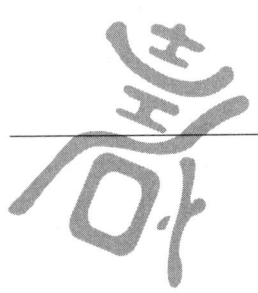

【ㄷ】

단모음 ··························35, 40
단음(團音) ··························260
段玉裁 ···53, 275, 277, 283, 293
唐韻 ··························102, 118
大宋重修廣韻 ··························119
大韻 ··························102
對轉 ··························295
讀若 ··························18, 45, 283
독용(獨用) ··························210, 211
董同龢 ··························108, 282
동용(同用) ··························125, 210, 211
동화 현상 ··························69, 88
帶音 ··························30
戴震 ··························7, 277, 280
等 ··························177, 182
등운도(等韻圖) ·····3, 4, 159, 167
등운학 ··························168, 169
等呼 ··························129, 177

【ㅁ】

마르띠네 ··························261
모음 ··························19, 32, 43
무기음 ··························28
聞見記 ··························102
문언음 ··························249, 266, 267
문자학(文字學) ··························2, 3
밀기연쇄 ··························261

【ㅂ】

반개모음 ··························33
반고모음 ··························34
반설(半舌) ··························144
반설음(半舌音) ··························22, 25
반저모음 ··························34
반절(反切) ··························3, 18, 44, 46, 123, 128
반절법 ··························98
반치(半齒) ··························144
반치음(半齒音) ··························22, 25
반폐모음 ··························33
방언 ··························92
旁轉 ··························298
飜譯老乞大 ··························258, 263
白滌洲 ··························146, 147, 148
백화음 ··························249, 266, 267
梵文 ··························46
변음 ··························28, 61
변조(變調) ··························75, 76
輔音 ··························19
복모음 ··························40
복성모(複聲母) ··························300
封演 ··························102
不帶音 ··························30
부분 동화 ··························70
불송기(不送氣) ··························26, 28, 29, 61, 62
不淸不濁 ··························31
비음 ··························27, 60

【ㅅ】

四等 ··························160, 169, 177, 182
四等韻 ··························168, 179, 180
絲聯繩引 ··························272
詞林正韻 ··························221, 222
사성(四聲) ··························49, 169
四聲一貫 ··························53
四聲八病說 ··························51
四聲等子 ·····172, 188, 196, 197, 198, 199

四聲說 ……50
詞韻 ……220, 221, 241
謝眺 ……164
사호(四呼) ……57, 63, 182
三等 ……177
三等韻 ……168, 179, 180
삼중모음 ……40
三合元音 ……40
상고 음계 ……161, 271
상성(上聲) ……50, 51, 56, 64, 76, 244
상승 복모음 ……40, 41
색음 ……26, 60
색찰음 ……28, 61
西儒耳目資 ……256, 257
舒促 ……52, 53
徐孝 ……255
설근음 ……22
薛道衡 ……101
설두음(舌頭音) ……21, 24, 136, 188, 285
설면음 ……22
설면전음 ……60
설면후음 ……60
설상음(舌上音) ……24, 136, 188, 285
설엽음 ……24
설음(舌音) ……22, 24, 136
舌根音 ……21
舌面前音 ……22
舌面後音 ……22
舌面音 ……21
說文解字 ……8, 274
설첨모음 ……38
설첨음(舌尖音) ……21
설첨전음(舌尖前音) ……21, 60
설첨중음 ……60
설첨후음(舌尖後音) ……21, 22, 60
攝 ……160
聲紐 ……42
성모(聲母) ……42, 43, 54
成音節子音 ……56
성조 ……46, 47, 50, 54, 56, 164, 165, 166, 245
聲類 ……99, 130
聲韻學 ……1, 42
聲訓 ……18, 45, 282, 283
細音 ……207
邵榮芬 ……111, 137, 146, 147, 148
小學 ……2, 6
蕭該 ……101
孫愐 ……102, 118
송기(送氣) ……28, 29, 61, 62
宋濂 ……248
守溫 ……23, 122, 133, 184
순음(脣音) ……22, 24, 133
순치음(脣齒音) ……21, 60
순행 동화 ……69, 71
詩韻 ……209, 241
辛德源 ……101
沈約 ……50, 164
쌍성(雙聲) ……43, 44, 124, 184
쌍순음(雙脣音) ……21, 60

【ㅇ】

아음(牙音) ……22, 23, 141
兒化 ……84
兒化韻 ……64, 84, 263
樂韶鳳 ……248
顏之推 ……101
압운 ……9, 12, 44
약화 ……89

양성운(陽聲韻) ·········58, 161, 244, 280, 295
陽入對轉 ························296, 297
양조(陽調) ·········52, 119, 164, 211
양평(陽平) ···51, 53, 56, 64, 244
兩呼 ······································182
어기 변조(語氣變調) ··················75
語音 ···1
어음체계(語音體系) ····················2
呂靜 ·····························99, 100
역행 동화 ·······················70, 71
연쇄반응 ·······························261
연음 변조 ·······················75, 76
영성모(零聲母) ·········23, 43, 55, 257, 258, 262
禮部韻略 ························119, 211
五度標示法 ·······························48
吳棫 ······································276
五音 ··22
五音集韻 ························216, 217
吳音 ······························109, 161
완전 동화 ································70
王念孫 ····················53, 277, 293
王力 ·······················53, 277, 278
王文郁 ···································212
王三本 ···································103
王引之 ·······································7
외전(外轉) ······························194
韻鏡 ········14, 167, 170, 171, 179, 188, 189, 190, 197
운도 ·······························14, 204
운두(韻頭) ··········54, 56, 63, 149
운모(韻母) ·······················42, 43
운목(韻目) ·····102, 103, 168, 194
운미(韻尾) ··················54, 56, 63
韻略 ······································119
韻略易通 ···············249, 252, 257
韻略匯通 ································254
운복(韻腹) ·······54, 56, 149, 171, 172, 176, 178
韻部羣玉 ································212
운서(韻書) ··········3, 4, 14, 97, 99
운섭(韻攝) ······122, 171, 172, 176
韻集 ·······························99, 100
熊忠 ······································218
원순모음 ··································34
元音 ··19
圓音正考 ································260
魏彦淵 ···································101
類隔 ······································285
유기음 ····································28
喩三 ·············143, 206, 288, 289
喩四 ·············144, 206, 288, 289
劉淵 ······································212
劉臻 ······································101
유화 현상 ································74
陸法言 ···································110
音讀 ······································283
음변(音變) ·······························68
음성운(陰聲韻) ········58, 280, 295
음소 ···························17, 18, 19
陰時夫 ···································212
음양(陰陽) ···············52, 244, 245
陰陽對轉 ························295, 296
陰陽調 ···································232
음운학(音韻學) ·······················2, 3
陰入對轉 ························296, 297
음절 ·······························17, 56
음조(陰調) ···············52, 164, 245
음평(陰平) ···51, 53, 56, 64, 244
二等 ······································177
二等韻 ···························168, 180

李登 ……99
李方桂 ……282
이문(異文) ……282
李若 ……101
李舟 ……102
이중모음 ……40
二合元音 ……40
이화 현상 ……73
一等 ……177
一等韻 ……168, 180
일반 언어학(一般言語學) ……5
壬子新刊禮部韻略 ……212
입성 ……50, 240
입성운(入聲韻) ……58, 161, 242, 280, 295
입성운부 ……240

【ㅈ】

자모(字母) ……169, 183
자음 ……19, 20, 43
章炳麟 ……277, 282, 286
張世祿 ……136
張惠言 ……272
張煊 ……146, 147, 148
저모음 ……34
轉 ……160, 169, 194
錢大昕 ……282, 283, 285
전설모음 ……34
전청(全淸) ……31
전탁(全濁) ……31
전탁성모 ……166, 232, 236, 245
切韻 ……14, 101, 108
切韻指南 ……172
切韻指掌圖 ……188, 200, 201
鄭庠 ……276
鄭樵 ……171
정치음(正齒音) ……24, 138, 188
제치 ……62, 66
제치호(齊齒呼) ……57, 67, 182
조류(調類) ……47, 48
照三 ……206, 287
照三系 ……139, 141, 259, 261
趙元任 ……48, 80
조음 방식 ……20, 25
조음 위치 ……20, 21
照二 ……206, 259, 286, 287
照二系 ……141
調値 ……47
周德淸 ……225, 226, 232
주요모음 ……54, 55, 56, 149, 171, 176, 178
주음부호(注音符號) ……18, 31
周祖謨 ……112
朱熹 ……276
중순음(重脣音) ……21, 134, 135, 136, 185, 283, 284
중앙모음 ……34
中原音韻 ……165, 225, 226, 228, 230, 232
重訂司馬溫公等韻圖經 ……255
中州樂府音韻類編 ……249
曾運乾 ……146, 147, 148, 282, 289
直音 ……45, 283
陳澧 ……110, 127, 128, 146, 147, 148
陳第 ……276
陳彭年 ……118
集韻 ……119, 209, 211, 284, 352

【ㅊ】

차청(次淸) ……31, 168

차탁(次濁) ·····31
찰음 ·····27, 60
戚綸 ·····119
첨음(尖音) ·····260
첩운(疊韻) ·····43, 44, 124
尖團不分 ·····260
청음(淸音) ·····30, 61
청탁(淸濁) ·····51, 61, 62, 129, 164, 165, 166, 168, 244, 245
청화(淸化) ·····10, 166
遮用 ·····125
촬구 ·····62, 66
촬구호(撮口呼) ·····57, 67, 182
치두음(齒頭音) ···21, 24, 138, 188
치음(齒音) ·····22, 24, 138
七音 ·····22, 168
七音略 ····170, 171, 188, 189, 192

【ㅋ】

칼그렌 ·····145, 282

【ㅌ】

濁上變去 ·····245
탁음(濁音) ·····30, 61
卓從之 ·····249

【ㅍ】

평성 ·····50
平分陰陽 ·····245
평수운(平水韻) ·····212, 215
平水韻略 ·····212
평순모음 ·····34
平仄 ·····52
폐모음 ·····33
畢拱辰 ·····254

【ㅎ】

하강 복모음 ·····40, 41
夏炘 ·····277
嚮度 ·····38
韓道昭 ·····216
漢語拼音字母 ·····18
漢音 ·····109, 161
합구(合口) ·····57, 62, 66, 182
합구호(合口呼) ·····57, 67, 182
諧聲 ·····272
諧聲字 ·····273
協音說 ·····276
呼 ·····177, 182
호용(互用) ·····125, 126
洪武正韻 ·····248, 250, 251
洪細 ·····178, 187
洪音 ·····207
黃侃 ·····53, 277, 293
후색음 ·····143, 220, 240, 242
후설모음 ·····34
후음(喉音) ·····22, 23, 142
훈고학(訓詁學) ·····2, 3, 299

▌저자

이재돈(李在敦)
서울대 인문대 중어중문학과 졸업(문학박사)
전북대학 중어중문학과 교수
臺灣 國立中央研究院 歷史語言研究所 訪問學人
미국 UC Berkeley 중국학센터 방문교수
현재 이화여대 중어중문학과 교수
주요논저: 중국어학개론(공저)
중국 근세 관화의 음운연변 연구
그 외 논문 다수

中國語音韻學

초판 1쇄 발행 2007년 2월 28일
초판 2쇄 인쇄 2018년 10월 23일
초판 2쇄 발행 2018년 10월 31일

편 저 자 | 이 재 돈
펴 낸 이 | 하 운 근
펴 낸 곳 | 學古房

주 소 | 경기도 고양시 덕양구 통일로 140 삼송테크노밸리 A동 B224
전 화 | (02)353-9908 편집부(02)356-9903
팩 스 | (02)6959-8234
홈페이지 | http://hakgobang.co.kr/
전자우편 | hakgobang@naver.com, hakgobang@chol.com
등록번호 | 제311-1994-000001호

ISBN 978-89-6071-027-6 93720

값 : 15,000원